全国“八五”普法学习读本系列

知识产权法治学习读本

全国“八五”普法学习读本编写组　编

法律出版社
LAW PRESS · CHINA
北京

图书在版编目(CIP)数据

知识产权法治学习读本 / 全国“八五”普法学习读本编写组编. -- 北京 : 法律出版社, 2024
ISBN 978 -7 -5197 -6565 -1

Ⅰ. ①知… Ⅱ. ①全… Ⅲ. ①知识产权法－中国－普及读物 Ⅳ. ①D923.405

中国版本图书馆 CIP 数据核字(2022)第 063098 号

知识产权法治学习读本
ZHISHI CHANQUAN FAZHI XUEXI DUBEN

全国“八五”普法学习读本编写组　编

策划编辑 沈小英
责任编辑 刘晓萌
装帧设计 汪奇峰

出版发行 法律出版社
编辑统筹 法治与经济出版分社
责任校对 王　丰　郭艳萍
责任印制 吕亚莉
经　　销 新华书店

开本 710 毫米×1000 毫米　1/16
印张 18.5　　字数 337 千
版本 2024 年 6 月第 1 版
印次 2024 年 6 月第 1 次印刷
印刷 固安华明印业有限公司

地址:北京市丰台区莲花池西里 7 号(100073)
网址:www.lawpress.com.cn
投稿邮箱:info@lawpress.com.cn
举报盗版邮箱:jbwq@lawpress.com.cn

销售电话:010－83938349
客服电话:010－83938350
咨询电话:010－63939796

书号:ISBN 978 -7 -5197 -6565 -1
定价:69.90 元

凡购买本社图书,如有印装错误,我社负责退换。电话:010－83938349

撰稿人

管育鹰　中国社会科学院法学研究所知识产权室主任，中国社会科学院知识产权中心主任，研究员、博士研究生导师，法学博士。

张　鹏　中国社会科学院法学研究所知识产权研究室助理研究员，中国社会科学院知识产权中心秘书长，法学博士。

张浩然　中国社会科学院法学研究所助理研究员，中国社会科学院知识产权研究中心研究人员，法学博士。

编写说明

2020年11月16日至17日召开的中央全面依法治国工作会议，明确了习近平法治思想在全面依法治国工作中的指导地位，这是我国社会主义法治建设中具有现实意义和深远意义的大事。习近平法治思想是马克思主义法治理论中国化的最新成果，是习近平新时代中国特色社会主义思想的重要组成部分，是全面依法治国的根本遵循和行动指南。

在习近平新时代中国特色社会主义思想指导下，深入学习贯彻习近平法治思想，我们编写《知识产权法治学习读本》，以落实《中央宣传部、司法部关于开展法治宣传教育的第八个五年规划（2021—2025年）》，切实抓好普法学习宣传，增强公民的知识产权法治观念，维护创新者的合法权益。

学习宣传知识产权法具有重要的政治、社会和经济意义：其一，在知识和信息时代，技术、文化创新及其应用和经济竞争成为常态，知识产权法与公众和市场主体的切身利益息息相关，著作权、商标等案件在社会纠纷中所占比例日益增加，专利、技术秘密等纠纷也越来越多。学习宣传知识产权法，有利于保护创新者的知识产权，引导和规范竞争，即时化解纠纷，优化营商环境。其二，知识产权法是中国特色社会主义法律体系的重要组成部分。学习宣传知识产权法，有利于法治文化的普及和知识产权保护与公平竞争法律制度的完善，使得包括知识产权法在内的整个法律体系真正内化于心、外化于行。其三，知识产权纠纷集中在新技术催生的新业态新发展模式领域，国家高度重视、国际关注度高。通过学习宣传知识产权法，可以引导广大群众树立正确的尊重知识创造和创新观念，预防和化解因损害创新创造、不正当竞争引发的社会矛盾，凝聚社会共识，形成支撑全面创新的知识产权法治观。本书主要特点和特色如下：

第一，内容方面。根据我国现行知识产权法律体系的结构和侧重编写了全书内容。全书选择了3个总括性问题和著作权、商标、专利与商业秘密三大领域共100个问题，涵盖了著作权法、商标法、专利法、反不正当竞争法及其配套法规、规章和司法解释的主要规范内容，并有选择地考虑了司法实践和现实生活中的典型情况。根据知识产权法的理论难点和纠纷实际情况，全书适当加强了对相关法律条款的论点提炼和阐释，并精心选择示例进一步分析，努力让读者获得“有问必答”“答疑解惑”的体验。例如，在三个部分中均对知识产权保护的客体、主体、权利主要内容与限制、侵权行为与判定、法律责任等核心问题做了解读。

第二，体例方面。每个问题均设立了“阐释”“示例”“分析”栏目。“阐释”部分结合知识产权法的主要内容和争议纠纷的实际情况，引导读者科学地掌握知识产权法律知识、理性看待知识产权纠纷、学习和提高纠纷解决技能；每个问题所配的“示例”都依据实践中已发生的典型案例或根据论点争议综合实例编写，其内容要点的梳理以及后面的“分析”部分，为相关论点提供了详细的解说，可以增强读者的阅读印象，帮助其掌握基础知识、巩固学习成果。

第三，文字方面。对法律理论、立法条文、司法裁判作了必要的调整修改，力求以简洁、平易的文风，对较为复杂的知识产权法做出精炼、详略得当、重点突出的解读。

普法宣传是一个长期、持续的过程，任重道远。2020 年 12 月，中共中央印发了《法治社会建设实施纲要（2020—2025 年）》，明确提出到 2025 年，“八五”普法规划实施完成，法治观念深入人心，社会领域制度规范更加健全，社会主义核心价值观要求融入法治建设和社会治理成效显著，公民、法人和其他组织合法权益得到切实保障。希望本书能为我国的法治建设、社区居民的权益维护发挥作用，作出应有的贡献。

全国“八五”普法学习读本编写组

2024 年 6 月

目 录
Contents

第二篇　注册商标权的取得和保护

导 论
知识产权法治基本理念

一、为什么要学习知识产权法？

知识就是力量，科技是第一生产力。在知识经济时代，对知识、技术和信息的创造和运用能力，不仅影响个人价值和企业经济功能的实现，也与全球科技竞争态势下国家社会的发展前景息息相关。中国共产党第十八次全国代表大会以来，党和国家高度重视并持续推进创新驱动发展战略；我国进入经济新常态后，创新在深入贯彻新发展理念中的核心作用成为共识。

科技创新的蓬勃发展和优秀文化的繁荣不仅需要国家的决策，还需要完善的法治环境，以形成尊重知识、激励创造的良好氛围，将资本、人力等社会资源吸引到技术创新、品牌培育和文化影响力塑造上来。法治是最好的营商环境，知识产权法治是实施创新驱动发展战略的制度保障。知识产权法是国家为了明确创新活动产生的无形信息财产的权属、使用、收益、处分而制定的法律规则体系，是调整因知识及智力创造成果的归属、利用、保护和管理而产生的社会关系的法律规范的总和。人类知识活动产生的数据信息等无形财产越积越多，成为国家经济生活中助推产业更新换代的主要力量，也成为跨境经贸往来及争议的焦点对象。作为保护这些知识创新成果的最基本的法律规范，知识产权法在国内国际现代化治理中的地位越来越高。完善的知识产权法治，既是新时代新发展格局构建国内大循环的内在需求，也是在错综复杂的国际局势下促进国内国际双循环的实际需要。

知识产权已经融入国家经济、文化和社会生活的方方面面，了解和掌握知识产权法治基本知识，是信息社会每一个公民必备的素质。

二、知识产权法的保护对象是什么？

知识产权法保护的对象是知识活动创造的有商业价值的无形信息。在科技和文化领域从事知识创新和智力活动，所产生的成果体现为具有商业价值的无形信息，即知识财产。换句话说，知识财产是人类运用智慧进行创造和经营活动所获得的无形资产，而知识产权则是国家为了鼓励并保障这种人类的智力创造和经营活动，对其所产生的成果所赋予的一种专有权。由于信息本质上是一种无形的、可以无限复制传播同时可共享的公共财产，知识产权保护的范围、期限、力度等，通常需要国家根据社会经济发展的实际情况进行界定，知识产权作为无形财产的价值只能在实际运用中和司法判决中得以确定。因此，仅仅从注册登记或审批的知识产权数量来看，很难准确评估一国科技文化的综合竞争力；但严格、切实保护知识产权，无疑能够激励高质量知识财产的产出和运用，从而提高社会整体创新能力。

从广义上看，知识产权法还保护知识财产的合法传播者、运用者、投资者的权利，如出版者、表演者、录制者、广播者等享有的与著作权相关的权利，经营者享有的禁止仿冒、侵害商业秘密和盗用数据财产的不正当竞争行为的权利。

知识产权制度虽然源于中世纪结束后的欧洲，但直到 1967 年世界知识产权组织（World Intellectual Property Organization，WIPO）成立，“知识产权”一词才开始成为概括保护技术发明、工业品外观设计、文学艺术科学作品、商标、商业秘密、地理标志、植物新品种、集成电路布图设计等一系列知识财产专有权的通用语。《建立世界知识产权组织公约》第 2 条第 8 项规定，知识产权包括对下列客体享有的权利：(1)文学、艺术和科学作品；(2)艺术家的表演、录音制品和广播节目；(3)人类一切活动领域内的发明；(4)科学发现；(5)工业品外观设计；(6)商标、服务标记、商号名称和标志；(7)制止不正当竞争；(8)在工业、科学、文学或艺术领域内其他一切来自智力活动的权利。我国《民法典》第 123 条第 2 款规定，知识产权是权利人依法就下列客体享有的专有的权利：(1)作品；(2)发明、实用新型、外观设计；(3)商标；(4)地理标志；(5)商业秘密；(6)集成电路布图设计；(7)植物新品种；(8)法律规定的其他客体。

三、如何有效保护知识产权？

2020年11月16日至17日召开的中央全面依法治国工作会议，明确了习近平法治思想在全面依法治国工作中的指导地位。全面依法治国方略涵盖科学立法、严格执法、公正司法、全民守法等方面，这同样适用于知识产权领域。目前，我国知识产权立法体系日趋完善，执法和司法保护力度不断增强，全体公民的知识产权法治意识和法治素养逐步提升，特别是随着《民法典》的实施，知识产权作为基本民事权利的认识得到普及。不过，在知识产权的利用和保护方面，知识产权与其他民事权利明显不同，主要原因正是其客体作为无形信息带来的相关法律规则解释和适用的复杂性。因此，保护知识产权是个综合性立体工程，需要社会各界在《民法典》框架下，充分领会平等自愿、公平合理、诚实信用、契约自由、权责相当等基本的民法精神，并将其贯穿在创新活动及其产生的信息财产的运用中，充分发挥知识产权法治对于创新知识活动的固根本、稳预期、利长远的保障作用。

运用法治思维和法治方式保护知识产权，对于有效保护创新具有重要意义。首先，要加强立法统筹。加快完善知识产权相关法律法规，增强法律之间的协调性，在实施好《民法典》《专利法》《商标法》《著作权法》《反不正当竞争法》等法律的基础上，及时完善地理标志、商业秘密、数据财产等知识产权相关的法律规则，以及知识产权成果转化和运用等配套制度。其次，在执法方面，要推进知识产权行政执法标准、程序与司法保护的对接，严格执法，针对侵权假冒多发的重点领域和区域加大执法力度，强化知识产权司法保护，提高知识产权审判质效，提升司法保护公信力。最后，要全面提升国民的知识产权法治意识，深度参与全球知识产权治理，完善跨境司法协作安排，统筹推进知识产权国内国际法治的协调发展。

实践证明，规则明确、执法程序公正透明、相关行为法律后果具有可预期性的知识产权法律制度可以保障创新者及相关投资者的合法权益，有效的知识产权保护有助于实现新兴产业市场资源的优化配置，最终促进科技文化的发展和强盛。为此，我国需要不断提高全民知识产权意识、提升市场主体的创新成果产出和运用能力、加强对创新成果的法律保护、完善知识产权执法和司法保护体制机制,将知识产权保护落到实处,全面提升国家的竞争实力。同时,保护创新者合法利益和促进公平竞争、实现整个社会科技文化及经济的繁荣发展并不矛盾;在国际社会共同面临科技发展带来的机遇和挑战的今天,我们应当坚持开放包容、普惠平衡、公正共赢的理念,在加强知识产权保护的同时,反对滥用知识产权、人为制造和扩大科技文化鸿沟,实现人类社会的协调发展。

第一篇
著作权和相关权的保护

一、著作权法的保护对象是什么？

【阐释】著作权法的保护对象是作品

我国《著作权法》第3条规定，本法所称的作品，是指文学、艺术和科学领域内具有独创性并能以一定形式表现的智力成果。

著作权法保护的作品应当是人类的智力成果，其他由自然力、动物、植物、人工智能等无意识呈现的产物，不是著作权法意义上的作品。举例来说，如果是用翻译软件进行整篇文章的自动翻译，翻译的结果并不是人类的精神创作；同样，国外曾有案例表明，猴子抢了摄影师的相机按下快门留下的自拍照，不属于著作权法所称的作品。

作品应当具有独创性，也就是说，能够体现作者的个性或独特性。这里首先强调作品必须是由作者独立自主创作而成，而不是抄袭或复制他人已有作品的结果。例如，尽管自动翻译软件生成的内容不算作品，但程序员设计开发的智能化翻译软件，本身属于投入了人类智力劳动的有独创性的作品，受到著作权法保护；同时如果把人工智能软件当作人类进行新创作时的辅助工具，也能创作出有独创性的新作品。

作品必须以一定的形式表现出来，即用文字、语言、符号、声音、动作、色彩等将无形的思想表达出来、使他人能感知。因此，作品不是人们脑海里的思路与想法，而是将这些思想表达出来、可被人们感知的具体内容，是固定下来可复制、传播和使用的创作成果。

【示例】创建乐团的创意或构思不属于著作权法保护的对象

张某等数人基于组成女子民乐队演出的创意完成了《整合报告》，其中虽然涉及“中华女子乐坊”的形象定位、乐队编制、招生管理办法、工作任务和发展方向等，但没有具体内容。后张某与王某相识，向其介绍成立“中华女子乐坊”乐队演奏民乐的创意，希望王某投资合作。后来，王某与案外人创作了《实施计划》，内容包括“女子十二乐坊”乐队名称、图文标识与释义及品牌的保护，乐队特点、宗旨及要求，演出范围、对象及发展方向，招聘人员类别及乐队编制，签约条件、待遇及工作薪金，艺术指导及乐队训练事宜等详细条款。随后，演奏民乐的“女子十二乐坊”成立，产生了一定社会影响。

张某以侵害著作权为由将王某起诉到法院。经对比，《整合报告》与《实施计划》在篇章结构、全文基本内容及各部分内容、表达方式等方面均不相同，仅存在“女子”“乐坊”等个别相同文字。法院认为，作品包括思想与表达，但著作权法保护范围不延及思想，著作权法不保护创意或构思，著作权人不能阻止他人使用其作品中所反映出的思想或信息。虽然两份文案都反映了成立女子乐坊演奏民乐的演出模式，但“女子”是通用词语、“乐坊”二字并非张某独创。据此，法院认定《实施计划》对《整合报告》不构成剽窃、改编或汇编，驳回了张某的诉讼请求。

【分析】仅有相同或类似的创意，没有复制或抄袭他人作品不构成侵权

本案中，组建专门演奏民乐的女子乐坊仅是一种创意，“中华女子乐坊”仅是张某准备成立的乐队名称，这些都不是有具体表现形式与内容的作品；原、被告的文案中相同的“女子”“乐坊”两个词语本身过于短小，在文案创作时并不能表现出有独创性的内容，不能受到我国《著作权法》的保护，因此也谈不上在后的文案使用这两个词语构成复制和抄袭。另外，《整合报告》与《实施计划》均是文字作品，二者经整体比对，在篇章结构和内容编排、选择及文字的表达方面均不相同。因此，尽管二者的创作目的都是对成立女子乐团演奏民乐的演出模式及实施进行说明，但所涉及的演出模式实际上是一种创意和操作方法，总体上属于思想或理念的范畴，不属于我国《著作权法》规定的作品。被告的《实施计划》中不包括原告《整合报告》的内容，因此不构成侵权。

可见，作为著作权的客体，作品必须将作者的思想通过智力创作活动以具有独创性的表达方式固定下来，成为具体化的可以复制和再现的内容。仅仅有思想和创意或十分简单的表述，是难以构成著作权法中的作品而获得保护的。这一认识对于文艺工作者十分重要。如果是非常有新意的构思，就一定要静心进行创作完成作品并在作品公开之前采取保密措施；否则创意一旦泄露出去，他人完全可以另起炉灶创作完成构思相似但表达有独创性的作品。例如，X 是一名业余作家，某日与同样是文学爱好者的朋友 Y 聚会，聊天的过程中 X 无意间谈到自己正在筹谋创作一部关于现代人穿越回清朝的爱情小说，并向 Y 简

要介绍了小说的主要基调为悲伤、凄美的风格，在具体情节中穿插搞笑、无厘头等现代化元素。不过，两人交谈中并没有说到小说涉及的主要人物及其性格特征、相互关系，作为背景的重要历史事件，故事结局等具体细节。聚会结束后，Y 颇受启发，数月内便撰写完成了题为《清宫》的穿越小说并出版。这时，X 如果指责 Y 的行为构成抄袭，则与本案一样难以得到支持。

二、哪些信息和内容不受著作权法保护？

【阐释】官方文件和公共信息资源不受著作权法保护

我国《著作权法》第5条规定，“本法不适用于：(一)法律、法规，国家机关的决议、决定、命令和其他具有立法、行政、司法性质的文件，及其官方正式译文；(二)单纯事实消息；(三)历法、通用数表、通用表格和公式”。据此，不受我国著作权法保护的对象包括两类信息和内容。

第一类是官方文件。为促进和保障国家法律和政策的实施，各国著作权法对法律和其他官方文件一般都不予以保护。法律和其他官方文件颁布后，公众可以自由使用，只需引用准确、标明出处。从著作权法上作品的定义看，官方文件及其官方译本虽然具备了作品的实质条件，但是这些文件都是国家立法、司法、行政机关执行公务产生的作品，是国家意志的体现，内容涉及社会公共利益和国家治理的整体利益，国家发布这些文件的目的是广泛传播其所含的信息并得以执行，因此即使具有作品的外在表现形式也不适用著作权法予以保护，以免妨碍公共利益的实现。需要注意的是，译文如果不是这些文件的官方译文而是以具体作者名义完成和发表的，则仍属于应受保护的作品。另外，按一定思路选择内容和设计检索方式编制并出版，或在线向公众提供的官方文件的合集、光盘或数据库，也可以整体作为汇编作品受著作权法保护。当然，数据库中的单篇内容是不受著作权法保护的，使用者只要注明了来源就不用担心会侵犯著作权。应当注意的是，官方文件除法律文件外，还包括为履行公共职能所创作的文件、资料信息，如高考试题等。

第二类是单纯事实消息、历法、通用数表、通用表格和公式。单纯事实消息直接涉及国内外社会事件和经济、政治、文化、社会生活，属于国家和大众的公共信息资源，需要广泛而迅速地传播，不应给予著作权保护，以免妨碍公众知情权。历法、通用数表、通用表格和公式单纯呈现的是客观事实，具有表达的唯一性或有限性，也不予以保护，以免妨碍文化、知识信息的传播与发展。不过,基于这些事实而创作的有独创性的内容属于受保护的作品。例如,《故宫日历》正面印的是年、月、日的公历和农历以及对应的英文,反面印有故宫博物院收藏的书画、古籍、青铜器、瓷器、玉器等文物的图片及简介。显然,按特定创意编排的《故宫日历》已经构成作品,如果有人私自印制并发行销售将构成侵权。

【示例】对新闻事件进行采访编写的报道受著作权法保护

X根据调查走访编写了《平邑一农民"收藏奇石成108道满汉全席"》的图文消息并在某网站上发表,该新闻形象地将石头比喻为"肘子""猪蹄""海参"等,讲述了年过50岁的王某有寻觅收藏奇石的习惯,其参与石展石会和收藏的奇石受到人们欢迎等情况。被告Y随后在其运营的网站发布了一篇题为《收藏奇石摆成108道满汉全席》的文章,内容与前文基本相同、未经过X同意并去掉了X的姓名。X为此起诉到法院。

Y主张该文是单纯事实消息,未体现作者的独立构思和创意,不具有作品的原创性和独创性,不属于著作权法保护的智力成果。法院经审理认为,X的图文对农民收藏奇石的事件过程进行描述,有一定的情节选择和安排,体现了个性化表达,具有一定的独创性,属于作品。因此,对Y称该文属于单纯事实消息的主张,法院不予支持。

【分析】单纯事实消息不受保护不等于"新闻无版权"

解决这类纠纷的关键在于区分单纯事实消息和新闻作品。我国《著作权法》一直以来对这一不受保护的对象采用的是"时事新闻"的表述,在实践中不时产生误读;2020年《著作权法》修正后"时事新闻"一词更换为"单纯事实消息"。时事新闻的概念不太容易界定,时事新闻报道中的事实消息本身不受保护,不等于根据事实消息创作的新闻作品不受保护。例如,"1963年11月22日星期五12:30(当地时间),时任美国总统约翰·菲茨杰尔德·肯尼迪在经过得克萨斯州达拉斯的迪利广场时被刺杀"的消息,这种仅包含"时间、地点、人物和过程"基本要素、反映客观真实事件的一句话新闻,属于不受著作权法保护且应当广而告之的单纯事实消息;但抓拍的该突发事件发生时不同角度和不同对象表情的新闻摄影作品,或凝聚了作者思考和观点的报告文学、选编的实时拍摄的采访镜头等新闻报道,具备了作品特征,属于著作权法保护的对象。从目前电视台、报刊、网络等媒体平台的新闻报道的模式和类型看,属于单纯事实消息的新闻非常有限,大多数时事类新闻报道都属于受著作权法保护的作品。因此,在转载或使用这类新闻报道时须谨慎,以免被诉侵权。

三、著作权法保护的作品有哪些种类？

【阐释】著作权法保护文学、艺术和科学领域各种有独创性的作品

根据我国《著作权法》第3条的规定，作品是指文学、艺术和科学领域内具有独创性并能以一定形式表现的智力成果，包括文字作品，口述作品，音乐、戏剧、曲艺、舞蹈、杂技艺术作品，美术、建筑作品，摄影作品，视听作品，工程设计图、产品设计图、地图、示意图等图形作品和模型作品，计算机软件，以及符合作品特征的其他智力成果。

《著作权法》的列举几乎囊括了我们日常生活中能见到和用到的所有种类的文学、艺术和科学作品。例如，以文字和符号表现的小说、诗词、散文、论文等文字作品；以口头语言形式表现的即兴演说、授课、法庭辩论等口述作品；能够演唱或者演奏的带词或者不带词的歌曲、乐曲等音乐作品；供舞台演出的话剧、歌剧、地方戏等戏剧作品；以说唱为主要形式的相声、快书、大鼓、评书等曲艺作品；通过连续的动作、姿势、表情或形体动作、技巧等表现的舞蹈、杂技、魔术、马戏等作品；以线条、色彩、字迹、形状或其他方式表现的绘画、书法、雕塑等平面美术或立体造型艺术作品；有审美意义的建筑或构筑物作品；借助器械记录客观物体形象的摄影艺术作品；在一定介质上制作并能借助适当装置放映或观看的由连续画面组成的视听作品；为施工、生产绘制的工程设计图、产品设计图等图形作品，以及反映地形地貌、说明事物原理或结构的地图、示意图，为展示、试验或者观测等用途，根据物体的形状和结构，按照一定比例制成的立体模型作品；等等。

另外，《著作权法》第3条规定作品还包括“符合作品特征的其他智力成果”，这一弹性规定是为了适应文艺和科学事业的发展，将有可能出现的新作品形式列入受著作权法保护的范畴，如计算机软件就是随着技术的发展而出现的。需要指出的是，著作权法保护的智力成果应属于文学、艺术和科学作品，不包括应用在产业领域的发明创造、植物新品种等。

【示例】未经许可不能在自媒体转载一些作品

大学生X在某平台开设了微博账号,不定期发表一些记录日常生活经历和感受的文字片段,有时也将旅行中看到的美景和体验的风土人情,拍摄成照片或小视频上传至该平台,或是上传自己业余时间创作的漫画或制作的泥塑等手工艺品的照片。一次偶然的机会,X从其友人Y处得知网名为Z的另一平台用户在个人账号上大量转载X拍摄的照片、视频以及漫画等作品,甚至没有为X署名,也没有注明转载出处。X认为该用户的行为侵害了自己摄影作品、视听作品和美术作品等多类作品的著作权。

【分析】网上随意转载有版权的作品将承担侵权责任

我国《著作权法》第3条列举了受著作权法保护的作品类型。实践中,发布在微博等社交软件上的短小精练的"微作品",尽管以无形的数字化形式表现,但只要符合《著作权法》第3条规定的作品构成要件,都属于著作权法保护的对象。上述案例中涉及的"微作品"包括多种类型,对应了立法中的文字、摄影、视听、美术等作品类型。

受著作权法保护的作品有三个特征:一是独创性,即由作者独立创作完成、体现了作者的思想或个性;二是可感知性,即可以以某种形式表现出来并被人感知;三是可复制性,即可以以复印、录音、录像、数字化等方式制作成一份或多份。微博上的内容是直接在网络上通过数字化形式进行创作和传播的,其可复制性和可感知性是很容易理解的,因此能否构成作品最关键的在于其是否有独创性。独创性的判断包括两个方面:一是由作者独立创作完成,即作品是作者自己选择、取舍、安排、设计、综合、描述的结果;二是体现作者的个性、不同于已有的事实或内容。本案中,网名为Z的用户未经许可在某平台使用X发布在微博平台上的照片、视频以及漫画等多种作品,构成了对X多个作品著作权的侵害,应当依法承担侵权责任。

四、为什么在校园日常活动中要提高著作权意识?

【阐释】校园中作品随处可见,须提高著作权意识保护自己和避免侵权

通过作品来传递知识和信息是教学活动的主要内容,获取和掌握作品中的知识是学习和教育培训的基本途径,因此校园可以说是使用作品的主要场所之一。同时,校园里集中了很多有知识和文化、有创作技能的老师和学生,在日常活动中也随时会产生大量受到著作权法保护的作品。教材、教师个人著作、授课讲义、参考书籍、数据库、学生论文、作业、图画、设计,以及学生课余的摄影图片、视频、音乐等,几乎所有的作品类型都会出现在校园。因此,在校园教学活动和日常生活中,一方面要养成尊重知识、尊重原创精神的习惯,不要轻易拿他人的作品随意使用,以免引起侵权争议;另一方面要了解为了个人、教学等目的而使用时,是不是符合著作权法关于合理使用的规定。而且,作为常见的作品创作者,师生提升著作权法律意识有助于保护自己的合法权益。

【示例】校园中几种常见的产生和使用作品的活动

1. X是一名在校大学生,平时学习认真刻苦,成绩名列前茅。Y是X的同班同学,由于上课时没有认真听课,便向X借阅课堂笔记以应付期末考试。Y发现X的笔记不仅对老师所讲的内容按时间顺序进行了记录和整理,还标记了关键考点、重点内容,补充了新资料,特别便于复习,就想拍下来并发给其他几个要好的同学。Y需要征得X的同意。

2. 大学生张某在校园网的论坛发表了若干个人学习、日常生活和旅行经历的日志,一度成为论坛的热帖。李某在浏览论坛时看到了张某的帖子颇感兴趣,遂转载到了其个人微博,且没有署张某名字。张某可以就其在论坛上发表的帖子主张著作权。

3. 小花是幼儿园的小朋友。在美术课上，老师边演示边指导小朋友们用彩纸剪小动物形象。小花想到了家里养的宠物猫，就照着它的样子剪了一只形象可爱的小猫，并在老师的帮助下为小猫粘贴了眼睛、鼻子、嘴和尾巴，使小猫看起来更生动。小花对这幅手工剪贴画享有著作权，老师把这幅手工剪贴画放在幼儿园大门外的橱窗中展示，需要征得小花家长同意并署名小花。

4. 红星学校将举办新年晚会。X 作为 A 班艺术特长生牵头编排设计了一部小品的各个角色形象、具体场景和对话，而后全体同学利用课后时间彩排、完善细节，最后在晚会上集体表演了该小品，颇受欢迎。低年级的 B 班可以照着 A 班自编自演的小品排练次年演出，但应说明源于 X 编排的剧目，且未经同意不能录制和上网传播。

5. 李某是理想学校的教师，有一定知名度。X 网站未经李某许可，上传了载有其授课内容的录音文件，登载时标注了“理想学校李某语录”等字样。李某讲课内容属于口述作品，未经许可在 X 网站提供口述作品的录音制品构成侵权。

【分析】校园内外适用一样的著作权规则

1. 学生对其笔记是否享有著作权取决于笔记是不是有独创性的文字作品。如果学生只是将老师课堂讲课的知识点如实地记录下来，这些知识点若属于公有领域的信息，或完全属于老师的个人观点，则学生的笔记没有体现学生本人的独创性，不属于作品。如果学生将课堂所学的内容进一步整理、编排和补充，可能构成汇编作品，做笔记的学生对整个汇编作品享有著作权。目前作品复制和传播的技术手段十分便利，即使是少数几人为了私下学习使用，拍照上传到网络或社交媒体也极容易扩散，Y 将笔记拍照并转发给其他同学应事先征得 X 的同意。

2. 作品反映作者的思想感情及对客观世界的认识，是一种以语言文字、符号等形式反映出的无形的智力创造成果，需要借助一定的有形载体表现出来，常见的作品载体有报纸、图书、磁带、光盘等；但数字和信息网络技术普及后，作品内容往往直接以数字化的无形方式置于网络中，随时可被人浏览获知。学生在校园论坛上发表的文章、照片，无论是先创作完成后复制或扫描上传，还是直接在网站上以数字化形式创作和存储，本质上与印刷的报纸、期刊、图书和冲洗出来的纸质照片一样，只要具有独创性都属于作品。他人未经许可转载且未署名，侵犯了原创者的署名权、复制权和信息网络传播权。

3. 作品的创作是直接产生文学、艺术和科学作品的智力活动，组织他人进行创作，提供咨询意见、物质条件，或者进行其他辅助工作，在法律上都不视为创作。创作属于一种事实行为，并不要求行为主体必须达到具有民事行为能力的法定年龄。因此，幼儿园小朋友可能没有受过专业的美术训练，但仍然能通过自己的观察、感知和理解进行创作。小花制作的小猫形象剪贴画表达了自己对猫的喜爱，尽管老师帮助她添加了丰富小猫形象的有关元素，但该剪贴画总体是小花创作的美术作品。幼儿园在校外橱窗向社会公众展示，涉及小花的发表权、署名权、展览权的行使，应当取得其监护人的许可。

4. 小品是供舞台演出的戏剧作品中的一类。戏剧作品是在特定场景中通过身体动作、语言、表情将剧情表现出来的动态作品，是为表现某种思想观念而对舞台表演场景的设计和对各种动作、语言、姿势、表情及编排的程式化体现，其创作是为了可重复的舞台现场表演。学生自编自导自演的小品承载了全班同学，尤其是主要编排者的思想情感，是具有独创性的个性化表达，尽管没有通过文字剧本来记载和固定其内容，也不能否定它属于戏剧作品。其他年级的同学要照着该作品排练并在校内演出，至少也要尊重署名权。

5. 尽管教师在上课的过程中一般会以相关的教学大纲、教材为基础，但不会完全照本宣科，而是需要对传授的内容进行选择编排、对课程知识点进行讲解、对拓展资料进行补充等。这些具体授课内容是每位教师个人独立构思并以口头方式创作完成的，是教师对于特定课程涉及的主题和问题的个性化认知和阐释，属于受著作权法保护的口述作品；他人未经许可不能擅自录制并上网传播，否则应当承担相应的法律责任。

五、短视频受著作权法保护吗？

【阐释】受著作权法保护的短视频应具有独创性

短视频无论用何种方式制作，只要产生的连续动态画面具有独创性、固定在一定介质上并能借助适当装置放映或传播，就属于受著作权法保护的作品。

短视频是近年兴起的在各种新媒体平台上播放的新类型视听内容，主题内容丰富多彩，符合快节奏娱乐消费的时代需求。但是，短视频制作不像微电影一样有类似剧本的文案策划、有较高的艺术表现手段和团队配置要求，因其制作流程简单，各界对其是否具有独创性、是否受著作权法保护也经常产生疑问；另外，短视频领域不乏以“切割”“搬运”等方式把别人的影视作品片段拿来制作视频并广泛传播的情况，不时引起侵权争议。对这些问题，需要依据著作权法对作品的定义进行把握和对侵权标准予以判定。

短视频由一系列有伴音或者无伴音的连续动态画面组成，并且也已经固定在一定介质上，可以借助适当装置播放和观看，因此，短视频是否构成受著作权法保护的视听作品，关键要看其是否具有独创性。现实中的短视频种类繁多、内容包罗万象，常见的有个人表演展示、生活记录、资讯提供、知识教授、微型影视、赛事实录等；其中有些缺乏独创性，例如，对真实生活实景的机械性实况录制，极少包含独特的创作构思或素材选择、安排等个性因素，其实质是音像制品。但是，那些根据特定情景和创意制作的，或者按某种创作意图将相关素材进行选择编排而成的短视频，则体现了一定的独创性，属于受著作权法保护的视听作品。

【示例】学生制作的模仿秀小视频受著作权法保护

X是一名初中生，出于个人兴趣，他经常利用手机以及常见的辅助工具拍摄、制作一些幽默题材的小视频并上传至短视频平台。其发布的视频内容大部分是自己和朋友模仿老师形象，戴着长发款式的假头套、身穿裙子、脚踩高跟鞋，同时以严厉、夸张的老师口吻给学生训话，在语言、动作尤其是神态方面，模仿得惟妙惟肖。这些短视频不仅勾起了许多网友对于童年时期老师的性格特点和处事风格的回忆，也暗讽了现实生活中部分老师的教学方式和语言习惯，引起了网友的共鸣，因此在网络上受到高度关注，被很多平台转发。X 主张那些未经许可转发的平台构成侵权。

【分析】手机拍摄制作的独创性短视频符合视听作品的要件

本案中 X 创作的短视频是基于自己对日常生活中老师形象的细致观察，体现了对教师行业中一些问题的反思，同时在场景的编排和服装、道具的选择，以及语言、动作和神态的设计与呈现上，都体现了 X 的个性，其将自己创作和组织的表演拍摄并制作成的短视频，构成具有独创性的视听作品，受著作权法保护。

六、娱乐节目中可以随意扮演动漫角色形象吗？

【阐释】动画片中的角色属于受著作权法保护的美术作品

动画片是将许多帧静止的画面通过技术手段连续快速播放并将此过程拍摄或制作而成的视听作品。一般来讲，动画片中单帧静止画面中的特定动漫角色形象足够鲜明，体现了创作者的个性，具有独创性，可以作为单独的美术作品获得保护。但是，传统上，美术作品具有一种静态审美功能，其保护方式通常与同样是静态的文字作品类似，无论是复制、发行、信息网络传播，还是放映或展览，都是直接呈现美术作品静态信息的利用方式，即使是制作成玩具等变形的利用，本质也是对静态展现作品的立体复制。随着动漫、影视等文化娱乐产业的发展，越来越多的角色形象除了被开发制作成各种文化创意产品，还以各类角色扮演的方式活跃在文化娱乐活动中。例如，在主题乐园等实地场景的游客互动中、在节假日临近时相关机构举办的联欢会等各类活动中、在针对小朋友和青少年的电视综艺节目中，以真人扮演漫画或动画片中的角色形象来增加气氛或直接表演才艺的情况也逐渐增多。由此也不时产生在商业性场合中扮演、使用受著作权法保护的动画片角色形象的著作权争议。从已有司法判决来看，凡是未经授权的商业性利用的真人扮演，均构成对角色形象美术作品的侵权。当然，在娱乐活动中真人扮演漫画、动画片中的角色，不是对静态美术作品的复制和传播，法院通常将“实质性相似”作为构成侵权的裁判理由。

【示例】综艺节目中扮演卡通形象侵害著作权

原告甲电影制片厂是经典卡通动画形象“葫芦娃”这一美术作品的著作权人。被告乙广播电视台与丙公司共同运营制作了综艺节目《来了就笑吧》，其中的歌手、舞蹈演员模仿了“葫芦娃”形象。该节目不仅在被告的卫视频道播出,还在两大视频网站上进行全程播放。甲电影制片厂认为二被告侵犯其对“葫芦娃”角色造型美术作品享有的信息网络传播权,向北京互联网法院提起诉讼,请求判令二被告停止侵权,赔偿经济损失及合理费用开支40万元。乙广播电视台提交了与丙公司签订的《节目合作制作合同书》,证明后者应作为著作权侵权主体并承担责任;丙公司提交意见称,涉案节目是委托丁工作室制作的,应追加其作为必要共同诉讼人。此外,二被告均辩称涉案节目对于“葫芦娃”形象的使用没有给原告造成严重的经济损失,原告要求的赔偿数额过高。北京互联网法院认为二被告构成共同侵权,酌定赔偿额10万元、支持合理支出2000元;至于丙公司与案外人丁工作室之间的内部约定,不能对抗著作权人,被告可以另行提起诉讼维护其权益。

【分析】整体观察扮演角色与动漫角色实质性相似的,构成侵权

关于涉案综艺节目中角色形象与涉案作品是否构成实质性相似,本案判决认为二被告制作的涉案综艺节目中,演员表演采用的服装造型虽然在发型、脸型上与涉案作品存在一定差异,但经比对演员使用的大型半身图案、服装配饰均与涉案作品相同。而涉案作品中人物形象的眉眼造型、服装配饰占涉案作品的比重较大,是区别于其他作品而具有独创性的主要体现,可以认定涉案综艺节目与涉案作品构成实质性相似。可见,法院对“实质性相似”的判定遵循的是我国司法实践中通常采用的整体观察法。具体来说,认定涉案综艺节目中演员扮演的角色形象与“葫芦娃”美术作品构成实质性相似,既要进行整体对比,也要对局部和细节进行比较;尽管二者在发型、脸型等细节上存在一定的差异,但是考虑到眉眼造型、服装配饰是涉案作品的主要组成部分,体现了其独创性,而涉案综艺节目中的演员使用了这些要素,在整体感官上构成实质性相似。二被告未经原告许可使用涉案作品,并通过互联网向公众传播,侵害了甲电影制片厂享有的信息网络传播权,应承担侵权责任。

七、制作有声读物需要获得文字作品著作权人同意吗？

【阐释】制作有声读物需要文字作品著作权人许可

通过应用软件“听书”是近年兴起的一种替代阅读的新模式，因其解决了人眼疲劳和人手解放问题而颇受欢迎，所以大量的需求也带来了有声读物著作权的争议。制作有声读物需要著作权人许可是常识，但实践中因著作权划分了若干权项，权属和许可情况比较复杂，因此需要明确有声读物涉及的具体是什么权利，才能有针对性地从权利人处获得授权。

首先，从文字表达变成声音，容易让人想到的是改编，即改变原作品之表达方式从而产生具有独创性的新作品的演绎创作。在有声读物的制作过程中，由朗读者按照原文字作品逐字逐句进行朗读，同时由制作者录制并进行后期编辑。虽然不同的朗读者对同一作品的朗读可能会存在独特的音调、语速，制作者甚至还会配上个性化的背景音乐或音效，因此带给听众的感受各不相同，但是有声读物并未改变文字作品的独创性表达，并未形成新作品，因此不属于对文字作品的改编。其次，复制权是最基本、最核心的著作权，复制是作品利用的第一步，即以印刷、复印、拓印、录音、录像、翻录、翻拍、数字化等方式将作品制作一份或者多份。但是，录音通常是指将口头作品录制下来，是否包括将文字作品读出来后再录制下来，在认识上不是很明确。如果说口述作品用文字记录下来是一种复制，那么反过来将文字转化为口头表达也是复制；据此，有声读物的制作若未经著作权人许可会侵犯其复制权，将朗读的录音制品在电台播放或上传到网络供人点击播放，则会侵犯广播权或信息网络传播权。最后，表演是指公开表演作品的行为，也是常见的文学艺术作品传播方式，从《视听表演北京条约》对“表演者”的定义看，表演除单纯的表演行为外，还可以通过歌唱、演说、朗诵、演奏、表现或以其他方式进行。这样看来，对文字作品的朗读也是一种表演，而录制下来传到网络上是对表演的固定和利用网络传播。相应地，制作有声读物在网上提供，需要得到原文字作品著作权人表演权、复制权、信息网络传播权的许可。

【示例】未经许可制作有声读物侵犯文字作品著作权

谢某是一名儿童文学作家，其创作的小说《72 变小女生》由某出版社出版。2013 年谢某将涉案作品的“信息网络传播权及其转授权，以及制作、复制和销售电子出版物的权利”授权 A 公司。2014 年，A 公司向 B 公司出具授权书，写明授权 B 公司将涉案作品制成有声读物，并自行或再许可他方行使音频格式作品的信息网络传播权。2015 年，B 公司授权 C 公司将涉案作品的信息网络传播权转授权给 D 公司在其“懒人听书”平台上使用。之后，谢某发现 D 公司未经其授权在其“懒人听书”网站向公众提供《72 变小女生》的在线听书服务。由于协商不成，谢某将 D 公司以及授权 D 公司录制有声读物的 C 公司诉至法院，请求被告承担著作权侵权赔偿责任。C 公司辩称其依据系列协议获得了谢某改编权和信息网络传播权的授权，该授权覆盖了将涉案作品制作成录音制品并且在网络上提供该录音制品的权利，因而 C 公司、D 公司二被告的行为不构成侵权。

法院认为，文字作品制成有声读物需要经过三个步骤：朗读、录音、后期制作。三个步骤均只改变了作品的形式或载体，无一改变了文字作品的表达或内容，因而不涉及对文字作品的改编，有声读物只是以录音制品形式存在的复制件。本案中结合合同上下文及签约的时间环境，不应认定在线提供有声读物属谢某授权范围；上游授权方缺乏有效权利而向下授权他人实施受专有权利控制的行为，自身对此存在过错且行为实际发生的，所有上游授权方均构成侵权，与直接侵权人承担连带责任。最后法院判令 D、C、B、A 四公司共同赔偿谢某经济损失及为制止侵权行为所支付的合理开支。

【分析】制作有声读物须得到文字作品著作权人和表演者的许可

为了对被告的行为进行定性，需要就涉案作品《72 变小女生》有声读物的性质予以明确。有声读物来自小说《72 变小女生》，谢某是著作权人；而根据查明的事实，被告 D 公司制作和在线提供有声读物，来自 C 公司授权，C 公司获得的授权来自 B 公司，B 公司获得的授权又来自 A 公司，A 公司与原始著作权人谢某则有直接的著作权许可使用合同。因此，考察 D 公司的行为是否合法，需透过层层转授权看 A 公司与谢某的约定。从合同条款看,谢某授予 A 公司的是“信息网络传播权及其转授权,以及制作、复制和销售电子出版物的权利”;因合同标的是小说,即文字作品,从常识理解,无论是信息网络传播还是制作发行电子出版物,仍是针对小说文字本身,而非改编或转化为其他形式表达以及之后的信息网络传播。

八、智能机器人是作者吗？

【阐释】根据《民法典》对民事主体的规定，智能机器人不是作者

我国《著作权法》第 12 条第 1 款规定，在作品上署名的自然人、法人或者非法人组织为作者，且该作品上存在相应权利，但有相反证明的除外。可见，在我国，作为著作权原始主体的作者，应当与《民法典》规定的民事主体保持一致。要理解谁是作者，首先要明确，创作是一种自然人才能完成的智力活动，而只有从事作品创作行为的自然人，才是真正的作者。当然，自然人也包括受雇于某一法人或非法人组织的自然人。我国《著作权法》第 11 条第 2 款、第 3 款规定："创作作品的自然人是作者。由法人或者非法人组织主持，代表法人或者非法人组织意志创作，并由法人或者非法人组织承担责任的作品，法人或者非法人组织视为作者。"这里之所以将法人或者非法人组织视为作者，是因为一些大型、复杂的作品需要有组织的人力智力投入和大量投资才有可能协力创作完成；将组织创作者和投资者视为作者、赋予其相应的权利义务，有利于激励和促进此类作品的产生，同时对于作品的使用者来说，这样的法律规定有利于其直接与被视为作者的主体协商，便于作品的利用。

【示例】智能写作软件开发者对利用机器人编写的文章享有著作权

A 公司开发了一款名为"Dreamwriter"的智能写作软件，于 2015 年 8 月 20 日完成软件创作开发，并于 2019 年 5 月 9 日获得了软件著作权登记证书。自 2015 年以来，A 公司职员利用"Dreamwriter"软件和相关数据库，撰写发表了大量文章。2018 年 8 月 20 日，"A 证券网"上发表了题为《午评：沪指小幅上涨 0.11% 报 2671.93 点、通信运营石油开采等板块领涨》的文章，文末注明"本文由 A 公司机器人 Dreamwriter 撰写"。当天，X 未经许可在其开办的网站上转载了涉案文章。A 公司于 2019 年 5 月向深圳市南山区人民法院提起诉讼，庭审中 X 在其网站上删除了涉案文章。那么，在这篇文章上署名的"A 公司机器

人 Dreamwriter”是作者吗？X 是否构成侵权？法院认为涉案文章属于文字作品，构成法人作品，X 未经许可复制转载，侵犯了 A 公司的信息网络传播权。鉴于原告没有提出相关的证据证明损害赔偿额，法院综合考虑作品类型、合理使用费、侵权行为的性质及后果，以及原告维权费用，酌定判决赔偿 1500 元。

【分析】在作品上署机器人的名字是机器人开发者的意思表示

本案中，“Dreamwriter”由 A 公司开发，其功能是根据软件设计者设计的写作模板和框架利用数据库抓取相关主题的关键信息，自动生成相关文章。这一过程看起来像机器人会进行创作一样，署名也是“A 公司机器人 Dreamwriter”，但事实上机器人自身并不具有自然人才有的思想，也不可能有创作意识和风格，其生成的内容实际上是在软件设计者预设的模板上通过具体人员操作从习惯数据库中抓取“喂料”完成。简单来说，机器人是 A 公司职员的创作工具，而且机器人本身根本不知道自己是不是被侵权，更不会去法院主张救济。正因如此，本案是由开发该机器人的 A 公司提出的诉讼主张，其认为涉案文章由 A 公司主持、代表 A 公司意志创作，并由 A 公司承担责任，该文的著作权依法应当归 A 公司所有。最终法院也认定，涉案文章构成法人作品，A 公司享有相应的著作权；X 未经许可复制原告文章，在其网站上向公众提供，侵犯了 A 公司的信息网络传播权，应当承担停止侵害和赔偿损失的责任。

九、谁是网上图片的著作权人？

【阐释】网上图片按署名或相反证据推定著作权人

我国《著作权法》第9条规定，著作权人包括作者和其他依法享有著作权的自然人、法人或者非法人组织。可见，谁付出心力从事创作，谁就应该依法享有著作权，作者是最主要的原始著作权人。图片属于摄影作品，摄影师即是原始的著作权人；当然，如果是法人或非法人组织的职员为完成职务工作拍摄的图片，或者是新闻记者拍摄的新闻报道配图，摄影师虽然署名但著作权属于单位。同理，有了创作构思和意图后招兵买马、出钱出力组织创作并承担责任的法人、委托人，在其组织或委托创作的作品完成时，也就相应地依据法律或合同约定取得著作权。从海量的网上图片来看，很少有在图片上直接署名的，真正的著作权人比较难判断，但图片通常是受著作权法保护的，因此最保险的是不从网上下载图片使用。

【示例】没有相反证据时，网上图片的著作权人是打水印的人

X公司是一家拥有大量资源的网络图片公司。2008年6月9日，G公司高级副总裁签署了一份授权书，确认X公司是G公司在中国的授权代表。Y公司在其1号企业宣传品中使用的图片，与G公司编号为aa030502的图片一致，在2号企业宣传品中使用的图片，与G公司编号为aa030502的图片内容一致但方向相反；该1号、2号企业宣传品上均署名“Y软件”，并附有Y公司的名称、地址、电话、传真和网址等。X公司据此将Y公司起诉到法院，要求其承担侵权责任。最高人民法院在(2014)民提字第57号民事判决书中认为，G公司、X公司拥有数量巨大的图片，大多采取在官方网站上登载图片并直接在网上出售的方式经营；其在网站上登载图片的行为，虽然不同于传统意义上的在公开出版物上发表，但同样是“公之于众”的一种方式。故网站上的“署名”，包括本案中的权利声明和水印，构成证明著作权权属的初步证据，在没有相反证据的

情况下，可以作为享有著作权的证明，因此 Y 公司构成侵权，应当承担相应的法律责任。

【分析】著作权人一般根据作品上的署名推定

关于著作权归属的判定，我国《著作权法》第 12 条第 1 款规定，在作品上署名的自然人、法人或者非法人组织为作者，且该作品上存在相应权利，但有相反证明的除外。对此，最高人民法院《关于加强著作权和与著作权有关的权利保护的意见》（法发〔2020〕42 号）第 3 条规定，在作品、表演、录音制品上以通常方式署名的自然人、法人和非法人组织，应当推定为该作品、表演、录音制品的著作权人或者与著作权有关的权利的权利人，但有相反证据足以推翻的除外。另外，最高人民法院、最高人民检察院《关于办理侵犯知识产权刑事案件具体应用法律若干问题的解释（三）》（法释〔2020〕10 号）第 2 条第 1 款规定，在《中华人民共和国刑法》（以下简称《刑法》）第 217 条规定的作品、录音制品上以通常方式署名的自然人、法人或者非法人组织，应当推定为著作权人或者录音制作者，且该作品、录音制品上存在相应权利，但有相反证明的除外。实践中，"署名"并不一定是直接标注作者真实的姓名、名称，只要可以根据作品上出现的名字推定其所代表的主体即可；如果作品上标注"©"，后面紧接着姓名、名称，按惯例"©"后所接的主体就是著作权人。

本案即按水印标注推定著作权归属。当然，本案与之后发生的某公司就"黑洞照片"向使用者收取费用的事件稍有不同。"黑洞照片"事件发生后有真正的作者出面，且指出了自己并没有将版权授予该公司，这就属于有相反证据，可以证明该公司擅自在图片上打水印表明自己是著作权人并进行维权的行为无效。不过，总体来说，任何作品的使用者都应该养成尊重他人劳动成果的习惯；要认识到网上图片等任何版权资源必定有其真正的权利人，随意下载并使用，肯定存在侵权风险。

十、合作作品可以分开使用吗？

【阐释】可分割使用的合作作品的合作作者可以单独行使相应部分的著作权

我国《著作权法》第14条规定，两人以上合作创作的作品，著作权由合作作者共同享有。合作作品的著作权由合作作者通过协商一致行使；不能协商一致，又无正当理由的，任何一方不得阻止他方行使除转让、许可他人专有使用、出质以外的其他权利，但是所得收益应当合理分配给所有合作作者。合作作品可以分割使用的，作者对各自创作的部分可以单独享有著作权，但行使著作权时不得侵犯合作作品整体的著作权。

可见，两人以上合作创作的作品分为可分割的和不可分割的合作作品。实践中，可分割使用的合作作品一般著作权归属和行使争议不大，仅不可分割的合作作品才容易成为争议焦点。对于不可分割的合作作品，共同的创作意图和创作贡献、最终形成的作品的不可分割性或相互依存性是其必要条件，比较典型的是美术作品。对于其他文字作品、音乐作品等合作作品，尽管可能创作之时有共同意图，形成作品后通常一起使用，对外也共同行使著作权，但如果相应部分各自署名，个人贡献比较容易分清，分割使用或单独利用也不会影响各自的价值，则一般允许此类合作作品分割使用。

【示例】歌曲的词和曲可分割使用

歌曲《牡丹之歌》的词作者为A，曲作者为B、C；被告Y经曲作者授权使用了《牡丹之歌》的曲调，并将歌词改为调侃北京城市道路状况的《五环之歌》，只保留了原配词中的一个“啊”字。Y演唱的《五环之歌》被用作电影《煎饼侠》的主题曲等，产生较大影响。原告X获得了词作者A对词作品和音乐作品著作权之授权，请问X是否有权禁止Y以《牡丹之歌》的曲调配以其他歌词使用？此案经两级法院审理，最终基于可分割使用合作作品的基本理论，驳回了原告的诉讼请求。

【分析】获得曲作者授权重新填词演唱未侵害原歌曲词作者的著作权

本案中，天津市高级人民法院在(2020)津民申 351 号民事裁定书中认为，涉案作品《牡丹之歌》是由词曲共同组成的歌曲，A、B、C 客观上均参与创作了《牡丹之歌》，《牡丹之歌》构成合作作品，其著作权由 A、B、C 共同享有。X 虽然主张其享有《牡丹之歌》的整体改编权，但证据表明其仅从词作者 A 处获得相应授权，未获得曲作者授权，故其不能就包括词曲在内的《牡丹之歌》歌曲整体内容主张权利。同时，《五环之歌》并未使用《牡丹之歌》的歌词部分，而是另行创作了新的歌词内容，不构成对《牡丹之歌》歌词部分文字作品著作权的侵害。X 主张《五环之歌》侵害了《牡丹之歌》的改编权，经对比歌词内容，两者既不相同也不相似，《五环之歌》歌词内容并未使用《牡丹之歌》歌词部分具有独创性的基本表达，且思想主题和表达方式与《牡丹之歌》歌词亦不相同，故 Y 并未侵害 X 享有的歌词部分的著作权。

十一、离职后可以将在原单位时拍摄的照片发至自媒体吗？

【阐释】离职后不能擅自使用在原单位完成的职务作品

我国《著作权法》第18条规定，自然人为完成法人或者非法人组织工作任务所创作的作品是职务作品，其著作权归属有两种情形：第一种是著作权由作者享有，但法人或者非法人组织有权在其业务范围内优先使用；作品完成两年内，未经单位同意，作者不得许可第三人以与单位使用的相同方式使用该作品。第二种是作者享有署名权，著作权的其他权利由法人或者非法人组织享有，法人或者非法人组织可以给予作者奖励，包括三种情形：(1)主要是利用法人或者非法人组织的物质技术条件创作，并由法人或者非法人组织承担责任的工程设计图、产品设计图、地图、示意图、计算机软件等职务作品；(2)报社、期刊社、通讯社、广播电台、电视台的工作人员创作的职务作品；(3)法律、行政法规规定或者合同约定著作权由法人或者非法人组织享有的职务作品。

对于第一种情形，单位员工在职务范围内完成的作品之所以单位有优先使用权，是因为单位支付了工资给员工，员工也是因履行职责和接受单位的指示而提供劳务、从事职务创作的，因此产出的受著作权法保护的作品，单位当然在一定范围内享有优先使用的权利。对于第二种情形，著作权之所以归单位享有，是因为在知识经济社会，越来越多的智力创作活动要依靠单位召集员工集体开展，而不再像过去一样由创作者单打独斗就能完成。尤其是工程设计图、地图、计算机软件、影视剧等需要雄厚资金和技术资料的大型作品，以及因履行新闻单位职责、凭借新闻单位采访资质才能接触新闻信息而创作完成的作品，单位不但要支付职员工资，还要提供必不可缺的创作条件，同时承担了较大风险和责任；在离开单位条件难以完成创作，或单位与员工有明确约定的情况下，著作权法将此类职务作品的著作权归属于单位，符合公平合理、责权相当的基本原理。

【示例】约定照片著作权归单位的员工即使有原件也不能擅自使用

Y于2017年9月1日至2018年3月11日在X公司担任摄影师职务,双方签订了一份员工保密协议,其中载明:Y充分意识到X公司的商业秘密、Y因履行职务而产生的知识产权等均属X公司之财产。另外,Y还在一份员工离职流程单上签字,其中载明:Y同意在X公司任职期间所有作品的著作权归X公司所有,个人不得以任何名义及途径擅自发布;如果个人违反规定引起任何纠纷,将由个人承担所有的法律责任和经济赔偿。任职期间,Y拍摄了"2018年春季摄影宣传片"系列摄影作品,之后X公司将该系列作品陆续发布在该公司的微博上。Y从X公司离职之后,将该系列摄影作品中的32张照片提供给Z公司,包括部分高像素原片。Z公司于2018年4月起陆续将该32张摄影作品发布在Z公司的微博、微信公众号以及相关个人的微信朋友圈中,由此X公司将Y、Z公司诉至法院。

法院认为,Y拍摄的系列照片是为履行单位职务而创作的作品,同时,Y与原单位X公司约定了在职期间职务作品的著作权归属。Z公司作为从事商业摄影的专门机构,应当了解涉案作品可能属于职务作品的情况;且按照惯例,Y即使拥有照片原片,也不必然拥有照片的著作权。Z公司在使用Y提供的涉案作品前未对著作权归属进行核实,主观上存在过错。据此,法院判定Y未经X公司同意,将涉案摄影作品提供给Z公司发布的行为,共同侵犯了X公司享有著作权的作品的信息网络传播权,应当由Y、Z公司共同承担停止侵害、赔偿损失的民事责任。

【分析】职务作品著作权归属有约定的按约定执行

本案涉及的摄影作品,依据职务作品的概念和《著作权法》对职务作品列举的第二种情形,能确定的是Y的创作活动是为了履行其在原单位X公司的职责;但摄影作品并不像工程设计图、地图、计算机软件、影视剧等离不开单位提供的物质技术条件的大型作品,也不是新闻从业人员为单位的新闻报道任务而创作的作品,因此很难说离开了单位支持难以完成。在这种情形下,单位与职员是否有约定对于确定职务作品的著作权归属格外关键和重要。正是聘用单位X公司对职员Y的入职和离职等手续有正规严谨的管理措施及书面签字流程,才得以判定X公司与Y对其在职期间的创作成果之知识产权归属有明确的约定。根据《著作权法》第 18 条第 2 款第 3 项的规定,本案符合单位与职员约定了职务作品著作权归属于单位的情形,法院依据 Y 签字的事实和 Z 公司所在行业的惯例判定二者共同侵权是合理合法的。

不过,要注意的是,并不是员工在任职于特定单位期间所产生的任何创作成果,其著作权都按上述规定或约定归单位所有,只有符合《著作权法》第 18 条第 1 款规定的"为完成法人或者非法人组织工作任务"所创作的作品才适用。如果是员工在下班后业余时间,或在本职工作之外为了个人兴趣从事创作活动产生的作品,还是要回归到著作权法的基本原则,即著作权归属于作者;如果单位以合同格式条款或规章方式约定员工的非职务作品的著作权也归单位,则这样的约定会被认为违反民法的基本原则而无效。

十二、导演和词曲作者对视听作品享有著作权吗?

【阐释】导演和词曲作者在视听作品中享有署名权和按约定获得报酬权

我国《著作权法》第 17 条第 1 款规定,视听作品中的电影作品、电视剧作品的著作权由制作者享有,但编剧、导演、摄影、作词、作曲等作者享有署名权,并有权按照与制作者签订的合同获得报酬。之所以将视听作品中电影、电视剧的著作权归属明确为制作者,是因为此类影视作品的拍摄制作是涉及众多复杂关系、系统性和协作性较强的智力创作过程。没有制作者对作品制作投入巨额资金、组织拍摄和承担风险,影视作品无法制作完成并传播,而对影视作品的产生作出创造性贡献的编剧、导演、演员、摄影、美工等主体,则至少需要明确其署名和获得报酬的权利。即使是相对简单的不需要知名演员的宣传片、纪录片等,也要有导演、编剧、作词作曲、摄影、特效设计、美工、选景、配音、剪辑等人员的参与。从现实情况看,参与影视作品创作的作者和工作人员,一般都会与制作者签订关于影视作品著作权归属、利用、报酬等内容的合同,并确认制作者对整部作品享有著作权(当然也不排除个别情况下导演、演员等创作者与制作者约定著作权共享)。因此,从立法上明确影视作品的著作权归属于制作者,可以基于实践经验引导从业者尽量签订权利义务清晰的合同,减少此类作品因参与主体过多导致的权属和利益分配关系复杂化的问题。而且,法律同时对作出创造性贡献的编剧、导演、摄影、作词、作曲等主体的署名权作出规定,并进一步明确视听作品中的剧本、音乐等可以单独使用的作品的作者有权单独行使其著作权。

【示例】委托创作视听作品的著作权保护

某市旅游局 X 与 Y 公司签订旅游宣传片制作协议,约定由 Y 公司使用自有著作权的动漫形象制作宣传片;X 有权参与剧本修正、审核制作过程,有义务提供旅游景点介绍及其他相关资料并与景点沟通配合完成实景拍摄等,宣传片的版权归 X 所有。Y 公司组织拍摄并先后形成两版宣传视频,之后知名导演 Z 受聘于 Y 公司,就该宣传片又形成了 Z 版。经比对,Z 版与 Y 公司之前的版本在素材选取、取景拍摄方面相似度极高,但镜头组合有所不同,增加了少量新内容和元素,在编排结构、背景音乐和解说词等方面则有显著差别。Z 版制作完成后,Y 公司将宣传片母盘交给 X,并先后两次刻录成 DVD 光盘,光盘及其外壳均载明宣传片导演是 Z、制片人是 X、制作人是 Y 公司。另外,某知名视频网站上能够点击播放该宣传片。Z 认为该宣传片从内容创意到成片的全过程,包括剧本构思创作、镜头编导和拍摄、音乐词曲、录音配音、剪辑特效、字幕、动画合成和摄录设备场地等,都是自己出资组织摄制完成的,因此对该宣传片享有著作权,遂向法院起诉 X、Y 公司刻制光盘发行和上传到视频网站的行为构成侵权。

【分析】导演对著作权约定属于委托人的视听作品仅有署名权

《著作权法》规定影视类视听作品的著作权属于制作者,编剧、导演、摄影、作词、作曲等仅依法享有署名权,并有权按照与制作者签订的合同获得报酬;同时,视听作品中的剧本、音乐等可以单独使用的作品的作者有权单独行使其著作权。可见,导演虽然在视听作品创作中有智力贡献,但其贡献的内容难以从整体作品中分割,因此只能主张署名权和获酬权,而不像编剧、词曲作者那样可以将自己的作品另行单独使用。

本案中,从涉案宣传片的形成过程看,X 与 Y 公司形成了委托创作关系,且约定委托作品著作权归 X 所有。在宣传片的制作过程中,Z 作为 Y 公司的员工参与了后期宣传片的导演和组织拍摄等工作,Y 公司则为 Z 报销费用并提供其他便利条件。Z 在制作团队中虽然是导演身份,但从本质上看其属于为 Y 公司提供劳务,且在制作过程中 Z 也知道 Y 公司是在为 X 制作宣传片。因此,法院认为 Z 称涉案宣传片著作权应归自己所有、X 和 Y 公司构成侵权的主张不能成立;因涉案宣传片的母盘和光盘上都已标明“导演:Z”,X 和 Y 公司亦未侵害其依法享有的署名权。

十三、委托作品著作权属于受托人时委托人如何使用？

【阐释】委托作品的著作权属于受托人时委托人可在委托目的范围内使用

我国《著作权法》第 19 条对委托作品的著作权归属做了规定，受委托创作的作品，著作权的归属由委托人和受托人通过合同约定。合同未作明确约定或者没有订立合同的，著作权属于受托人。实践中，对于委托他人创作作品的委托者来说，大部分会通过合同明确著作权归属自己，当然也不排除合同未作明确约定，甚至没有订立书面合同难以证明的情况，这时《著作权法》第 19 条将著作权归属于受托人。那么，因没有约定甚至没有合同，著作权由此归属于受托人的情况下，委托人是否享有使用权，以及可以如何使用委托作品就有可能发生争议。由于法律规定在一定程度上有利于受托人，对委托人的利益有必要通过合同解释予以平衡。对此，最高人民法院在 2020 年修正的《关于审理著作权民事纠纷案件适用法律若干问题的解释》（法释〔2020〕19 号）第 12 条中明确规定，按照 2010 年《著作权法》第 17 条（现为第 19 条）规定委托作品著作权属于受托人的情形，委托人在约定的使用范围内享有使用作品的权利；双方没有约定使用作品范围的，委托人可以在委托创作的特定目的范围内免费使用该作品。

【示例】合同解除后委托人不可使用受托人源代码另行开发软件

W 机构代表某省卫生厅，牵头建设该省医院预约诊疗服务系统，该系统软件由 X 公司负责，由 X 公司的全资子公司 Y 公司具体实施，Y 公司则委托 Z 开发了该系统软件并上线试运行。之后，因 Z 与 X 公司、Y 公司就系统运行后的合作发生争议，X 公司、Y 公司停用 Z 开发的软件，转用由 Y 公司利用 Z 开发的软件的部分源代码重新开发的软件。Z认为X公司、Y公司、W机构、省卫生厅未经其许可，复制、剽窃并使用涉案软件的行为，构成对其享有的软件著作权的侵害，遂诉至法院，请求判令四被告停止侵权，公开道歉、消除影响，共同赔偿经济损失50万元，并互负连带赔偿责任。

一审法院认为，X公司、Y公司与Z之间就涉案软件存在事实上的委托开发合同关系，但因未对该软件的著作权归属作出约定，故该软件著作权依法由受托人Z享有；同时，在对使用作品范围也未作约定的情况下，X公司、Y公司可以在委托创作的特定目的范围内免费使用该作品。Y公司利用Z所开发软件的部分源代码开发新软件，未超出原使用范围，且未向第三人提供，仍属于合法的免费使用范畴，遂驳回了Z的诉讼请求。Z不服，提起上诉。二审法院认为，Z享有涉案软件著作权，X公司、Y公司作为委托人在委托创作的特定目的范围内享有免费使用的权利，但应限于将涉案软件交给“全省二级以上公立医院”使用，向广大患者提供预约挂号服务，以及出于改进软件功能、性能的目的而进行必要修改，并不包括利用受托人的源代码另行开发新软件，故X公司、Y公司构成著作权侵权。但由于被诉侵权软件所使用的特定目的和范围具有明确的公益属性，不宜判决停止使用，故以相应提高X公司、Y公司的赔偿数额作为替代解决方案。

【分析】委托人使用受托人的作品仅限于委托事项原有范围

计算机软件的开发与使用在实践中是个比较复杂的问题，通常在委托创作时应当就著作权归属和行使方式作出详细约定，但也不排除没有约定导致著作权依法归属于受托开发者的情形。如果因著作权属于受托人而导致委托人不能使用软件作品，显然有失公平，为了平衡双方利益需要通过合同解释予以解决。但是，尽管上述最高人民法院的司法解释第12条指出了委托人可以在“约定的使用范围”或“委托创作的特定目的范围”内使用委托作品，但在个案中如何判定这一范围仍然有疑问。本案中，法院界定了受托人所享有的软件作品著作权的内涵及委托人对委托作品的使用权限，并据此作出侵权认定，有效保障了权利人的合法权益。同时，考虑到涉案软件作品是为了惠及民生而委托开发，法院通过提高赔偿额的方式，在对著作权人的权益给予足够救济的同时，不禁止已经投入当地公共医疗系统、服务于公益的软件继续使用，达到了法律效果和社会效果的统一。

十四、拍卖他人未公开书信手稿侵害作者发表权吗？

【阐释】未经许可拍卖他人未公开书信手稿侵害作者发表权

我国《著作权法》第10条第1款第1项规定，发表权是指作者决定其创作的作品是否公之于众的权利。最高人民法院2020年修正的《关于审理著作权民事纠纷案件适用法律若干问题的解释》（法释〔2020〕19号）第9条规定，“公之于众”是指著作权人自行或者经著作权人许可将作品向不特定的人公开，但不以公众知晓为构成条件。法律赋予作者发表权，是因为作品只有公开发表才具有经济价值，同时作品是作者精神活动的产物，与作者的个人特性紧密相连，因此尊重其对反映自己精神状态、风格的产物对外交流的时间和方式，即作者对自己的作品是否公开、何时何地以何种方式公开均有自决权。而且，创作者都是自然人，再怎么聪慧睿智，也可能会有不尽满意或有其他私人原因而不愿意公之于众的作品，保护发表权这一精神权利可以使其精神上免受不必要的困扰。

赋予作者发表权、尊重其意愿，虽然对作者的保护比较充分，但如果其任意行使发表权，也可能影响作品的正常流通利用。因此，法律对发表权的行使也有一定限制，即通过推定的形式来判断作者是否同意发表。例如，法人作品、职务作品、委托作品等，在创作完成并由法人或单位取得著作财产权后，作为原始作者的自然人是不能主张发表权的，只有署名权和获得报酬奖励的权利；同样，在作者将著作财产权转让或授予他人，美术或摄影作品的原件或复制件转让或授权他人展览，硕士、博士学位论文依法提交相关部门和公共图书馆留存，作者允许视听作品制作者拍摄其创作过程及未发表的作品而视听作品已发表等情形下，也都可以推定作者同意公开发表或视为其作品已公开发表，否则无法平衡作者与著作财产权人或合法被许可人、使用人之间因作品利用产生的潜在冲突。同时，一旦作者同意公开发表，或其行为可推定其同意发表,就不能再次行使发表权了。例如,画家将其最新创作的作品交给画廊参加画展,且画廊在画展期间经其同意把画卖给了一名收藏家,则之后收藏家再举办展览或将画作拍卖时,就不会侵害画家的发表权了,因为将该画交给画廊参展即已公开发表,画家不能事后禁止收藏家将合法获得的画作原件进行展览、拍卖。《著作权法》第 20 条第 2 款也规定,作者将未发表的美术、摄影作品的原件所有权转让给他人的,受让人展览该原件不构成对作者发表权的侵犯。

【示例】拍卖未公开发表过的美术作品或手稿须著作权人同意

拍卖公司 X 发布了 L 收藏的已故著名学者 Q、Q 女(已故)与 L 之间来往书信的手稿的拍卖公告,称其即将进行该批书信手稿的拍卖。Q 的遗孀 Y 向法院起诉 X、L 侵害 Q、Q 女的发表权、隐私权,并请求责令 X、L 立即停止公开拍卖、公开展览、公开宣传该批私人信件手稿。法院支持了 Y 的请求。

【分析】未发表作品的著作权由继承人依法行使

从具体行为看,发表是通过发行、表演、放映、朗诵、展览等方式向公众披露,使其能够知晓作品的内容。其中,除美术作品的展览权随原件转移到持有人手里、公开不会侵害发表权外,对于文字等其他类型的作品,特定少数主体所进行的交付作品载体行为,并不构成公之于众的发表。如作家将小说投稿给出版社、报刊社编辑部,音乐家将歌曲发给几个密友分享讨论,私人信件往来等,均不构成发表。实践中,作者生前未发表的作品,如果未明确表示不发表,在作者死亡后 50 年内,其发表权由继承人或受遗赠人行使。

本案中,Q、Q 女写给 L 的书信由于内容仅针对私人收信人,并不构成发表,即文字作品仍处于尚未发表的状态;Q、Q 女去世后,在作品保护期内其继承人 Y 可以决定是否发表以及如何行使发表权。因此,书信原件即使为 L 持有,但其欲通过拍卖而公开展示书信中文字作品内容的行为,属于应当获得 Y 许可的发表行为。因本案涉及的书信既是文字作品也是名人的手书美术作品,尽管 Q、Q 女发信时并没有明确表示不能发表,可推定拥有原件的 L 及拍卖公司 X 公开展览的行为不侵犯美术作品发表权,但涉案私人书信作为受著作权法保护的文字作品,其著作权应当由继承人 Y 享有,收信人及其他合法取得书信手稿的人,在对书信手稿进行处分时均不得侵害著作权人的合法权益。为此,法院及时、审慎地作出了行为保全司法裁定,禁止 X 在拍卖、预展及宣传等活动中以公开发表、展览、复制、发行、信息网络传播等方式使用该批手稿,否则将侵害 Y 就涉案书信文字作品享有的著作权。

十五、侵害作者署名权和假冒署名是一回事吗？

【阐释】假冒署名是不同于侵害署名权的另一种侵权

在作品上表明作者身份，可以说是创作者与生俱来的需求，是作者精神权利最主要的体现。著作权法对作者的署名权进行保护，使其有权利在自己的作品被公开使用时，要求使用人在作品上标示或不标示作者的身份，包括使用真名、笔名、艺名或匿名等方式。也就是说，作者有决定作品上是否标示以及怎么标示自己身份的权利。此外，署名权的范围还延伸到原作品的演绎作品，即如果将他人的作品演绎后公开使用，如以改编、翻译、注释、整理、拍摄影片、汇编等方法使用别人的作品时，也必须标注原作者的身份，否则同样存在侵害署名权的问题。使用他人作品不注明原作者的身份，将构成侵害署名权。

在现实生活中，存在一种与侵害署名权情况相反的现象，有时候叫“反署名”，就是在其他人创作或编制的作品上署上并非真正作者的名字。这显然不是不给作者署名或标注来源，而是在根本不是该作者的作品上借助该作者的名字吸引读者购买。对此，法律上将其与侵害作者署名权区分开来，专门制定了禁止规定，根据《著作权法》第 53 条第 8 项的规定，制作、出售假冒他人署名的作品的侵权行为将承担法律责任。

【示例】未经许可将他人作品汇编出版并借作者名气宣传构成侵权

2013 年 7 月，H 杂志发表了 X 创作的文章《阅读与人生》，署名 X。2015 年 5 月，Y 出版发行了涉案图书《孤独是生命的礼物》，以“孤独”为主题，收录了已公开发表的 29 篇散文，且每篇散文中均有相应的作者署名；该书版权页记载该书由 Y 经销、Z 主编，封面左上角使用较大加粗字体注明“X 等著”，封底引用了 X 等人的名言，其中 X 的名言是文章《阅读与人生》中的一句话。该书前勒口处“内容简介”注明：“本书收录了X等人近期创作的散文作品……”后勒口处对X进行了简要介绍；该书代序使用了《阅读与人生》全文，并在文末署名X，注明“原载H杂志2013年第7期”。在售书网站上搜索该书，商品详情中标注有“X等联袂巨献”“X等著”“作者X等”宣传语，以及对X任职单位、出生年月、出生地、毕业学校、著作等情况的文字简介及照片。X将Y诉至法院，认为该书未经许可使用X各种身份信息，侵害了X的署名权和汇编权，法院最终判决构成侵权。

【分析】未经许可使用原作者身份信息突出宣传汇编作品是假冒署名行为

本案中，一审法院认为：(1)如无相反证据，在作品上署名的公民、法人或者其他组织为作者；依据H杂志上登载的《阅读与人生》一文的署名，可以认定X是作者且享有该作品的著作权。(2)Y出版发行的涉案图书封面左上角以较大加粗字体署名“X等著”，该种署名方式会使读者认为X是该书的主要作者、对该书作出了突出贡献，但实际上该图书中仅收录了X的一篇文章，显然与署名所传递的信息不一致，割裂了署名与作品实际情况的关系，构成了对X署名权的侵害。(3)涉案图书《孤独是生命的礼物》是汇编作品，汇编人行使著作权时，不得侵犯原作品的著作权。最高人民法院2020年修正的《关于审理著作权民事纠纷案件适用法律若干问题的解释》第20条第2款规定，出版者对其出版行为的授权、稿件来源和署名、所编辑出版物的内容等未尽到合理注意义务的，依据2010年《著作权法》第49条(现为第54条)的规定，承担赔偿损失的责任。Y作为专业出版机构，未举证证明其审查了汇编人是否取得了X的授权，未尽到合理的注意义务，侵害了X对涉案文章《阅读与人生》享有的复制权、发行权，应当为此承担法律责任。(4)销售网站作为涉案图书的销售者，其销售的涉案图书来源合法，且其对该图书涉嫌侵害X著作权的事宜主观上不知情，故其只需要承担停止销售涉案图书的法律责任即可。

二审法院同意前述第1项、第3项和第4项认定，但对于第2项予以纠正，指出署名权是基于创作事实而产生的权利，没有进行涉案作品的创作活动，不能享有署名权。涉案图书为汇编作品，但X并未参与汇编创作，就涉案图书不享有作为汇编者的署名权。因此，Y在其出版发行的涉案图书封面左上角以较大加粗字体署名“X等著”不属于侵犯X署名权的行为；不过，这种署名方式会使读者误以为X是该书的主要作者，对该书的创作作出了突出贡献，属于《著作权法》明文禁止的假冒他人署名的侵权行为。该行为的目的显然在于借助 X 的声誉销售涉案图书，以此获取更多利益，会对 X 造成不利影响。Y 作为专业出版机构，对此并未尽到合理注意义务，应当为此假冒行为承担停止侵害、赔礼道歉、赔偿损失的法律责任。

十六、汇编保护期满的作品时进行删减是否侵害原作者修改权？

【阐释】著作权法中修改权的界定

我国《著作权法》第 10 条第 1 款第 3 项将修改权作为著作人身权赋予作者，修改权即作者修改或授权他人修改作品的权利。著作权法保护作者修改权的目的：一是更好地反映作者的精神意志；二是满足作者因思想认识的变化而对其作品做出符合实际的修改的需要。作者不仅享有作品产生的名誉、经济等权益，也需要对作品产生的社会效果负责，因此应赋予其修改权，以保障其自由地决定作品呈现给公众的具体内容。同时，修改权作为精神权利，与保护作品完整权实际上是一个问题的两个方面，因此实践中关于侵害修改权的案件，原告都将修改权与保护作品完整权或改编权捆绑在一起请求救济。通常来说，侵害修改权的行为，都是未经许可对作品做出了极大改动，或做出了与作者思想感情相违背的改动，使作者因此受到精神损害的行为，这种改动同时也破坏了作品的完整性。

比较特殊的是，在《计算机软件保护条例》中，对于计算机软件并未规定保护作品完整权，而仅规定了修改权，即对软件进行增补、删节，或者改变指令、语句顺序的权利（第 8 条第 1 款第 3 项）；此处的修改权也并不是从作者精神权利的角度来理解的，其本质是为了确保软件运行顺畅而赋予权利人禁止他人任意修改（如增加外挂程序）的经济权利。

【示例】汇编保护期满的作品时进行适当删减不侵害原作者修改权

2016 年 A 出版社出版发行《X 家书》，署名 Y 编，该书收录了 X 夫妇与家人 1954 年至 1966 年的来往家信。X 之子 Y 委托律师声明：Y 是《X 家书》在中国的唯一合法版权继承人，《X 家书》汇编作品的著作权由 Y 享有，受法律保护。2017 年 1 月 1 日，X 夫妇的涉案作品在作者去世 50 年后进入公有领域，Z

选编并出版了《X 家书》,其中选录了 X 家信中的 146 封,在封面、扉页、版权页及书脊均印有“X 著”或“作者 X”。Y 认为 Z 侵犯了 X 夫妇的修改权、保护作品完整权及 Y 自己对汇编作品《X 家书》的署名权。经比对,Z 版《X 家书》与 Y 版有所不同,在 Z 选录的 X 家信中,有 15 封由编者按写信日期分解为 32 封,有 12 封没有进行任何删节,其余 134 封信均有不同程度的删节。两审法院均认为 Z 未侵害 X 的修改权。

【分析】未对作者的思想观点和情感进行歪曲、篡改的修改不侵权

本案一审法院认为,Z 版《X 家书》所编选的内容均为 X 的书信作品,与一般文学作品有所不同,一封信里往往提到多项事情,且彼此间并无关联,内容多涉及个人隐私、不愿被第三人看到的观点表达及对第三人的私下评论等,因此不宜按原信呈现,应当有所取舍。Z 对一些涉及当时社会环境下的政策问题、读者可能不感兴趣的内容进行删节,以省略号标明位置,说明该处原信还有内容,此种只删不改的处理方式并没有曲解 X 表达的内容。因此,Z 在汇编过程中对部分书信的片段进行删节,是出于汇编的需要,不构成对 X 修改权的侵害。二审法院认为:首先,Z 作为汇编人,有权将作品或者作品的片段进行选择、编排,汇集形成新作品;X 夫妇的涉案作品已经进入公有领域,Z 对其进行“只删不改”的编辑,并未超出汇编创作的范畴。其次,Z 的行为未实质性地改变涉案作品的中心思想和表达方式。修改权通常是由于作者思想观点或情感倾向发生变化,而对作品形式、表达方式等进行改变的权利,其实质是保护作者的思想观点和情感不受歪曲、篡改,并非禁止他人对作品进行任何形式的删改。本案中,Z 在汇编作品过程中对原作品进行了一定的删节,该删节行为相对于《X 家书》全书而言所占篇幅较小,并未改变作者所要表达的中心思想。再次,Z 的删节行为不会对 X 的形象造成减损。读者通过阅读该作品,能够感受 X 理解音乐艺术、文学创作的深刻与高度,字里行间体现出来父亲对儿子的挚爱、期望,以及对国家和世界的高尚情感,并不会因为作品未能呈现全部细节而对 X 的人格产生偏见。况且“一千个读者眼中有一千个哈姆雷特”,每个读者因其个人阅历的不同所获得的阅读体验应当有所不同,不能因读者阅读体验存在差异即认为 Z 的删节行为对 X 的个人形象造成了减损。最后,Z 对涉案作品的汇编客观上有利于作品的传播。涉案作品因保护期限届满进入公有领域,如不允许他人基于某种主题选择对作品的片段进行汇编,显然不利于进入公有领域的作品再次利用和传播。综上所述,Z 对 X 家信的片段进行汇编,属于合理的汇编行为,未侵害 X 的修改权。

十七、生产外观基本一样的酒瓶子构成复制吗？

【阐释】未经许可批量生产制造立体作品构成侵害复制权

复制权是以印刷、复印、拓印、录音、录像、翻录、翻拍、数字化等方式将作品制作一份或者多份的权利。复制权可以说是整个著作权法律制度的基础和核心，这也是著作权在英文里被称为"copyright"的原因；正是由于当时作品的利用主要是通过印刷出版方式，印刷术的普及利用使作品复制和传播更加便捷，若任由他人印制会导致原创作者和印刷商利益的损害，才设立了著作权法律制度。不过，随着技术的发展，现代意义的"copyright"外延已经大大扩展，除了包括传统的印刷、影印等再现作品内容的复制权，著作权还泛指法律对著作权人所赋予的就其作品进行各种商业性利用的控制权。

单就复制行为而言，其内涵也不断扩张，包括几乎所有的重制行为，如印刷、复印、拓印、录音、录像、摄影、笔录、翻拍、翻录、冲洗、打印、扫描、刻录、上传、下载、数字化等，这些也是最容易理解的从平面到平面的复制。但现实中也有一些比较特殊的情形，在判定为复制时会有一定疑惑，如对立体作品拍摄或录像形成的图片或视听资料，将他人的口述内容录音后又转成文字，口头复述他人的文字作品并录制后再复制传播，依建筑设计图建造建筑物，依产品设计图制作服装成衣，真人扮演动漫卡通形象，执行计算机程序或打开网页浏览时的临时复制，依建筑物制作小型模具，依交通工具制作模型玩具，等等，都是从平面到立体，从立体到平面，或从立体到立体的特殊复制行为。这些行为是否在权利人复制权的控制范围内往往比较难判定；一般来说，对著作权的保护强度越高，则越倾向于将不同形式的再现和利用作品的方式纳入复制权控制范围。

复制是最基础和最重要的作品利用方式，普通公众最常碰到的是复制他人作品是否有侵权风险的问题。为了促进知识学习和研究、保障文化教育事业和正常公务活动以及新闻信息传播和交流，我国《著作权法》第 24 条、第 25 条将日常生活中一些常见的复制行为明确列为合理使用或法定许可的情形。例如，老师为了学校教学的目的复制他人作品的一小部分发给学生上课练习使用，个人为了非营利的学习目的重制他人作品自行研究使用，游客照相留影时将著名的建筑作品拍摄入镜等。

【示例】外观设计专利权保护期满后仍有可能侵害立体作品复制权

2001 年 4 月 23 日，X 在法国对 Paradis 酒瓶获得了外观设计专利，保护期至 2026 年 4 月 23 日（保护期远比我国的 10 年要长）。2001 年 5 月 16 日，媒体刊登了介绍 X 产品的文章，其中展示了 Paradis 酒瓶的正面图片。X 就该瓶子在我国于 2001 年 9 月获得外观设计专利，该专利于 2011 年 9 月 25 日保护期满。之后，Y 开始制造、销售使用相同瓶子的洋酒；2012 年 8 月 29 日，Y 申请“酒瓶”外观设计专利并于 2013 年 2 月 27 日获得授权，公告图片与涉案酒瓶外观一致。2014 年 8 月 21 日，X 向国家版权局申请将 Paradis 酒瓶登记为美术作品并于 2015 年 1 月 15 日获得作品登记证书。2016 年 9 月 7 日，X 就涉案 Paradis 酒瓶美术作品相同的立体商标注册申请获得核准。2017 年 9 月 22 日，Y 的外观设计专利权经案外人申请被宣告无效。2012 ~ 2017 年，X 多次对 Y 的制造销售、网络许诺销售等行为进行公证取证，后向法院起诉，指控 Y 侵害了其涉案 Paradis 酒瓶美术作品的复制权、发行权、信息网络传播权。法院认定 Y 使用酒瓶的行为构成对 X 美术作品的侵权。

【分析】擅自生产制造受著作权法保护的酒瓶构成侵权

本案中，X 与 Y 关于 Paradis 酒瓶美术作品的著作权侵权纠纷，是涉及立体实用艺术作品的典型争议。酒瓶虽然是具有实用功能的产品，但整个立体外观如果具有美感，在著作权法上也可以作为美术作品中的一类即实用艺术作品受到保护。法院采取了实用艺术作品保护中的“观念上的分离”判定标准，认为应当关注实用物品独特的艺术或美学特征对于实现实用功能而言是否必要。如果改动其艺术部分会影响其实用功能的实现，则艺术性与实用性无法在观念上分离；反之，如果对艺术设计部分的改动并不影响实用功能的实现，则其艺术性与实用性可以在观念上分离。另外，法院对此类作品的独创性判定标准是，“具备美术作品的艺术创作高度，富有欣赏价值，可以使一般公众将之视为艺术品”;从作品登记证书中的图片看,该酒瓶整体形状呈葫芦形,融合了流畅的弧形线条和阳刚有力的整体轮廓,形如倒挂的葡萄串,整体上体现了艺术设计的典雅大方,体现了X产品的独特品质,具有艺术性和独创性,且与酒瓶作为产品容器的实用功能可以分离。有意思的是,X与Y的争议焦点以及法院的说理,均主要集中在酒瓶是否构成美术作品;而对于X的主张,即Y侵害作品复制权、发行权、信息网络传播权,Y并未作出抗辩,法院也未对此予以评判。换句话说,如果瓶子构成美术作品,则制造瓶子并用来灌酒销售,理所当然就会侵害该美术作品的复制权、发行权、信息网络传播权。

十八、美术作品原件持有人的展览权怎么行使?

【阐释】享有美术作品原件展览权的持有人不能擅自复制使用

根据《著作权法》第10条的规定,著作权人有公开陈列美术作品、摄影作品的原件或者复制件的权利;但同时,根据《著作权法》第20条的规定,作品原件所有权的转移虽然不改变作品著作权的归属,但美术、摄影作品原件的展览权由原件所有人享有,作者将未发表的美术、摄影作品的原件所有权转让给他人,受让人展览该原件不构成对作者发表权的侵犯。可见,展览权尽管是著作财产权中的一项,但其主要适用于美术作品原件和影片剧照、海报等摄影作品的合法复制件;一旦作品有形载体的所有权转移,即视为作者已经行使了发表权和展览权,并同意放弃事后主张该特定作品的展览权。这类艺术作品的原件或合法复制件的所有权人之所以能享有和行使展览权,是因为作品的原件或合法复制件具有独一无二的、与复制件明显不同的收藏、欣赏价值,名家名作真迹的原件在艺术品市场上往往需要花费高昂的价格才能获得,因此,原件或合法复制件持有人凭借展览权获得相应收益也是应有之义。

但需要注意的是,展览权针对的仅是原件或合法复制件本身的公开展示行为,不延伸到任何其他仍然由美术作品或摄影作品著作权人享有的专有权控制的行为。艺术家在将画作售卖之后,仍然可以通过许可他人复制发行或以其他使用方式获得经济利益回报。换句话说,他人若想将自己持有的美术作品或摄影作品原件或合法复制件编辑成册出版发行、印制为明信片销售、作为广告宣传、作招贴画背景、上网传播等,均需要事先获得著作权人的许可。简单来说,只要使用行为首先需要复制作品,就需要著作权人的授权,当然,合理使用等法律另有规定或艺术家与购画人另有约定的除外。此外,艺术作品原件或合法复制件所有权可能再次转移,那么在后受让或获赠的人要注意,转让人或捐赠人并非理所当然就是艺术作品的著作财产权人,如果受让或获赠后要以展览之外的其他方式使用作品，仍必须查明该艺术作品的著作财产权人并与之洽谈授权事宜。

【示例】获赠的美术作品不能任意复制使用

1994年，X公司总裁K向其中国著名书法家朋友G求了一幅“道”字书法作品，其中包括一个很大的“道”字，以及“君子爱财，取之有道”和“K先生正”的题跋、落款，并加盖G的名章、闲章。同年底开始，X公司将“道”字用于商业标识。时隔多年，G才发现X公司将这个“道”字作为商业标识，在广告、商业招牌、互联网上广泛使用。G认为此举侵犯了自己的著作权，于是起诉X公司并索赔500万元。法院经审理判定侵权成立，判决赔偿40万元。

【分析】原件持有人的展览权不包括对美术作品的复制发行和传播

展览权即公开陈列美术作品、摄影作品的原件或者复制件的权利。展览是美术或摄影作品很重要的利用方式，赋予著作权人展览权，可以提高其作品的商业价值。之所以展览权仅限于美术及摄影作品，是因为其原件或合法复制件具有唯一性或有限性，公众可通过这些作品的真迹或原件的质感欣赏到其内容，同时获得审美性和珍稀性的精神体验，这与欣赏明信片或摄影集中的美术作品或照片不一样。同时，《著作权法》第20条在强调作品原件所有权的转移不改变作品著作权的归属的同时，明确展览权由原件所有人享有。之所以作出这样的规定，主要是因为美术作品原件在文化市场上具有特殊的不可替代的价值，若著作权人可以禁止他人公开展览，对于动辄花费高昂代价获得艺术家真迹原件所有权的人也不合理；允许画作所有人或合法持有人展览，可以让社会公众更容易地欣赏到画作从而提升文化内涵，符合《著作权法》的立法目的。但原件持有人对美术作品也仅享有展览权，不能以复制发行等其他任何形式侵害保留在原权利人手里的著作权。

本案中，法院判决认定，“道”字为书法艺术创作成果，属于美术作品。G作为上述作品的创作者，依法享有著作权。根据《著作权法》的规定，X公司拥有原件并不等于享有著作权，其未经许可以复制、发行、信息网络传播的方式使用该书法作品，属于侵犯G著作权的行为。

十九、组织商业活动使用他人作品表演应注意什么？

【阐释】使用他人作品表演要事先获得同意

表演权指公开表演作品，以及用各种手段公开播送作品的表演的权利。我国《著作权法》第38条规定，使用他人作品演出，表演者应当取得著作权人许可，并支付报酬。演出组织者组织演出，由该组织者取得著作权人许可，并支付报酬。表演的方式通常包括以舞蹈、歌唱、弹奏乐器、技艺展现、朗诵等方法向现场公众传达作品内容，以扩音器材等任何手段将表演的声像内容向现场公众播放也属于表演权控制的行为；学理上，前者称为"现场表演"，后者称为"机械表演"。因此，在商业场所内播放录音带，无论其内容是诵读文字作品还是演奏演唱音乐作品，都属于向现场公众播送作品的机械表演行为，包括录音录像带商店为招徕顾客而在店内公开播放录音录像带。当然，如果商家不是为了营利促销，而是在顾客购买时偶尔帮其试听试看、检查是否有质量瑕疵，则属于合理使用。

表演是很早就被纳入著作权保护领域的作品利用方式，因为在录音录像设备发明之前，音乐、舞蹈等艺术作品都只能通过现场演出让观众欣赏。因此，对于音乐等艺术作品的著作权人而言，对公开演出收费是除卖曲子之外很重要的一种权利。之后，尽管公开演出仍然是很重要的可以带来高额门票收入的权利，但随着留声机、唱片、录音带、激光唱片（Compact Disk，CD）等技术的普及利用，这些艺术作品的现场表演可以非常便捷地被录制下来以低廉的价格带给社会公众，由此也带来了作品著作权人分享新型利用方式所获收益的诉求。事实上，机械表演权收费的典故，就来自法国一位词曲作家在巴黎一家餐厅用餐时发现餐厅播放自己的音乐，主张以此抵销餐费而引发的争议。在词曲作家胜诉后，音乐作品著作权人团结起来向广大商家就其播放背景音乐收费，其后任何播放背景音乐的商业场所，与组织现场演出一样，均须向著作权人交费。

【示例】活动组织者和表演者使用他人作品演出未征得著作权人同意构成侵权

X 持有国家版权局颁发的作品登记证书，载明自己是音乐作品 M 的著作权人。Y 与 Z 签订《演唱会承办合同》，约定 Y 主办、Z 承办在 C 市的一次主题演出活动，演出规模 15,000 人次；Z 负责安排演出中与艺人 J 相关的事项，包括演出者的个人所得税代扣代缴及其他一切费用的承担和支付。J 在活动中演唱了涉案音乐作品 M。X 出具《授权确认暨声明书》，证明其授权 A 在 2060 年 12 月 31 日之前独家享有或管理音乐作品 M 的全部著作权以及转授权，包括但不限于复制权、表演权、发行权、信息网络传播权；针对侵害授权作品著作权之行为，A 得以自己的名义发起任何适当的法律程序以追究侵权人的侵权责任；音乐作品 M 从未被授权给 J 演唱，J 在活动中擅自使用音乐作品 M 侵害了 X 及 A 的合法权益，X 同意 A 进行维权。随后 A 将活动主办者 Y 和演唱者 J 诉至法院。

法院认为，音乐作品 M 的著作权人清晰明确，活动组织者 Y、音乐作品表演者 J 在活动中擅自表演了作品 M，侵权事实清楚，应对 A 的经济损失及为制止侵权支出的合理费用承担连带赔偿责任。鉴于 A 未主张 Z 承担责任，Y 要求 Z 承担赔偿责任可另案提出请求。综合考虑音乐作品 M 的知名度、Y 与 J 的主观过错程度、演员知名度、演唱会地点、演唱会规模、J 的收益等因素，酌定 Y、J 共同赔偿 A 经济损失及律师费、差旅费等合理费用总计 10 万元。

【分析】表演权是词曲作者而不是表演者的权利

主要适用于音乐、舞蹈等艺术作品的表演权与主要适用于文字作品的复制权一样，是著作权若干利用权项中的“大权利”，现场表演是最能体现表演者的天赋与人格魅力、最具有艺术和娱乐效果、最便于与粉丝互动的方式。但是，这种场合下表演者是舞台主角，而对音乐等艺术作品做出初始和原创贡献的著作权人的利益往往被忽视，曾有音乐词曲作者发出“十五的月亮十六元”（《十五的月亮》作为当时家喻户晓的歌曲，其稿费仅 16 元，比喻音乐作品稿费低廉）的自嘲。因此，随着著作权法治的完善，表演权保护的配套机制也在不断完善。2020 年修正的《著作权法》，在加强对表演者的保护的同时，也特别增加了对原创作品著作权保护的相关内容。例如，第 16 条规定使用演绎作品演出应当取得演绎作品著作权人和原作品著作权人许可并支付报酬，第 44 条第 2 款规定被许可人复制、发行、通过信息网络向公众传播录音录像制品，应当同时取得著作权人、表演者许可，并支付报酬。

本案中，表演活动组织者虽然获得了表演者同意，但未获得音乐作品著作权人同意，因此构成侵权。不过，因音乐艺术的表演和欣赏是公众日常文化生活的基本需求，我国《著作权法》第 24 条规定，免费表演已经发表的作品，该表演未向公众收取费用，也未向表演者支付报酬，且不以营利为目的，则属于合理使用。因此，一般在举办公益性或自娱自乐的活动时，如果没有对听众或观众收取任何费用（包括门票、入场费和其他变相费用，商场中的活动通常被认为带有促销的营利性质），也没有针对该活动支付给表演者任何报酬，则不会侵害著作权人的表演权。本案中，J 虽然主张演出属于公益性质，但并未提供相应的证据予以证明，故法院对其抗辩意见不予采信。

二十、卡拉 OK 厅经营者放映 MTV 应注意什么?

【阐释】商业场所放映 MTV 需要得到视听作品著作权人许可

放映权是通过放映机、幻灯机等技术设备公开再现美术、摄影、视听作品等的权利。从现实生活来看,放映的对象大多为电影这一最典型的视听作品。自电影技术产生以来,电影作品采用的便是一种不同于其他已有文学艺术作品的传播方式,即利用放映机将电影的内容向现场公众播放。放映是一种向公众传播作品内容的行为,无论是放映师架起放映机和幕布播放露天电影,还是在电影院由工作人员用专业设备播放热映影片,都属于需要获得著作权人许可的公开放映行为。随着商业模式和技术的发展,视听作品等的播放越来越多地搭配各类配套服务,通过各类视听包间提供价格不一的观影体验,但本质上仍是向家庭以外的不特定公众播放的行为,如在私人俱乐部、视听室、卡拉 OK 厅、旅馆房间、供公众使用的交通工具等场所进行播放。因此,这些场所放映电影、音乐电视(Music Television,MTV)等,都必须取得视听作品著作权人的许可,否则可能侵害其放映权。即使是由学校、福利机构等非营利主体在公开场所进行放映,除非符合教学、公务使用等合理使用的规定,否则也有侵害放映权的问题。不过,如果仅仅是在家里和家人或者几位密友一起播放影视剧光盘,因为并没有“公开”播放,不属于侵权。

【示例】卡拉 OK 包间播放 MTV 未得到视听作品著作权人授权构成侵权

A 影音公司出版的《B 娱乐经典合辑》4 张光盘收录了 B 公司享有著作权的《空中恋人》等 234 首歌曲的音乐电视作品。2018 年 10 月 3 日,B 公司出具《授权证明书》,将包括涉案作品在内的诸多作品在中国内地的独家放映权及维权的权利授予 X,期限自 2018 年 12 月 1 日起至 2021 年 11 月 30 日止。2019

年6月4日,X对Y经营的卡拉OK包厢点歌系统进行公证取证,公证书记载,在现场点播系统里的音乐电视作品清单中,有140首曲目与《B娱乐经典合辑》中的音乐电视作品相同。Y未提交证据证明其放映涉案作品获得了授权。X对Y提起诉讼要求赔偿损失和为维权支出的若干费用。法院支持了X的请求,同时由于X的实际损失以及Y的违法所得均无法确定,综合考虑涉案作品类型、侵权曲目数量、侵权行为性质、侵权范围等因素,酌定Y赔偿X损失及合理开支共19,068元。

【分析】集体管理组织的收费不包括非成员的MTV视听作品

欣赏音乐是现代人精神文化活动的主要方式之一。音乐作品的现场表演尽管能使观众身临其境,最容易使观众获得沉浸式体验与沟通,但听CD等录音制品是更常见的获取音乐作品的方式。卡拉OK结合了二者的特点,既能欣赏特别制作的MTV、现场表演录像或其他有配词提示的录制品,同时也能对喜爱的歌曲亲自进行表演,因此风靡一时。因为这一娱乐方式涉及的歌曲数量巨大,逐一进行许可使用谈判成本极高,实践中大多数是由相关的著作权集体管理组织代为收费。中国音乐著作权协会(以下简称音著协)成立于1992年,其会员为词曲创作者,其管理的作品除国内音乐人的曲目外,还包括代为管理的海外相关组织会员的音乐作品,歌曲总数近千万;中国音像著作权集体管理协会(以下简称音集协)成立于2008年,会员包括海内外主要的唱片公司,其管理着300多家权利人的音乐电视作品和录音录像制品。在卡拉OK领域,音集协接受音著协委托,同时代表音像权利人和音乐权利人向卡拉OK经营者发放许可、收取著作权使用费,并向权利人进行分配。尽管如此,仍有一些非会员的作品或音像制品在卡拉OK厅播放;未经许可进行放映的,相关权利人可以主张救济;在MTV构成合法视听作品的情况下,由MTV视听作品权利人行使诉权。

本案中,涉案MTV属于视听作品,根据《著作权法》第10条的规定,MTV著作权人享有放映权。根据作品上的署名以及授权证明书,在没有相反证据的情况下,能够认定B公司将其视听作品的放映权以及以自己名义起诉维权的权利授予了X。Y在未经许可也未支付报酬的情况下,通过其经营的卡拉OK厅的点歌设备以营利为目的放映140首涉案视听作品,侵害了X对涉案作品享有的放映权,应承担停止侵权、赔偿损失的责任。

二十一、网站要对他人上传的侵权作品承担侵权责任吗？

【阐释】未经许可上传他人作品侵害信息网络传播权

进入信息社会以来，互联网成为作品的重要传播渠道。为顺应技术发展，我国《著作权法》2001 年修正时增加了信息网络传播权；2020 年进行修正时，进一步将其与广播权区分，指出信息网络传播权是以有线或者无线方式向公众提供，使公众可以在其选定的时间和地点获得作品的权利。简单来说，信息网络传播行为区别于广播的特点，就是在网络上进行更加自由的交互式传播。正因为互联网传播具有前所未有的便捷度，目前大多数的著作权侵权纠纷都发生在网上，很多行为都是在相关主体无意识的情况下构成侵权、帮助侵权的。由于网络传播行为难以控制，未经著作权人同意的传播会使著作权人的合法利益受到损害，尤其是那些粉丝数量巨大的既能自己收取打赏费用也能与网站经营者分享广告等收益的网红博主、主播。因此，除了法律明确规定的例外情形，凡是通过网络向公众提供或传达作品内容，都属于权利人专有的信息网络传播权的范畴。如果要在网络上使用他人的作品，除要取得复制权的授权外，还要取得信息网络传播权的授权。

对于网站经营者[法律上称为网络服务提供商(Internet Service Provider, ISP)]来说，如果明知是他人作品在没有获得授权的情况下自己上传，肯定直接构成侵权。但大多数情况下，相关作品的上传者是网站的用户而不是网站。这时，网站是否承担侵权责任，要看它是否知道或者应当知道用户非法上传侵权作品。如果仅提供单纯的技术服务，不干预、经营任何内容，且著作权人通知其网站上有侵权作品后及时采取了删除、断开链接等必要措施，则 ISP 不用对用户的上传行为承担侵权责任，这就叫“避风港”原则。例如，提供存储或分享平台、点对点下载、深层链接、信息聚合等网络技术服务的 ISP 是否构成侵权，主要看用户如何使用、ISP 是否知晓，如果属于“知道”或“应当知道”，则构成诱导、帮助侵权。需要注意的是,从相关数据观察,大多数用户都是利用这些技术服务来上传、下载或分享市场上畅销的文字、图片、音乐、影视、计算机程序等;按常理,传播对象越畅销、作品越知名,其创作或制作越不易,权利人越不可能主动上传到网上让人任意阅读、欣赏甚至下载,因此绝大多数上传用户并不是权利人,推定相应内容属于没有经过权利人同意的盗版物是合理的,ISP 对这类作品的上传是否构成侵权有较高的注意义务。还需要注意的是,信息网络传播这一交互式传输行为的发生并不仅限于互联网,还包括通信、广电、局域网等所有网络,判断这些 ISP 是否对用户的侵权承担连带责任适用同样的原则。

【示例】网上文库经营者对上传到文库的盗版畅销书承担侵权责任

X 公司对《高》《现》两本书拥有专有出版权和信息网络传播权。X 公司发现 Y 网站经营的文库栏目中存有的两部涉案文档的内容与两本书内容基本一致;上传者的名称均不相同,文件包括 pdf、word 和 txt 格式,浏览量各 3 万多次。X 公司对以上情况进行了公证,并起诉到法院要求 Y 网站承担侵权责任。Y 网站认为自己并不知道文库中用户上传的文档侵权,X 公司告知后即屏蔽了相关网页,已经尽到合理注意义务,不应承担责任。法院未支持 Y 网站的抗辩。

【分析】提供信息存储空间的网络服务提供商有过错的,将承担帮助侵权责任

本案中,Y 网站提供的网络服务属于提供信息存储空间,在收到本案诉讼材料后 Y 网站虽然及时删除了涉案侵权作品,并提供了上传者后台信息;但是,法院认为,基于 Y 网站提供服务的方式、文库中传播作品的类型、Y 网站对文库所具有的管理能力,同时考虑到被侵权作品的知名度等因素,本着诚信和善意的原则,Y 网站应当对文库中浏览量高的文档予以合理关注。以一般理性人的标准,Y 网站只需要施以普通的注意义务,即可发现在自己网站上拥有几万次点击量的涉案作品属于畅销书的事实;Y 网站没有对自己网站上出现的侵权行为尽到合理的注意义务,对于涉案侵权行为构成帮助侵权,应当承担连带责任。

二十二、使用他人影视作品截图或片段“解说”构成侵权吗？

【阐释】使用他人作品片段作为“二次创作”主要内容的需要得到授权

近年来，著作权领域的“二次创作”现象不断引起争论。“二次创作”并非著作权法律术语，在文娱领域通常指使用他人原创作品从事再创作的行为。未经许可进行“二次创作”，在法律上可能构成对复制、改编、翻译、表演、广播、信息网络传播等权利的侵害。至于出于评论、新闻报道等目的而适当引用他人作品的行为，本质上属于原创而非“二次创作”，其进行的适当引用属于《著作权法》明文规定的侵权例外情形，当然，具体情况需要根据个案判定。“二次创作”问题随着多媒体或视听作品制作新技术的出现以及短视频产业的兴起引发了激烈争论。多媒体或短视频制作中可能使用他人的文字、音乐、美术、视听等各类作品，并凭借新颖快捷的方式在网络和社交媒体上广泛传播，进一步引发了原创作品作者和内容生产者的抗议。尽管因时长关系，短视频制作中未经许可使用他人视听作品的一部分不构成典型的复制和传播，但所谓“切条”“搬运”“速看”“合辑”等方式，若其实质是对原作进行分割并分次上传，使用了原作实质性或核心内容，在实践中一般被认为构成侵权。将他人作品或作品片段作为素材适当引用，以说明创作者新的主题的构成合理使用，但前提是应当有具有独创性的、不同于原作品的新作品产生；仅简单加两句评论或串词，其他部分都是截取影视作品主要内容介绍剧情的，超过了适当引用的限度，构成改编、汇编等需要事先获得许可的“二次创作”行为。

【示例】以“图解电影”方式汇编使用大量视听作品截图构成侵权

X获得电视剧《三生三世十里桃花》独家的信息网络传播权和维权权利。Y运营的“图解电影”为一款在线图文电影解说分享平台，以“十分钟品味一部好电影”为口号吸引用户将影视剧制作成图片集上传和播放。X 发现 Y 的“图解电影”应用和“图解电影”网站中，可点击播放名为《三生三世十里桃花作品01》的图片集，该图片集共包含图片 382 张，均截取自涉案电视剧第一集，图片内容涵盖该集视频内容的主要画面和全部情节。X 主张 Y 侵害了自己的信息网络传播权，请求判令赔偿损失及合理费用共计 50 万元。Y 主张其仅运营软件和网站，电视剧是由用户上传的自动播放图集。法院判决 Y 构成共同侵权，连带赔偿 3 万元。

【分析】影视剧的解说视频构成原作品缩略版的需要得到授权

常见的影视解说类短视频使用他人作品的情形是：视频整体内容以复制影视作品片段或核心情节为主，简单的剧情介绍部分难以构成有独创性的新作品，法院通常会认为短视频与原视听作品实质性相似、侵权成立。对于业内所称的“混剪”“鬼畜”等短视频，如果使用他人作品片段作为素材，不是为了介绍评论原作品，而是有制作者自己明确想表达的新主题和思想，形成了明显区别于原作品的新视频作品的“二次创作”，可能构成改编。对此，尽管有的短视频剪辑巧妙、有新的独创性，可能受到众多粉丝用户的关注，但使用他人的作品进行“二次创作”实际上也利用了他人的智慧，理应获得许可和给予回报。而且，即使“二次创作”形成演绎作品，其通过网络上传分享，也属于需要经过著作权人同意的行为，因为演绎作品著作权人行使权利时不得侵害原作品著作权人的合法利益。当然，实践中对他人作品的使用也可能属于适当引用；鉴于法律对此并没有明确的规定，合理的限度和范围一般依事实和惯例判定。例如，符合学术道德规范的论文作品，介绍、引用他人作品的复制比通常不超过 15%。但需要注意的是，使用量的比例并不适用于影视作品，此类作品创作过程复杂，即使是花絮、片段，也可包含导演、演员、音乐、美术等此类作品的综合要素，而且还会形成“剧透”等对权利人市场营销不利的后果，按惯例不属于合理使用。

本案中，用户截取的 382 幅画面均为涉案剧集中的独创性表达，其通过网络在线方式分享，使公众可以在其个人选定时间和地点获得涉案图片集并连续播放，目的并非介绍或评论，而是迎合用户在短时间内获悉剧情、主要画面内容的需求，故不属于合理使用。涉案图片集实质呈现整部剧集的具体表达，公众可通过浏览涉案图片集快捷地获悉涉案剧集的关键画面、主要情节，提供图片集的行为对涉案剧集起到了实质性替代作用，影响了作品的正常使用，损害了权利人的合法利益，侵害了 X 的信息网络传播权。即使涉案图片集由网络用户上传,Y 在明知影视类作品具有较大市场价值、不大可能授权给普通用户的情况下,仍设置网站专供普通用户提供影视资源图片集,吸引其实施上传行为,且与用户之间存在利益分享等紧密关系,显然主观上有过错,与用户构成共同侵权。

二十三、期刊网转载他人在其他期刊发表的作品侵权吗？

【阐释】未经许可在网上转载报纸期刊发表的作品构成侵权

我国《著作权法》第35条第2款规定，作品在报社、期刊社刊登后，除著作权人声明不得转载、摘编的外，其他报刊可以转载或者作为文摘、资料刊登，但应当按照规定向著作权人支付报酬。这意味着，第一，转载报社、期刊社刊登的作品可以不经许可的，只有"其他报刊"，且需要支付报酬；第二，"其他报刊转载"指的是传统纸质媒体的复制发行，不包括网络媒体或在线数据库以电子版通过信息网络传播，网上转载不适用《著作权法》第35条第2款的法定许可，需要事先得到著作权人的信息网络传播权授权。

实践中，著作权人向报社、期刊社投稿通常没有签订书面合同，报社、期刊社常采用格式合同声明，作者的投稿行为表示同意报社、期刊社获得了包括信息网络传播在内的所有作品使用方式的授权。对此，如果作者与网络转载人发生争议，我国司法实践中采用的仍是结合个案具体情形分析判定的方式；是否构成侵权，具体要看转载人是否有合法授权。

【示例】期刊网未经原作品著作权人的授权进行转载的构成侵权

2019年9月11日，X通过公证机关登录主办单位为Y的某著名期刊网站，公证人员在该网站搜索X名字后显示有其署名的一篇文字作品《关于科研程序的几个问题》，共8664字，可进行全文浏览并下载。Y抗辩其行为属于法定许可，同时还提交了其与发表涉案作品的期刊方的合作协议表明获得了刊文期刊的授权。X主张Y侵害了自己享有著作权的涉案作品的信息网络传播权，应赔偿经济损失8100元、维权费用1029元。法院未采纳Y的抗辩，认为其未能提交证据证明作者曾向原刊登单位进行信息网络传播权的授权，但因X

无法证明实际损失,法院酌定 Y 赔偿 X 经济损失 1800 元、维权合理开支 529 元。

【分析】未经许可在网上转载他人在期刊上发表的作品构成侵权

本案中,有两个核心争议点。其一,Y 认为涉案文章为 X 在相关期刊发表,属于该期刊的具体内容,而该期刊作为汇编作品具有独立和完整的著作权;Y 在网上数据库收录该文章并提供查阅下载服务已经取得了期刊方的合法授权。对此,需要区分的是期刊社作为汇编作品著作权人的权利与被刊载的单个作品著作权人的权利。汇编是演绎行为,根据《著作权法》第 13 条的规定,汇编作品著作权人行使权利时不得侵犯原作品的著作权。因此,期刊社与 Y 签订的关于授予 Y 信息网络传播权的协议是否有效,要看该期刊社是否已经获得了原作品著作权人 X 的明确授权。法院最终认定,Y 没能提交期刊社有 X 合法授权的证明,因此属于未经许可转载。

其二,Y 认为自己的网站属于期刊网站,拥有国家相关部门的批准文件及期刊出版许可证,实际使用作品的形式是转载已在其他期刊发表且著作权人未声明不得转载、摘编的作品,符合期刊转载法定许可的规定,不侵害 X 的信息网络传播权。对此,要明确的是,《著作权法》第 35 条第 2 款规定的法定许可仅适用于传统纸质报纸、期刊转载,不包括网络转载。

二十四、盗版书是否侵害出版者的版式设计权？

【阐释】制售盗版书侵害著作权和出版者的版式设计权

我国《著作权法》第37条规定，出版者对其出版的图书、期刊的版式设计享有为期十年的专有使用权，有权许可或者禁止他人使用。版式设计权在我国《著作权法》体系下属于一种特殊的邻接权。版式设计是指出版者对出版物的版面格式的设计，包括对版心、排式、用字、行距、标点等版面布局因素的安排。版式设计与图书或报纸期刊的封面、封底、插页、刊头等所做的装帧设计或插图所拥有的权利不同；如果美编直接创作的内容有独创性，装帧设计或插图可以作为美术作品获得单独保护，而版式设计并不直接产生具有独创性的作品内容，仅是对已有作品的内容如何排版和呈现做出设计，类似于图书产品的外观设计。因此，版式设计可适用于具体内容不同的作品，形成风格统一的系列图书；同样内容的文字作品完全可以通过不同的版式设计，给读者带来不一样的阅读体验和阅读享受。

未经许可使用出版者独特的版式设计，但未复制作品内容而是另行胡乱编造的，其目的往往是模仿畅销书的外观制售假书、欺骗消费者，这无疑侵害了出版者的版式设计权而未侵害文字作品的著作权。但实践中更常见的是，盗版者不但使用了出版者特有的版式设计，还复制发行了其呈现的作品信息，而这往往也是出版者通过签订合同从作者手中获得的专有出版权的内容。因此，制作销售盗版书，通常既侵害著作权人的复制发行权，也侵害出版者依法享有的专有出版权、版式设计权，应当依法承担民事责任，同时此类行为情节严重的，还扰乱了文化市场管理秩序，可相应地处以行政处罚和刑事处罚。

【示例】私自复印出版者享有专有出版权的图书作为培训教材发放构成侵权

A 协会与 X 出版社签订《版权许可备忘录》，授权 X 出版社出版发行涉案图书，X 出版社享有该图书的专有出版权和信息网络传播权 3 年，X 出版社有权单独以自己的名义对任何侵权行为进行调查、取证、鉴定、投诉和提起诉讼。Y 从事教育信息咨询、劳动职业技能培训等业务，X 出版社委托公证人员在 Y 的营业场所现场报名“消防工程师”培训课程，并在交费后取得了票据及包括涉案图书在内的若干培训辅导用书。X 出版社认为 Y 复制、发行盗版涉案图书的行为，构成了对 X 出版社专有出版权的侵犯，包括图书整体内容的复制权、发行权、图书版式设计权，应当立即停止侵权、消除影响、赔偿损失。经对比，涉案图书属于侵权复制品。法院认为，X 出版社经著作权人授权对涉案图书享有专有出版权，Y 未经许可复制发行涉案图书，侵犯了 X 出版社的专有出版权，应当立即停止侵权，并赔偿经济损失及维权合理开支共计 12,000 元。

【分析】有专有出版权的出版者对盗版书不必另外主张版式设计权

专有出版权指出版者从著作权人那里获得授权的、在一定时期一定地域范围内复制发行作品的专有权利。本案中，X 出版社提交的证据表明其从著作权人处获得了涉案图书的专有出版权和信息网络传播权；Y 未经许可向学员提供盗版图书，且未提交证据证明其有合法来源，侵害了 X 出版社享有的复制、发行权，应当承担停止侵权、赔偿损失的民事责任。另外，版式设计是出版者在编辑加工作品时的劳动成果，属于邻接权的保护范围；现有证据表明，X 出版社是涉案图书的出版者，Y 向学员提供的盗版书是涉案图书的复制品，当然也侵害了 X 出版社的版式设计权。但对于同一事实而言，出版者对涉案图书的专有出版权和版式设计权是合二为一的，因此从停止侵权和赔偿损失的角度看，区分二者并无实际意义，法院也未另就版式设计权侵权作出评判，而是直接根据 X 出版社依法享有的专有出版权作出了判决。

可见，版式设计权在现实中主张权利时离不开其展现的作品信息，其对出版者享有的专有出版权具有附属性；版式设计的用途与出版社对其获得专有出版权的相关作品之市场利益无法分割，单独强调其存在并主张权利的意义不大。此外，仅模仿畅销书的版式设计而没有复制作品内容，没有侵害专有出版权，也难以评估版式设计本身的经济利益和受到的损害。当然，版式设计相当于产品的外观设计，具有新颖性的图书外观设计当然可以获得法律保护。事实上《著作权法》对版式设计的保护期就是比照外观设计专利10年的保护期设置的。对于那种并未侵害出版者专有出版权，仅仿冒畅销书版式设计的行为，可以直接判定构成侵权，酌定赔偿损失。

二十五、视频网站播放演唱会录像要得到歌手的同意吗？

【阐释】网站未经许可播放演唱会录像侵害表演者权

表演者指演员、歌唱家、音乐家、舞蹈家以及对文学或艺术作品、民间文学艺术作品进行表演、歌唱、演说、朗诵、演奏、展现或以其他方式进行表现的人员。常见的表演是对既有作品以表演者个人的演技进行吹拉弹唱舞，或以其他方式加以诠释，如郎朗对贝多芬钢琴曲的弹奏，王菲对李健作曲、刘兵作词的《传奇》的演唱，无论是无须贝多芬后人许可的郎朗还是需要词曲作者许可的王菲，作为表演者他们均受到《著作权法》的保护。法律保护表演者，是因为其对于作品的普及、推广发挥了很重要的作用；没有优秀表演者的努力和贡献，好的作品可能会被埋没。早期表演者主要通过分享现场演出的门票收入就自己的表演活动获利，后来随着录制和广播技术的出现，表演者从现场表演中的获利受到了影响，因此各国通过法律赋予了表演者控制其现场表演被录制、从现场直接广播，以及通过复制表演和广播的录制品再以各种方式传播或利用的权利。

根据我国《著作权法》第 38 条、第 39 条的规定，表演者从事表演活动需要获得著作权人的授权；同时，表演者享有表明表演者身份、保护表演形象不受歪曲的人身权利，以及以下财产权利：(1)许可他人从现场直播和公开传送其现场表演，并获得报酬；(2)许可他人录音录像，并获得报酬；(3)许可他人复制、发行、出租录有其表演的录音录像制品，并获得报酬；(4)许可他人通过信息网络向公众传播其表演，并获得报酬。

【示例】点击链接即可观看演唱会视频的网站侵害歌手表演者权

X 是涉案视频中歌曲的演唱者。在 Y 经营的视频网站上，名为“视频音乐—中国大陆—摇滚”的栏目中，含有“独播”标记的页面设置有相关链接；其中有9个视频的链接点击后即可播放X在不同演唱会上的直播实况录像，视频右上角标有“Z视频”或“Z音乐”水印，视频播放前均有90秒的片前广告。X主张Y侵权。Y辩称视频均来自案外人，自己仅提供链接，且接到通知后就删除了链接。法院认为，X作为视频中演唱活动的表演者，享有许可他人通过信息网络向公众传播其表演并获得报酬的权利；Y未经许可通过其主办的视频网站在线传播X的表演，使公众可以在个人选定的时间和地点获得该表演，侵犯了X对该表演享有的表演者权中的信息网络传播权，应当承担停止侵权、赔偿经济损失的法律责任。Y虽抗辩称涉案网站上的音乐内容由案外人运营，且该公司称获得过权利人授权，但未提交证据佐证，对该抗辩意见法院不予采纳。最终法院判决Y赔偿X经济损失和维权费用共计14,333元。

【分析】表演者对含有其表演的录制品享有信息网络传播权

我国《著作权法》第39条赋予了表演者精神权利和经济权利，其中经济权利包括许可他人公开传播（实况直播）和录制现场表演，以及复制、发行、出租和通过信息网络传播其表演实况录像的权利。表演者权的内容虽然丰富，但要减少后续对表演的传播中可能发生的争议，表演者需要在其表演首次被固定和传播时与进行录制、广播的被许可人签订语义准确、内容周详的协议。如果表演者与被许可人签订包含现场直播、录制及后续的复制、发行、出租和通过信息网络传播等所有权利的“一揽子”许可合同，则其对表演录制品的后续使用就难控制了。当然，对于第三人未经许可使用包含自己表演的录制品，表演者都可向该第三人主张权利，对方不能对合法来源举证证明的，即构成侵权。需要注意的是，表演者使用他人的作品表演，也应首先得到音乐作品等的著作权人的同意。

本案中，X作为系列演唱活动的表演者，对其表演享有许可他人通过信息网络向公众传播并获得报酬的权利。Y未经许可通过其主办的视频网站在线传播X的表演，侵犯了X对其表演享有的信息网络传播权，应当承担停止侵权、赔偿经济损失的法律责任。

二十六、网站对图书所附的录音录像制品可以提供下载服务吗？

【阐释】通过网络提供音频文件需要录音制品制作者的许可

录音录像制品的制作是指首次以任何方式对音乐作品表演或者其他有伴音或无伴音的连续影像画面进行固定。对于音乐等需要表演出来才能感受其艺术价值的作品，录制者的专业设备和技能对将表演录制固定下来便于后续传播发挥着非常重要的作用。录音制品虽然是录制者凭借自己的技术设备记录声音并进行加工合成的，但该录制成果一般离不开著作权人的作品及表演者的表演，而且往往需要付酬才能使作者和表演者同意其进行录制，因此国际条约把录制者规定为典型的邻接权人，对合法的录制者赋予控制其录制品复制和传播的权利。根据我国《著作权法》第 43 条的规定，录音录像制作者制作录音录像制品，应当同表演者订立合同，并支付报酬。根据我国《著作权法》第 44 条的规定，录音录像制作者享有许可他人复制、发行、出租、通过信息网络向公众传播并获得报酬的权利；被许可人复制、发行、通过信息网络向公众传播录音录像制品，应当同时取得著作权人、表演者许可，并支付报酬；被许可人出租录音录像制品，还应当取得表演者许可，并支付报酬。须注意的是，将公共领域的作品或素材制作成录音录像制品，如将贝多芬的音乐作品找人演奏并重制成 CD，尽管没有音乐作品著作权人主张权利，但表演者和 CD 的制作者仍受到邻接权的保护。

另外，我国《著作权法》第 42 条第 2 款规定，录音制作者使用他人已经合法录制为录音制品的音乐作品制作录音制品，可以不经著作权人许可，但应当按照规定支付报酬，著作权人声明不许使用的不得使用；第 45 条规定，将录音制品用于有线或者无线公开传播，或者通过传送声音的技术设备向公众公开播送的，应当向录音制作者支付报酬。

【示例】配合图书内容制作的钢琴弹奏演示音频文件受著作权法保护

《钢琴基础教程》由A、B、C、D编著，X出版社出版发行，该图书所附的钢琴演奏曲，可通过扫描图书封底的二维码进行欣赏。后A、B、C、D及相关继承人与X、Y签订合同，将《钢琴基础教程》除人身权利以外的其他著作权及转授权以专有许可的方式独家授予X、Y，并同意将该4册书所附的音像制品人身权利之外的包括信息网络传播权在内的财产权独家授予Y。X、Y提交的公证取证过程显示Z运营的网站可搜索涉案图书详情，并附有两个光盘文件夹，各有56首和27首钢琴曲弹奏录音；点击光盘文件夹，输入验证码后即可下载录音制品。X、Y函告Z要求其下架相关内容，并要求Z赔偿损失。Z认为其仅是网络服务提供者，图书及音频内容由网络用户上传，且目前已删除其网站上的录音制品的链接，不应承担赔偿责任。

【分析】网站不能证明录音制品来源合法的，侵害录音制作者的信息网络传播权

从案件事实看，X、Y已经合法获得《钢琴基础教程》文字部分内容的除人身权利以外的其他著作权及转授权，图书二维码所附的钢琴演奏录音制品文件是X、Y自行请人演奏并录制而成的。因此，X、Y不仅获得了文字作品的信息网络传播权等著作权和转授权，还作为合法录音制品的权利人依法对录音制品享有复制、发行、出租、信息网络传播等权利。

由于X、Y对涉案录音制品享有录音制作者权，而Z未提交证据证明其已经获得两原告的授权，故Z侵犯了X、Y通过信息网络向公众传播录音制品的权利；Z虽提交了网站上传协议、版权声明及网站后台信息截图，但通过其提交的用户信息无法确定用户的真实身份，也无法确定侵权内容是否为该用户上传，故其不构成帮助侵权的抗辩意见法院不予采信。鉴于X、Y未举证证明损失数额，法院酌定赔偿损失和合理支出共6800元。

二十七、未经许可通过应用软件提供体育赛事直播节目侵权吗?

【阐释】未经许可转播广播、电视侵害广播组织权

广播电台、电视台在著作权法上统称广播组织或广播者。20 世纪以来,随着无线、有线广播以及卫星信号和电缆传输等传播技术的发展,广播、电视成为现代社会资讯传播和公众了解、获取信息的重要渠道。作为最重要的知识和文化娱乐信息载体,作品是广播、电视最常见的传播对象,因此,世界各国除了为作品创作者提供著作权保护,也为对作品传播作出贡献的主体,如表演者、录制者和广播组织等提供邻接权保护。广播组织权是典型的邻接权,其基本功能是通过法律赋予广播组织对他人转播其广播、电视,以及录制和重播其广播、电视的控制权,以保障广播组织的投入获得正当利益回报。在“三网融合”的趋势下,广播、电视除了通过传统的卫星、无线、有线电缆等信号传输方式传播,越来越多地运用新的传播技术手段,特别是通过公众可访问的互联网进行传播。技术的进步在给广播、电视内容的播放和接收带来便利的同时,也对广播组织权的保护带来了挑战;侵权方式从传统的盗用、截取广播、电视信号并录制和再传播,变成更容易操作的网上实时转播、复制存储和再传播。为此,我国《著作权法》第 47 条第 1 款规定,广播组织有权禁止:(1)将其播放的广播、电视以有线或者无线方式转播;(2)将其播放的广播、电视录制以及复制;(3)将其播放的广播、电视通过信息网络向公众传播。可见,在我国,广播组织可依法禁止他人通过信息网络向公众传播其广播、电视,包括通过网络实时盗播和转播。

需要注意的是,《著作权法》第 47 条第 2 款规定,广播电台、电视台行使前款规定的权利,不得影响、限制或者侵害他人行使著作权或者与著作权有关的权利。不过,当前越来越多的广播组织并不仅仅是他人作品的传播者;若广播组织播放的是其精心编排、制作的有独创性的视听节目,则这些节目是受著作权法保护的视听作品,在此情形下广播组织集著作权人和传播者于一体,并分

别享有相应的权利。

【示例】通过应用软件直播中超联赛侵害广播组织权

A 获得 2016～2020 赛季中超联赛在中国大陆境内的电视、广播、互联网及各种多媒体的独家新媒体直播权，并可转授权。A 将 2017 赛季中超联赛的互联网直播权和信息网络传播权授权给 X。Y 的涉案应用软件介绍中有“比赛视频免费直播，随时随地观看比赛；视频秒加载，多路信号，免费高清视频直播”等描述。应用软件首页上部有热门、快讯、集锦、视频、专题、竞彩等标签，热门标签下部有涉案赛事频道，登录后点击“视频直播”，可分别观看由不同主播边播放边解说的，以及来自其他电视台和 X 自己播出的涉案赛事直播节目。X 起诉 Y 侵权，要求停止侵权、赔偿损失，获得法院支持。

【分析】应用软件运营者对平台内的赛事盗播行为承担相应责任

未经许可通过应用软件播放相应内容主要涉及两类侵权，即直接通过技术手段提供播放的直接侵权和作为直播平台为播放节目的主播提供帮助的帮助侵权，后者需要证明应用软件运营者“明知或应知”其平台上存在侵权行为。本案中，X 享有涉案相关足球赛事节目的互联网独占直播权。Y 明知自己没有直播赛事的合法授权，仍通过各种技术手段将涉案赛事直播节目聚合到自己的应用软件上提供网上盗播服务，属于侵害 X 广播组织权的行为。对于主播解说播放的热点赛事节目直播，也可推定 Y 应当知道主播并无广播组织合法授权。

涉案足球赛事节目共 13 场，法院根据 Y 提供的不同播放方式来认定其法律责任。对于由网络主播播放的 5 场涉案比赛，因均在热门分类板块中，Y 对该板块应尽到相对较高的审查注意义务，也可通过一定的技术手段监测，但 Y 未能阻止侵权发生，应承担帮助侵权的责任。对于显示有中央和地方电视台标识的 5 场涉案足球赛事节目，Y 构成直接侵权。对于点击播放页面显示 X 标识的 2 场足球赛事节目，点击链接后完全跳转至 X 网页播放的，Y 不构成侵权；在 Y 的应用软件中直接播放的，Y 构成直接侵权。对于点击播放页面未有任何视频来源标识的 1 场涉案足球赛事节目，因播放后画面显示有 X 标识，而 Y 未经许可在其应用软件中直接播放，构成直接侵权。

二十八、引用他人作品需要满足哪些条件才构成合理使用？

【阐释】引用应当适当并注明出处才属于我国著作权法上的合理使用

合理使用制度来自《保护文学和艺术作品伯尔尼公约》，该公约明确了判断是否构成合理使用的“三步检验法”，即：(1)仅在特定情形下的使用；(2)与作品的正常使用不相冲突；(3)没有不合理地损害权利人合法权益。我国《著作权法》第 24 条规定了一系列可以不经著作权人许可而使用其已发表的作品，可不向其支付报酬，但应当指明作者姓名或者名称、作品名称，并且不得影响该作品的正常使用，也不得不合理地损害著作权人的合法权益的情形。可见，合理使用只针对已发表的作品，也就是已经公之于众的作品，同时使用作品时必须“指明作者姓名或者名称、作品名称”。其中，《著作权法》第 24 条第 1 款列举的第 3 项到第 5 项与新闻报道有关的合理使用以及图书馆、阅读障碍者等侵权例外的合理使用在实践中争议较少；疑问较多的是个人使用、教学科研使用、公务使用等“特定情形”应如何判断，尤其是第 2 项为介绍、评论或说明的适当引用，由于用语比较抽象，实践中发生的争议比较多。

为介绍、评论而适当引用构成合理使用，其判定标准如下：首先，介绍、评论形成了新的具有独创性的作品，而不是对原作的改编或原作的缩略版；其次，新的作品从原作中所引用内容的质和量没有实质性替代作用；最后，指明出处，且未超出使用目的正当需要范围，没有不合理损害原作权利人的合法利益。适当引用不仅仅适用于文字作品，在音乐、视听作品中也很常见。例如，近年来引起高度关注的、对影视剧等视听作品进行“X 分钟看电影”“混剪”“鬼畜搞笑”等所谓的“二次创作”短视频制作者，在与原视听作品权利人发生纠纷时，常将适当引用的合理使用作为抗辩。对此，从上述几个方面来判定，可发现大多数解说、混剪短视频都没有形成新作品，对原视听作品的使用都不属于“为介绍、评论某一作品或者说明某一问题，在作品中适当引用”，有侵权风险。

【示例】引用他人作品时需要注明来源以免构成剽窃

某公司职员张某撰写A项目可行性报告时，为论证该项目的未来前景，引用了行业内多位专家或知名人士在报刊、网络上或接受媒体采访时所发表的言论。但是，张某在“旁征博引”的过程中，对于他人的部分言论或者表述没有写明出处，甚至对有些专家就项目相关问题所作的表述断章取义，再将不同的言论表达简单地拼凑在一起作为自己的报告内容。王某作为外聘专家委员会成员参加A项目可行性论证会时，发现自己在报纸上发表的一篇评论文章的部分内容变成了张某的“劳动成果”，而可行性报告的最终结论却与王某的观点截然相反。王某遂向张某所在公司发出书面通知，认为张某在履行职务过程中撰写的可行性报告侵犯了其著作权，要求该公司立即予以纠正。该公司收到通知函后即修改了报告，删除了其中引用的王某相关作品的内容。

【分析】引用他人作品实质性内容且未注明出处涉嫌剽窃

本纠纷涉及的是作为合理使用法定情形之一的“适当引用”怎么判断的问题。我国《著作权法》第24条第1款第2项规定，为介绍、评论某一作品或者说明某一问题，在作品中适当引用他人已经发表的作品，构成合理使用。撰写项目可行性报告时，虽然为了说明某个问题可以适当引用他人已经发表的作品，但应当指明作者姓名或者名称、作品名称，而张某在引用他人文字作品或者口头作品时没有注明出处，违反了法律的规定。另外，即便张某在报告中指明引用部分的作者姓名、作品名称等信息，引用作品片段的内容和长度也不应超出正当使用目的的范围，否则其行为仍然构成著作权侵权。虽然《著作权法》没有规定固定的引用数量或比例，但判断是否属于“适当引用”是可以结合事实来分析的。本纠纷中，张某在论证公司项目可行性时，如果大篇幅引用了王某发表的特定文章，而且引用了其主要或者实质部分，则其即使注明来源也涉嫌侵权，可能构成抄袭剽窃，侵犯复制、改编、汇编等权利。

此外，“没有不合理地损害权利人合法权益”是构成合理使用的要件之一，这里的合法权益既包括著作权人享有的经济权利，也包括作者的精神权利，如发表权、署名权、修改权和保护作品完整权，以及隐私权、名誉权等其他合法民事权益。本案中，张某利用王某作品，最后得出与王某不一致或完全颠覆其结论的观点，涉嫌不合理地损害权利人合法权益，如果构成歪曲篡改，则应承担相应的侵权责任。

二十九、课堂教学或科学研究中合理使用的界限是什么？

【阐释】教学和研究合理使用有主体、数量和使用方式的严格限制

根据我国《著作权法》第 24 条第 1 款第 6 项的规定，为学校课堂教学或者科学研究，翻译、改编、汇编、播放或者少量复制已经发表的作品，供教学或者科研人员使用，可以不经著作权人许可，不向其支付报酬，但不得出版发行。结合《著作权法》和《信息网络传播权保护条例》的相关规定，以课堂教学或科学研究为目的，使用他人作品的具体方式包括翻译、改编、汇编、播放、复制和通过信息网络向少数教学、科研人员提供。关于这一合理使用情形的理解适用，有三个问题需要明确。

一是教学或科研人员的主体范畴。鉴于合理使用制度是为公共利益设立，教学或科研人员应当仅指国家设立的教育、科研公共事业单位，如经主管部门、教委批准设立的学校，全额财政拨款的国家科研机构等的教学或科研人员。二是“少量复制”中数量的确定。课堂使用时的复制，虽然在数量上无法给出衡量“少量”与否的确切标准，但是考虑到合理使用制度的通用规则，即不得影响作品的正常使用，不得不合理地损害著作权人的合法权益，在具体案件中，可以根据使用行为的目的、作品性质、作品使用的量以及对作品市场价值的影响等因素作出灵活判定。三是不得出版发行和传播。一般而言，出版发行是指提供有形的作品复制件，至于信息网络传播，则限于向少数教学、科研人员提供少量已发表作品，通常应该采取技术保护措施或用户信息管理的方式，确保仅限于少数科教人员的少量使用。

【示例】营利性教学培训机构不适用教学和研究合理使用

X 机构主要从事语言培训类营利活动，为丰富培训资料，该机构经常将自

己从国外订购的期刊正本扫描后上传至机构官方网站供教师和学生免费下载。此外,X机构还将外文期刊资料全文复印后分发给参加培训班的学生,或是以合作优惠条件的形式将这些复印资料提供给其他大学或科研机构。Y杂志社发现了X机构长期以来存在的上述行为,并且Y杂志社已经通过书面形式从国外期刊社受让了该杂志发表的各类作品的专有使用权,遂向有管辖权的法院起诉X机构侵犯其享有的相关作品的复制权和信息网络传播权。X机构辩称自己的行为属于教学科研目的的合理使用,不应承担侵权责任,未得到法院支持。

【分析】课堂教学或科学研究合理使用仅限于非营利机构的少量使用

本案中,X机构是以营利为目的创办的教育培训机构,不能适用该合理使用条款。就本案来讲,即使X机构是政府批准设立的公立学校,它在一段时间内连续复印、扫描Y杂志社获得授权的多本期刊中的大量作品,并在可供公众访问的网站上免费提供期刊扫描件,这种复制、传播行为也已经超出了“少量”的正当范围,必然会减少Y杂志社在中国市场预期可以获得的收益。而且,X机构不仅内部翻印制作了大量复制件分发给参加培训班的学生,还将这些国内不易获取的期刊文献复制件作为筹码,寻求与其他高校和科研院所的商业合作,由此带来的实际效果无异于正式出版,而且具有明显的营利目的,超出了法律允许的合理使用范围。

综上所述,无论是从课堂教学还是科学研究适用合理使用的任何一个条件分析,X机构的行为都不构成合理使用,应当承担侵权责任。

三十、图书馆可以通过局域网向馆舍内读者提供电子书吗？

【阐释】图书馆等公共文化机构可以在馆舍内提供在线阅览但不能提供下载

图书馆、档案馆等公共文化机构具有保存文化、传播知识的公共职能，因此一般国家都会为其设定相应的侵权例外的情形。依据我国《著作权法》第 24 条第 1 款第 8 项的规定，图书馆、档案馆、纪念馆、博物馆、美术馆、文化馆等为陈列或者保存版本的需要，复制本馆收藏的作品，属于合理使用。《信息网络传播权保护条例》第 7 条也规定了图书馆等公共文化机构数字化复制本馆收藏的作品构成合理使用的具体情形，即图书馆、档案馆、纪念馆、博物馆、美术馆等可以不经著作权人许可，通过信息网络向本馆馆舍内服务对象提供本馆收藏的合法出版的数字作品和依法为陈列或者保存版本的需要以数字化形式复制的作品，不向其支付报酬，但不得直接或者间接获得经济利益。当事人另有约定的除外。

根据上述规定，该合理使用情形的主体是图书馆、档案馆、纪念馆、博物馆和美术馆等公共文化机构。而使用作品的方式，则可以分为两种情况：一是为陈列或者保存版本的需要，复制（包括数字化形式）本馆收藏的作品。这类作品通常是因年代久远而破损的图书或绝版图书，出于传承优秀历史文化的目的，法律将它们的数字化保存纳入合理使用范围。对此，《信息网络传播权保护条例》第 7 条第 2 款规定了数字化复制的限制条件："前款规定的为陈列或者保存版本需要以数字化形式复制的作品，应当是已经损毁或者濒临损毁、丢失或者失窃，或者其存储格式已经过时，并且在市场上无法购买或者只能以明显高于标定的价格购买的作品。"需要指出的是，为陈列或保存版本需要，图书馆等公共文化机构合理使用作品的方式仅限于复制和在馆舍内提供阅览。二是图书馆等公共文化机构可以将收藏时已经以数字化形式合法出版的作品通过局域网提供给馆舍内的读者阅览。也就是说,只有馆内读者可以通过局域网在线阅读,不允许在图书馆馆舍之外远程访问。总而言之,未经著作权人许可,图书馆等公共文化机构超出对使用的作品和提供场所的范围的限制,可能构成侵权行为。

【示例】图书馆制作馆藏书数字版提供给读者阅读下载有侵权风险

某市和平区图书馆为了方便本馆馆舍内的读者阅读,开展了一项新的服务:馆内读者可以以访客身份通过计算机接入图书馆内网在线阅读本馆收藏的数字格式的图书、文献等电子资料。这项服务受到了广大人民群众的好评,因此和平区图书馆为了扩大向馆内读者提供的电子书范围,将一些原本仅以印刷形式出版的部分馆藏纸质图书数字化后上传至图书馆内网。某日,张三来到和平区图书馆,在线阅读了该馆收藏的《中国大百科全书》电子版,觉得这本书的内容非常有趣,解释了很多生活中经常遇到的奇特现象。此外,张三还发现阅览的电脑可以使用外插存储设备且文件可以拷贝,于是擅自将数字格式的《中国大百科全书》复制到自己的移动硬盘中并携带回家,张三除了自己阅读,还将该书转发给其亲朋好友。该图书馆在接到出版《中国大百科全书》的出版社的法律顾问的通知后删除了可下载的数字版图书的链接。

【分析】图书馆超范围扫描图书和提供下载涉嫌侵权

本案中的和平区图书馆是公共文化机构,但是,著作权法允许的合理使用仅限于为陈列或者保存版本的需要而复制本馆收藏的作品,因此不是为保存版本的需要开展大规模馆藏图书数字化的行为存在侵犯他人著作权的隐患。本案中涉及的《中国大百科全书》电子版是否侵权,首先要看其是否属于需要保存版本的情况。如果确属绝版作品,或者属于《信息网络传播权保护条例》第7条第1款所称的“本馆收藏的合法出版的数字作品”,那么在和平区图书馆馆内提供在线阅读的行为不构成侵权。但是,张三擅自复制、存储并传播馆藏数字作品的行为,不属于个人合理使用,也不在图书馆合理使用例外的范围内,而且可能减损著作权人在市场上通过正常的作品销售方式预期可以获得的收益,应当承担著作权侵权责任。对此,图书馆等主体在提供公共文化服务、通过内网向处于馆舍内的读者提供数字化作品时,应当采用加密、身份验证等技术措施防止复制和便于追究侵权人责任,否则可能构成帮助侵权。

三十一、商场播放背景音乐需要交费吗？

【阐释】免费播放背景音乐仅限于少数非营利场所

我国《著作权法》第 24 条第 1 款列举的合理使用情形的第 9 项是“免费表演已经发表的作品，该表演未向公众收取费用，也未向表演者支付报酬，且不以营利为目的”。这一合理使用，仅适用于对公众和表演者“双向免费”的现场表演或者机械表演，这类表演往往是为了丰富和活跃基层群众文化生活而进行的，例如，学校师生在新年晚会上的表演或播放、不收费的城市或街道公园的广场舞等自发性表演中的音乐播放。需要指出的是，此处的“免费表演”不能具有直接或间接的营利目的。例如，商场等表演组织者没有向观众收取费用，也没有向表演者支付报酬，但借助表演活动能够招揽顾客或者吸引商业合作伙伴，进而扩大经营规模和增加经济收入，该表演仍然是以营利为目的，无法适用该合理使用条款。商场购买录音制品后作为改善购物环境的背景音乐播放，也同样属于以营利为目的，需要向音乐作品的著作权人和录音制品的录制者支付报酬；至于表演者的报酬，在实践中一般通过表演录制时表演者与录制者的约定，由录制者一并收取。

【示例】百货商场播放背景音乐需要向权利人付费

为营造氛围，提高消费者在购物过程中的愉悦程度，进而起到吸引消费者、辅助促销的作用，红星百货公司在其经营场所持续循环播放多首流行歌曲，既没有取得相关歌曲权利人或者有权代表他们行使权利的音著协的许可，也没有支付使用费。不久，音著协向有管辖权的法院起诉，要求红星百货公司承担侵权责任。被告红星百货公司辩称其使用的是合法购买的光碟，播放行为既未向消费者收费也不涉及向表演者付费，属于《著作权法》第 24 条第 1 款第 9 项规定的合理使用情形。法院未支持商场的抗辩，判决其支付相应的报酬。

【分析】背景音乐付费是为了保障音乐作品著作权人的获酬权

表演除了现场表演还包括播放表演录音的机械表演。免费表演构成合理使用必须符合不得以营利为目的的条件,营利目的包括直接或间接的营利目的。常见的诸如百货店、企业、饭店等为宣传、招徕顾客,甚至仅仅为营造气氛而在商业场所组织乐队现场表演或直接播放音乐作品录音进行机械表演。背景音乐不是免费的午餐,每表演或播放一次,相当于音乐作品被使用了一次,因此应当向音乐作品的著作权人或者其委托的代表机构支付一定的费用。

本案中,红星百货公司在经营场所播放他人演唱的歌曲作为背景音乐的行为,由于会为红星百货公司带来间接的收益,不属于免费表演这一合理使用情形。实践中,此类营业性场所播放背景音乐,一般通过向音著协付费获得“一揽子”许可使用方式解决。

三十二、将作品编入教科书需要事先取得著作权人的许可吗？

【阐释】将他人作品编入教科书可以不经许可但应支付报酬

我国《著作权法》第25条规定："为实施义务教育和国家教育规划而编写出版教科书，可以不经著作权人许可，在教科书中汇编已经发表的作品片段或者短小的文字作品、音乐作品或者单幅的美术作品、摄影作品、图形作品，但应当按照规定向著作权人支付报酬，指明作者姓名或者名称、作品名称，并且不得侵犯著作权人依照本法享有的其他权利。前款规定适用于对与著作权有关的权利的限制。"之所以对著作权进行一定的限制，规定"教科书使用法定许可"制度，是因为立法机关考虑到教育事业关系国家未来经济、文化和科学事业的发展，应尽量减少出于教育目的而需要大量使用他人作品的教科书编写者因逐一获得事先许可而耗费的精力。但是，因教科书使用量非常大，应确保著作权人的获酬权。

【示例】教科书使用他人作品未付费构成侵权

某诗人甲在网站发表了题为《天堂向左》的诗作。乙教材编委会的成员无意间在网上读到了甲创作的这首诗歌，认为该诗歌的表现手法独特，主题思想积极向上，措辞准确优美，遂将诗作《天堂向左》作为范文编入初中语文教材，同时在作者简介部分写明甲为诗歌作者。但是，乙教材编委会并没有寻找诗人甲协商许可使用费的问题，也没有通过中国文字著作权协会（以下简称文著协）转付使用费。后来，甲在侄子的语文课本上看到了自己所作的诗歌，认为编委会未经许可使用其作品，且没有向其支付合理的使用费，以侵犯其复制权为由将乙教材编委会起诉至法院。法院支持了甲的诉求，判令乙教材编委会支付相关费用。

【分析】教科书法定许可使用要按条件和付酬标准执行

在实践中,教科书法定许可使用需要特别注意以下要点:一是关于教科书的范围。立法限定为“为实施义务教育和国家教育规划而编写出版教科书”,也就是说只有正式的国家规划教材才适用法定许可,国家规划教材的教学参考书、教学辅导材料,以及其他非国家规划教材或教辅资料等不适用法定许可。二是关于法定许可使用的对象。立法规定为已经发表的作品片段或者短小的文字作品、音乐作品或者单幅的美术作品、摄影作品、图形作品。根据 2013 年国家版权局与国家发展和改革委员会发布的《教科书法定许可使用作品支付报酬办法》第 3 条的规定,作品片断或者短小的文字作品,是指九年制义务教育教科书中使用的单篇不超过 2000 字的文字作品,或者国家教育规划(不含九年制义务教育)教科书中使用的单篇不超过 3000 字的文字作品;短小的音乐作品,是指九年制义务教育和国家教育规划教科书中使用的单篇不超过 5 页面或时长不超过 5 分钟的单声部音乐作品,或者乘以相应倍数的多声部音乐作品。当然,现实生活中的教科书,一般也不会将长篇小说、自传或者美术作品集、摄影作品集等不加筛选地全部编入其中。三是如何向著作权人支付报酬以及相应的支付标准的确定。这也是与保护著作权人利益密切相关的问题。根据《教科书法定许可使用作品支付报酬办法》第 4 条的规定,教科书汇编者支付报酬的标准是:(1)文字作品:每千字 300 元,不足千字的按千字计算;(2)音乐作品:每首 300 元;(3)美术作品、摄影作品:每幅 200 元,用于封面或者封底的,每幅 400 元;(4)在与音乐教科书配套的录音制品教科书中使用的已有录音制品:每首 50 元。支付报酬的字数按实有正文计算,即以排印的版面每行字数乘以全部实有的行数计算。占行题目或者末尾排印不足一行的,按一行计算。诗词每十行按一千字计算;不足十行的按十行计算。非汉字的文字作品,按照相同版面同等字号汉字数付酬标准的 80% 计酬。四是作者可以事先声明未经许可不得使用,此时教材编写委员会将无法适用法定许可规则。五是在使用过程中,必须尊重作者的署名权,注明出处并支付报酬。本案中,乙教材编委会的行为虽然符合法定许可的其他要件,却因没有支付合理的使用费,仍然构成著作权侵权行为。

三十三、网站可以不经作者同意转载其已经发表的作品吗？

【阐释】网站未经许可不能转载他人作品

我国《著作权法》第35条第2款规定，作品刊登后，除著作权人声明不得转载、摘编的外，其他报刊可以转载或者作为文摘、资料刊登，但应当按照规定向著作权人支付报酬。这一对文字作品复制权进行限制的特殊规定，称为报刊转载法定许可。在这一法定许可情形下，需要注意的是，转载作品的主体仅限于"其他报刊"；具体的使用行为是作为资料转载或摘编，前者是指原封不动或略有改动之后刊登其他报刊发表的作品，后者则是指对原文主要内容进行摘录、缩写。还需要指出的是，报刊社在转载、摘编的过程中，不能以偏概全、断章取义以致曲解或割裂作者的观点，须尊重作者的精神权利，特别是署名权（同时须注明最初登载的报刊出处）和保护作品完整权。另外，因《信息网络传播权保护条例》没有规定网络转载法定许可，各类网站、论坛等网络媒体刊登或者传播他人已经发表的作品，仍然需要取得著作权人的许可并支付使用费，否则将构成侵权行为。网站转载是否适用报刊转载法定许可，在我国已经讨论了二十多年，因涉及利益重大，2020年修正的《著作权法》仍未设立这一制度，也即转载法定许可仅限于传统报纸杂志，限制的是复制、发行权。网站转载不适用法定许可，是因为网上传播涉及面极广，信息网络传播权的范围远超过纸质媒体的复制和发行范围，若允许不经许可即在网上转载使用，权利人很难控制作品的传播，也难以保障获得相应报酬的权利。因此，尽管网上转载现象并不鲜见，但如果著作权人提起诉讼，未经许可的转载人仍将承担相应法律责任。

【示例】网站转载和未履行支付报酬义务的报刊转载均构成侵权

王某创作的一篇杂文在《××日报》上发表后在国内引起较大轰动。于是，另外一家报社的《××晚报》及其综合性网站“开心网”在没有征得王某同意也未支付报酬的情况下转载了该杂文。王某得知这一情况后，向法院提起诉讼，认为《××晚报》和“开心网”未经许可转载其文章，侵犯了其复制权和信息网络传播权。二被告在诉讼中辩称，王某在《××日报》上发表的文章，并没有声明不许转载、摘编，因此自己的行为属于法定许可，不构成侵权；至于报酬问题，由于一直无法联系到王某，未能成功支付报酬，二被告还表示，愿意与王某协商并支付合理的使用费。法院认为，“开心网”的转载不属于法定许可，其抗辩无法成立；《××晚报》虽然可以适用法定许可，但怠于履行支付报酬的义务，仍构成侵权，其抗辩理由也没有法律根据。综上，二被告应当承担著作权侵权责任。

【分析】报刊转载法定许可应及时履行支付报酬的义务

本案中，《××晚报》转载可以适用法定许可。在现实生活中，法定许可的使用人，虽然难免遇到不知道作者或权利人联系方式的难题，但还可以选择向文字作品的集体管理组织文著协送交报酬，由文著协代为收转。关于报刊转载法定许可支付报酬的标准和办法，《使用文字作品支付报酬办法》第13条作出了比较明确的规定：报刊依照《著作权法》的相关规定转载、摘编其他报刊已发表的作品，应当自报刊出版之日起2个月内，按每千字100元的付酬标准向著作权人支付报酬，不足五百字的按千字作半计算，超过五百字不足千字的按千字计算。报刊出版者未按前款规定向著作权人支付报酬的，应当将报酬连同邮资以及转载、摘编作品的有关情况送交文著协代为收转。文著协收到相关报酬后，应当按相关规定及时向著作权人转付，并编制报酬收转记录。报刊出版者按前款规定将相关报酬转交给文著协后，对著作权人不再承担支付报酬的义务。

三十四、广播电台、电视台播放他人作品应注意什么？

【阐释】广播电台、电视台使用他人作品应支付报酬

广播电台、电视台播放他人已经发表的作品，可以适用法定许可，也即使用他人已发表作品不需要经著作权人许可，但应当按照规定支付报酬。《著作权法》第46条之所以作出对著作权人广播权的限制性规定，是因为考虑到电台、电视台是作品的主要传播方式，播放涉及的作品种类多样、数量巨大，涉及众多权利人，要求其一一事先取得权利人的许可有一定的困难；而且，我国电台、电视台往往还担负着国家重要的新闻宣传任务，企事业经营业务交叉，难以详尽分割，不能因播放每部作品均须事先获得许可这一难题而影响新闻传播事业。不过，若广播电台、电视台播放他人未发表的作品，仍然应当取得著作权人的许可，一般会采取签订许可使用合同的形式，实践中也可能体现为著作权人的默示许可，如画家、诗人或舞蹈家在电视台直播节目中公开展示自己的新作品。

【示例】将他人小说改成广播小说在电台连续播放需要获得许可

王某创作的中篇小说《草原传奇》由青少年出版社出版发行。H市人民广播电台为丰富电台的文艺广播节目，安排播音员韩某将王某作品《草原传奇》的全部故事内容改成18集广播小说，并每日在H市人民广播电台播出一集。节目播出后，电台该时段的收听率有了明显增长，但是H市人民广播电台在一年多的播出期间从未考虑过给作者王某支付报酬的问题。之后，王某在H市出差时得知电台将其创作的小说《草原传奇》进行了改编和广播，遂以H市人民广播电台侵犯其著作权为由向H市人民法院提起诉讼，要求被告公开赔礼道歉，支付报酬6000元，赔偿精神损失费4000元，支付差旅费500元，并赔偿经济损失。被告H市人民广播电台辩称未支付报酬属于漏发问题，其行为构

成法定许可，不应当承担侵权责任。法院认为电台构成侵权，应停止侵权、赔礼道歉；但王某主张的损失数额没有依据，判决电台赔偿损失和支付报酬共1188元。

【分析】广播组织可参照使用文字作品的标准和办法付酬

就本案而言，王某创作的小说《草原传奇》是已经发表的作品，H市人民广播电台播放该作品可以不取得王某的同意，但是必须向其支付合理的使用费。对于支付标准和方法，《著作权法》第30条规定："使用作品的付酬标准可以由当事人约定，也可以按照国家著作权主管部门会同有关部门制定的付酬标准支付报酬。当事人约定不明确的，按照国家著作权主管部门会同有关部门制定的付酬标准支付报酬。"不过，一直以来，我国对于广播组织使用作品付费的标准和办法没有明确规定。即使2020年修正的《著作权法》在第46条中增加了"按照规定"的表述，然而现阶段国家版权局尚未会同有关部门制定统一的针对广播电台、电视台播放作品的付酬办法或规定。因此，像本案这种情况，H市人民广播电台应当先与王某协商沟通使用费支付问题，如果确实无法与王某取得联系，可以参照使用文字作品付酬的相关规定，通过管理相关权利的集体管理组织向著作权人转付报酬。

三十五、转让著作权必须订立书面合同吗？

【阐释】著作权转让一般应签订书面合同

著作权转让是指著作权人在法律规定的范围内，按照自己的意愿将其享有的著作财产权全部或者部分转让给他人所有的民事法律行为。《著作权法》第27条规定："转让本法第十条第一款第五项至第十七项规定的权利，应当订立书面合同。权利转让合同包括下列主要内容：(一)作品的名称；(二)转让的权利种类、地域范围；(三)转让价金；(四)交付转让价金的日期和方式；(五)违约责任；(六)双方认为需要约定的其他内容。"可见，著作权人可以依法转让的权利与许可使用的权利范围相同，指的是著作权中的经济权利；但与第26条第2款没有明确著作权许可合同的形式不同，《著作权法》第27条强调著作权转让应当订立书面合同。

另外，我国《民法典》第135条规定，民事法律行为可以采用书面形式、口头形式或者其他形式；法律、行政法规规定或者当事人约定采用特定形式的，应该采用特定形式。《著作权法》规定的著作权转让合同应当采用书面合同形式，即民法典所指的特别法规定的特定形式。由于著作权转让合同与著作权许可使用合同相比，内容更加复杂、对双方当事人的影响更为重大，以书面合同明确约定，使双方当事人在履行合同以及解决纠纷的过程中有据可查，更加容易证明合同的存在及双方权利义务的具体内容，有利于裁判者查明案件事实。需要注意的是，实践中的合同订立和履行方式千变万化，《民法典》第135条和《著作权法》第27条并未指出未采取特定形式的法律后果，但根据《民法典》第490条第2款的规定，法律、行政法规规定或者当事人约定合同应当采用书面形式订立，当事人未采用书面形式但是一方已经履行主要义务，对方接受时，该合同成立。

【示例】美术作品著作权转让行为已经履行完毕的口头合同有效

甲是美术学院的在校学生，其创作的雕塑作品《她》在该校年度公开艺术展上展出，受到了本校师生和来参观的社会上从事美术艺术创作工作的人员的广泛好评。乙是一位艺术品收藏家，在参观该校艺术展期间看到甲的雕塑作品《她》，颇为欣赏和喜爱。于是，乙通过学校联系到了甲，打算购买该雕塑；同时考虑到后期可能存在与工厂合作将雕塑制作成模型、标准化制作生产并推向市场的商业需求，乙表示希望买断甲的著作财产权。双方口头上达成一致，乙当场向甲支付 1 万元，并取走了该雕塑。之后，乙将该雕塑许可给商家制作了若干复制品在各地文化市场公开展出并提供定制服务，取得了良好收益。甲得知后有点后悔，主张其仅出卖了雕塑本身，因无书面的著作权转让合同，该转让行为无效。乙找到当时在场的若干无直接利害关系的证人，特别是甲所在学校的工作人员，证明双方达成的口头约定确实包括了“买断”著作权而不仅仅是购买雕塑本身，且已经当场履行完毕。甲不再坚持主张。

【分析】著作权转让合同是否有效需要结合证据综合判定

本案中，乙“买断”甲的著作财产权，是指甲将著作权法允许转让的著作财产权有偿转让给乙。虽然法律规定著作权转让合同应当采用书面形式，却并不意味着转让人与受让人没有订立书面合同，转让行为必然不发生法律效力。《民法典》第 490 条第 2 款规定，法律、行政法规规定或者当事人约定合同应当采用书面形式订立，当事人未采用书面形式但是一方已经履行主要义务，对方接受时，该合同成立。需要注意的是，如果应当采用书面形式订立的合同未采用书面形式，实践中发生争议时相关当事人会承担较重的举证责任，即主张合同成立的一方，要证明自己已经履行义务且对方接受。

本案中，双方商定著作权“买断”事宜后，乙即刻履行了转让价款的支付义务，而甲也完成了有形标的物的交付义务。对此事实，当时在场的甲的老师同学，以及与乙一同参观的朋友均可作证。鉴于双方当时均已接受口头约定事项且履行完毕，著作权转让合同即告成立，乙不但获得了雕塑本身的所有权，也获得了以各种方式使用、复制、传播该雕塑的著作财产权。当然，尽管乙作为雕塑作品《她》的著作财产权人，但著作权中的精神权利仍然由作者甲享有，乙行使权利时须尊重甲的署名权、保护作品完整权等精神权利。

三十六、著作权多重许可或转让问题怎么处理？

【阐释】著作权多重许可和转让纠纷以保护在先权利为原则解决

著作权中的财产权，即专有使用权，是一种具有排他性和垄断性的权利。但同时，作为著作权法保护对象的作品，其本质是可以无限复制而同时使用的，且《著作权法》将著作权的内容分解为若干项。因此，著作权人有权自己行使权利，也可全部转让著作权，或者分项许可他人在被许可的时间和地域范围内，按照约定的方式行使著作权。实践中，被许可人往往希望获得可以排除包括著作权人在内的任何第三人被许可以同样方式使用作品的权利，此类权利即为专有许可权。由于我国版权产业方兴未艾，尚未有成熟完善的经验，各界对著作权相关法律概念的理解和对适用标准的把握也不统一，以致不时发生关于著作权的重复许可或转让与专有许可冲突的问题。例如，权利人先将各项经济权利“一揽子”许可给 A 专有使用，并按照《著作权法》的规定达成了书面合同；而后出于某种原因，著作权人又就其作品的信息网络传播权与 B 订立独家许可合同，许可的权利类型也是专有使用权，如此必定造成针对同一作品的相同利用方式由不同被许可人“专有”的冲突。

重复而冲突的授权是知识产权领域中特有的“一女多嫁”现象，不时引起争议，理论上也有人提出合同备案公示等解决方案，但因数量、成本、配套机制等因素难以操作和执行，实践中法院解决纠纷通常会遵循保护在先被许可人的原则。例如，在一起侵害作品信息网络传播权纠纷案中，北京市高级人民法院指出，涉案影视作品的独家信息网络传播权授予在先被许可人的期限，与在后被许可人依据合同取得的涉案影视作品的信息网络传播权期限部分重合；在此期间，独家信息网络传播权应归属于在先被许可人，在后被许可人未经转授权对涉案影视作品进行信息网络传播，构成侵权行为。简言之，著作权人通过合同授权他人专有使用作品的，著作权人不能在同一期限内就相同的权利再次处分,在后被许可人无法凭借与著作权人订立的书面许可使用合同主张行使的相关权利。当然,在后被许可人可以凭借与著作权人订立的书面许可使用合同,向著作权人主张违约责任。

【示例】在先被许可人可依据合同向著作权人主张违约责任

X著有小说《兰陵缭乱》(以下简称涉案小说),后X与Y公司签订《作品改编权转让合同》(以下简称涉案合同),明确约定Y在合同期限内独家取得涉案小说的电视剧改编权及拍摄权,以及拍摄的电视剧及其相关作品的永久著作权(包括以VCD、DVD、数字电视、高清电视及网络电视等新媒体播放或传播该电视剧的权利),X在合同期限内不得再以涉案小说中的人物、情节等主要元素另行创作作品。之后,X又授权Z根据涉案小说改编拍摄网络电视剧。Y公司起诉到法院,认为X将涉案小说改编权和拍摄权授权给Z的行为对Y公司构成违约。一审、二审法院均认定,根据涉案合同约定的内容,可得知X将涉案小说的网络电视剧改编权、摄制权也授权给了Y公司,判决X承担违约责任,退还Y公司许可费100,000元、支付赔偿款200,000元以及赔偿经济损失1,000,000元。X不服,提起再审,法院认为二审法院根据双方合同,认定X将涉案小说的改编和拍摄成单元剧或连续剧在互联网播放的权利也独家授予了Y公司并无不当。

【分析】影视改编权的概念需要结合技术和实践发展做拓展理解

"视听作品"的概念于2021年实施的《著作权法》中首次出现,取代了之前"电影作品和以类似摄制电影的方法创作的作品"的表述。这一术语扩张了此类作品产生和呈现的方式,即不再限定视听作品的产生方式为"摄制",无论用何种方式制作,只要产生的一系列有伴音或者无伴音的连续动态画面具有独创性,固定在一定介质上并能借助适当装置复制、放映或再现传播,就属于受著作权法保护的视听作品。因此,根据文字作品进行视听演绎,即实务中的"影视改编",无论是拍摄常规的电影、电视剧,还是制作网络剧、动画片、短视频,都是一种特殊的改编创作,即以制作视听作品的方法将文字等其他类型的原创作品进行演绎、表演并固定在载体上,可以通过技术手段复制、播放或再现内容的行为。

显然,演绎作品的创作一方面首先需要获得原作品著作权人的许可,但另一方面合同具有相对性,著作权许可合同应当如何约定法律并不作强制性的明确规定。鉴于我国版权产业实践中著作权许可合同的签订和解释的具体情形非常复杂,各方对许可协议的履行难免发生争议。本案中,拍摄电视剧和拍摄网络电视剧在法律性质上并无区别,X实际上是先后将涉案小说的视听作品改编权分别授予了两个不同的主体;因根据合同约定在先被许可人获得的是独占性被许可权,著作权人事后再许可他人行使相同权利的行为无疑对在先被许可人构成违约。从实际效果来看,在后被许可人若拍摄网络剧并先在网上推出,必然减损在先被许可人的潜在利益,使其再拍摄制作同样内容的电视剧缺乏必要性。此案经一审、二审和再审,各级法院均认为根据双方合同的约定,著作权人构成了违约,应当承担违约责任。同时可以看到,本案的在先被许可人提出的是违约之诉,没有就两个重复许可中在后合同的有效性提出争议,这意味着其不再强求独占许可、放弃了影视改编权,实质上是绕过了“一女多嫁”问题转而主张违约赔偿,这也是在先被许可人的选择自由。

三十七、著作权许可合同约定不明时如何确定付酬标准？

【阐释】著作权使用费以约定为原则，以国家付酬标准为参考

一般来说，著作权使用费由双方当事人约定。根据《著作权法》第26条的规定，使用他人作品应当同著作权人订立许可使用合同，主要内容包括：(1)许可使用的权利种类；(2)许可使用的权利是专有使用权或者非专有使用权；(3)许可使用的地域范围、期间；(4)付酬标准和办法；(5)违约责任；(6)双方认为需要约定的其他内容。

在法定许可的例外情形下，因使用者无须事先与权利人达成协议，著作权使用费是按照国家主管部门发布的相关规定中的付酬标准支付的，如《教科书法定许可使用作品支付报酬办法》，这些法定许可使用的付酬标准也可作为当事人发生纠纷时约定不明且没有其他证据的情况的参考。《著作权法》第30条规定："使用作品的付酬标准可以由当事人约定，也可以按照国家著作权主管部门会同有关部门制定的付酬标准支付报酬。当事人约定不明确的，按照国家著作权主管部门会同有关部门制定的付酬标准支付报酬。"另外，虽然合同双方当事人在订立原始合同时并未明确约定应支付的报酬数额或者标准，但是《民法典》第510条对此有相应规定："合同生效后，当事人就质量、价款或者报酬、履行地点等内容没有约定或者约定不明确的，可以协议补充；不能达成补充协议的，按照合同相关条款或者交易习惯确定。"可见，签订著作权使用合同的双方还可以达成补充协议，或是从合同的其他条款以及长期合作伙伴之间的惯例确定稿酬标准，而不一定需要完全按照法定许可的付酬标准支付报酬。

【示例】约定按照国家规定的标准支付稿酬不属于无效条款

小明创作的网络小说《大学生宿舍趣事》获得了较高的点击率并被许多读

者收藏,甲出版社因偶然的机会了解到这部小说,便与小明签订了图书出版合同,该合同是由甲出版社提供的通用格式合同,在合同价款部分仅约定了按照国家规定的标准支付稿酬。随着该小说关注度的增加,乙出版社找到小明,称愿意以每千字500元的标准向小明支付报酬出版其小说。这时,小明想到应该与甲出版社明确具体的付酬标准,若乙出版社的出价更高,就与甲出版社解除合同,另行与乙出版社签订出版合同。然而甲出版社给出的答复是按照每千字100元的标准付酬,小明提出异议却协商未果,遂将甲出版社起诉至法院,认为双方签订的格式合同价格条款因排除了其主要权利而无效,请求法院判令甲出版社按照每千字500元的标准支付稿费。法院认为该条款不导致合同无效,但可在约定的标准幅度内依据作品的知名度,并结合其他人给出的市场价等因素合理确定。

【分析】约定"按照国家标准执行"的稿费可在规定幅度内按质论价

本案中,尽管甲出版社与小明签订的图书出版合同没有直接写明稿酬的数额或者计算标准,但是约定了按照国家标准执行。本案不属于《民法典》第497条规定的格式合同条款无效的三种情形,不能由此认为涉案出版合同排除了小明就作品使用获得报酬的权利因而导致该条款无效。合同里所称的国家标准,实际上是指《使用文字作品支付报酬办法》,该办法可以作为当事人确定具体付酬标准的参考,但不具有强制力,当事人也可以按照高于或低于该办法规定的标准约定著作权许可使用费。在小明要求甲出版社明确稿酬标准时,甲出版社作出的答复为"每千字100元",属于该办法规定的付酬标准范围之内;当然,小明有权对甲出版社的单方出价表示异议,若双方无法达成一致也可以请求法院确定合理的使用费率。但是,小明既然已经与甲出版社订立了图书出版合同,也不存在合同无效和法定解除的情形,应当履行合同义务,不可任意解除合同,否则需要承担相应的违约责任。鉴于小明向甲出版社提出明确具体付酬标准的要求,甲出版社未同意,实际上是双方对具体价款有争议;考虑到合同中所指的办法规定的原创作品基本稿酬标准是每千字80~300元,法院可以根据作品的质量、作品反映效果、作品发表的时间长短、预期可得经济利益和社会效益等因素和相关证据,在前述原创作品基本稿酬标准范围内酌定甲出版社应当支付的稿酬标准。

三十八、超许可范围制作、销售作品复制品是违约还是侵权？

【阐释】侵权与违约竞合时权利人有救济方式选择权

在民事法律关系中，违约行为有时也可能造成侵权的后果，发生责任竞合，即一个违反义务的行为产生两个以上的法律责任，例如，销售商提供缺陷产品，致买受人遭受人身或财产损害等。违约责任，是指当事人不履行合同义务或者履行合同义务不符合合同约定而依法应当承担的民事责任。不同于民事主体只要实施了侵权行为就应依法承担相应法律后果的侵权责任，违约责任一般由当事人在订立合同时事先约定；另外，违约责任主要是赔偿财产损失，而侵权责任还包括对人身伤害和精神损害的赔偿等。有的情况下，对违约责任与侵权责任进行选择，会导致与此相关的诉讼管辖的不同，还可能会直接影响当事人的利益。在责任竞合的情况下，受损害方有权选择要求对方承担违约责任，或者要求其承担侵权责任；也即，受损害方在有双重请求权时，拥有选择最有利于保护自己权益的方式要求对方承担责任的权利。这一保护受损害方的原理同样适用于知识产权领域。

著作权侵权行为的本质是窃取作者的创造性劳动成果，进而掠夺著作权人本应享有的商业利益。超过著作权许可使用合同约定的范围制作、销售作品复制件的行为可以被认为是违约行为，同时，该行为会导致市场上存在多余的可替代产品，使著作权人就同一作品利用方式的可预期利益减少，竞争优势被不当削弱，对此著作权人也可主张被许可人和转授权被许可人承担相应的侵权责任。当然，现实中也不排除这样的情况，即如果有证据表明自己销售的是发行权用尽的二手商品，则被告可以据此主张不侵权抗辩。出版者、制作者应当对其出版、制作有合法授权承担举证责任，发行者、出租者应当对其发行或者出租的复制品有合法来源承担举证责任，否则应依法承担法律责任。《著作权法》第 59 条规定，复制品的出版者、制作者不能证明其出版、制作有合法授权的，复制品的发行者或者视听作品、计算机软件、录音录像制品的复制品的出租者不能证明其发行、出租的复制品有合法来源的,应当承担法律责任。因此,在诉讼程序中,被诉侵权人可举证主张不侵权,或进行合法来源抗辩,或举证证明具有法律规定的可以不经权利人许可而使用的情形。

【示例】超许可范围销售作品复制件构成著作权侵权

叶某某自费独资主持和组织拍摄了昆曲艺术讲解纪录片《说戏》,后与X文化传播公司签订了出版协议,约定由该公司提供《说戏》光盘、图书的生产、出版和发行等服务工作,发行数量为1304套。X文化传播公司经叶某某同意,委托H音像出版社进行纪录片光盘及配套图书的生产和出版工作。2014年,叶某某与X文化传播公司已经完成项目财务决算,确认1304套作品已全部销售完毕并且无库存。之后,有读者在H音像出版社淘宝店又购得了一套光盘和简版图书《说戏》,叶某某经公证也通过相同途径购买到这一产品。2016年,叶某某起诉X文化传播公司、H音像出版社侵犯其复制发行权,获得法院支持。①

【分析】超合同约定范围复制发行的实质是未经许可的侵权行为

本案中,法院指出,叶某某与X文化传播公司之间就视听作品《说戏》形成了许可与被许可关系,而后者与H音像出版社之间是再许可或转授权关系。因此,H音像出版社对于《说戏》光盘和图书的出版发行等使用,应当以X文化传播公司从叶某某处获得的授权范围为限。根据叶某某与X文化传播公司双方订立的合同,这一授权范围是复制发行1304套纪录片光盘及配套图书,因此,在该项目实施完毕后,H音像出版社超出叶某某授权范围复制、发行涉案作品的行为构成侵权。而X文化传播公司作为转授权人,应当承担合理的提示和督促H音像出版社按约履行合同的义务,据此可以认定其存在主观过错,客观上其也参与了被控侵权产品的制作和基金申报等事项,二者应当承担共同侵权责任。

---

① 参见上海市普陀区人民法院民事判决书,(2016)沪0107民初17557号。

三十九、“一揽子许可”合同可以免除使用人的侵权责任吗？

【阐释】集体管理组织的“一揽子许可”不包括对非会员作品的授权

在著作权领域，使用人与集体管理组织签订使用作品或录音制品等受保护内容的“一揽子许可”合同是常见的做法。所谓“一揽子许可”，是指被许可人通过与著作权集体管理组织订立合同，约定其可以使用由该组织管理的所有相关作品，从而减少个别谈判的成本、提高许可效率。通过集体管理组织行使权利具有集约化、便利化等优点，很多权利人也乐于授权相应的集体管理组织代为行使相关权利。但是，著作权是民事权利，是否许可使用以及如何许可要遵循意思自治原则，除了合理使用的少数情形外，使用他人作品和录音制品的行为都必须获得许可，在法定许可情形下也必须向权利人支付报酬。如果使用的作品著作权人不是集体管理组织的会员，则该集体管理组织的“一揽子许可”不能消除被许可使用人的侵权隐患。我国《著作权法》第 8 条第 1 款规定：著作权人和与著作权有关的权利人可以授权著作权集体管理组织行使著作权或者与著作权有关的权利。依法设立的著作权集体管理组织是非营利法人，被授权后可以以自己的名义为著作权人和与著作权有关的权利人主张权利，并可以作为当事人进行涉及著作权或者与著作权有关的权利的诉讼、仲裁、调解活动。可见，著作权集体管理组织行使权利的依据，是权利人的授权；获得授权后，集体管理组织才可以以自己的名义开展许可他人使用、代为收费以及主张权利等活动。

具体来说，若著作权人没有加入著作权集体管理组织，则相应的集体管理组织管理的作品或录音制品中也就不包括这部分权利人的作品或录音制品。由于没有法律强制要求权利人必须通过集体管理组织行使自己的权利，未加入集体管理组织的权利人完全可以直接向未经许可的使用人追究侵权责任，使用人以自己已经与著作权集体管理组织签订了“一揽子许可”合同作为不侵权的抗辩,难以得到法律的支持。

【示例】著作权集体管理组织发放的“一揽子许可”仅针对会员的作品

星星文化传播公司通过受让,取得了数十首 MTV 作品的著作权。该公司发现提供卡拉 OK 服务的满天红 KTV 未经许可在经营场所播放其享有著作权的 MTV 作品,遂向法院起诉满天红 KTV 侵犯其放映权,请求法院判令满天红 KTV 承担停止侵权、赔偿损失的侵权责任。然而,被告满天红 KTV 辩称,其已经获得了音集协的“一揽子许可”,并按照规定支付了相应的使用费。星星文化传播公司指出,它从未加入音集协,音集协的“一揽子许可”协议不应包括自己享有著作权的数十首 MTV 作品;若被告需要使用这些作品,应当另行取得原告的许可并支付报酬,否则即构成侵权。法院判定满天红 KTV 构成侵权。

【分析】著作权集体管理组织不能代收非会员的作品使用费

目前,我国法律没有规定被许可人依据与著作权集体管理组织达成的协议,可以使用未与该组织订立集体管理协议的非会员权利人的作品或音像制品,因此,权利人依法可以对未经许可使用相关作品的人主张权利、要求支付相应的使用费。

本案中,满天红 KTV 从音集协处获得“一揽子许可”的作品曲目,并不包括星星文化传播公司享有著作权的 MTV 作品,其在经营场所播放这些 MTV 作品应当取得星星文化传播公司许可并支付使用费。实践中,为减少使用人分别获得授权的麻烦,提高集体管理的有效性,可以由著作权集体管理组织通过合同约定,向使用者承诺,如果遭受非会员权利人的起诉或被非会员权利人要求支付报酬,该集体管理组织将负责解决纠纷并补偿因此给使用者造成的损失。目前音著协已经采取了这样的做法。参照此经验,使用人在与相应著作权集体管理组织订立合同时,应当重点关注有关合同条款,消除被追究侵权责任的风险。

四十、网上“作者身份不明的作品”是否可以随便使用？

【阐释】网上“作者身份不明的作品”不能随意使用

我国著作权法领域中“作者身份不明的作品”，主要是指无法确定作者的遗失或被收藏的手稿、绘画、老照片等附着在有形载体上的作品；对此，一般由作品原件的持有人行使除署名权以外的著作权，作者身份确定后则由作者或者其继承人行使著作权。可见，由作品有形载体的持有人代为行使著作权有其物权基础。

在学界，有观点认为凡是作者身份不明的作品都可以称为“孤儿作品”，用此泛指通过正常途径无法得知或者确定作者身份的作品。但是，“孤儿作品”与长期以来在实践中已有共识的“作者身份不明的作品”由原件持有人代为行使权利的情形并不相同，因为在网络环境中，作品都是以数字化的无形形式存在的，并不存在有形原件和原件持有人。而且，虽然网上广泛传播的不少作品存在没有署名或者署假名的情况，但这些作品不一定都是“孤儿作品”。如果因不能确定或联系不上著作权人就任意拿过来使用，可能随时受到能证明权属的作者或权利人的侵权指控并承担相应责任。

【示例】学生为完成作业将网上的帖子改编制作为视听作品上传构成侵权

小明是某大学导演系在读学生，目前正在准备一门课程的期末作业，即拍摄一部反映当代年轻人在一线城市打工生活的情景短剧。正当小明苦思冥想不知道拍摄什么内容时，他无意间在某论坛上看到了署名为“侠客行”的网友发的帖子，该帖子记录了他和几个哥们儿在深圳创业的艰辛经历。于是，小明直接以该帖子为蓝本，创作了剧本并邀请同学和朋友参演，完成了时长约半个小时的短剧。由于小明的作业被评为优秀,他还将短剧上传至×视频平台,播放和评论数量不断攀升,获得了较高的评分。帖子的作者小山在网络上看到了小明改编和拍摄的短剧,遂以侵犯著作权为由将小明诉至法院。小明称拍摄是为了完成课程作业,属于合理使用,且小山在网上发帖用的是网名,自己也不知道怎么找到作者。法院未支持小明的抗辩,认为未经许可使用网上"作者身份不明的作品"同样构成侵权。

【分析】使用网上"作者身份不明的作品"要尽力寻找著作权人获得授权

本案中,论坛上的帖子虽然未署作者真名,但通过联系论坛经营者,可以查明该用户的实名注册信息,或是通过查询其 IP 地址对应的用户信息等其他途径,也可能了解到作者身份。如果嫌麻烦费事,也完全可以不用网上他人创作的现成作品,选择自己另行创作。然而,小明没有履行勤勉寻找权利人的义务,未经许可就改编了他人创作的文字作品。尽管其之前为了完成课程作业而改编拍摄他人作品,在注明来源的情况下属于合理使用,但后来小明将据此制作的短视频上传至互联网传播,已经构成侵权行为。

可见,网上作品的作者是否身份不明难以分辨,也难以区分原件和复制件,传统上取得作品原件持有人的许可并向其支付报酬的做法无法适用。目前,由于我国立法还没有建立由著作权集体管理组织代为行使"孤儿作品"著作权的制度,使用者应当尽力查找著作权人、取得许可并支付使用费,否则有可能陷入侵权诉讼中并承担侵权责任。

四十一、制造破坏权利人技术措施的工具侵权吗？

【阐释】制造破坏权利人合法技术措施的工具构成侵权

我国《著作权法》第49条规定："为保护著作权和与著作权有关的权利，权利人可以采取技术措施。未经权利人许可，任何组织或者个人不得故意避开或者破坏技术措施，不得以避开或者破坏技术措施为目的制造、进口或者向公众提供有关装置或者部件，不得故意为他人避开或者破坏技术措施提供技术服务。但是，法律、行政法规规定可以避开的情形除外。本法所称的技术措施，是指用于防止、限制未经权利人许可浏览、欣赏作品、表演、录音录像制品或者通过信息网络向公众提供作品、表演、录音录像制品的有效技术、装置或者部件。"可见，法律赋予权利人通过技术手段对作品进行事前预防性保护的权利，是因为在网络环境下，作品的复制和传播都极为便利，著作权侵权成本也大大降低，如果仅通过事后法律救济可能难以对著作权人提供有效的保护。同时，考虑到技术措施有可能被他人绕开或破坏，法律进一步明确了破坏技术措施的法律责任。

法律保护的技术措施，限于为保护著作权或相关权利而采取的合法有效的技术措施。其应当由权利人或相关利益主体使用、施加于相关权利客体之上。从保护权利的目标出发，技术措施可以分为两类：一是防止或限制他人对权利客体进行非法复制、发行的保护措施；二是防止或限制他人对权利客体进行浏览和欣赏的访问控制措施。此外，获得法律保护的技术措施还应当有效，即一般用户采取通常方法难以避开或者破坏。法律对技术措施的保护分为两个方面：一是禁止直接规避（破坏）的行为，即他人直接规避或者破坏权利人采取的技术措施，从而欣赏、浏览以及复制、传播作品等权利客体的行为；二是禁止提供规避手段（工具）的行为，包括以避开或者破坏技术措施为目的制造、进口或者向公众提供有关装置或者部件，或者故意为他人避开或者破坏技术措施提供技术服务。

【示例】制造破坏视频网站技术措施的互联网机顶盒构成侵权

A公司经营一家视频播放网站,其从著作权人处获得相关电影、电视剧的信息网络传播权独占许可,之后在互联网上向观众提供播放服务。观众可购买A公司网站会员而观看相关影片,或者观看广告后免费观看影片。同时,A公司在其网站上设置了禁止链接的技术保护措施,即其他网站不得通过深度链接等技术手段获取该网站影片资源。B公司研制了一款互联网机顶盒,并在电子商务平台上进行售卖。该机顶盒破坏了A公司的禁止链接的技术保护措施,通过深度链接的方式,用户可以直接在机顶盒网站首页搜索和免费观看A公司网站上播放的视频节目,同时不受A网站广告等限制。A公司主张B公司侵犯了其著作权,得到法院支持。①

【分析】制造、销售破坏技术措施的专用设备须承担直接侵权责任

本案中,法院认为,A公司网站的电影、电视剧资源是受著作权法保护的作品,A公司作为该作品信息网络传播权的独家许可人,为保护其著作权,通过片头广告以及禁止第三方网站深度链接的方式限制他人对其影片的观看,该技术措施应当属于受法律保护的访问控制措施。B公司在未经授权许可的情况下,制造机顶盒设备用于破坏A公司的禁止链接的技术保护措施并公开向用户提供,使用户可以在B公司网站上以深度链接的方式观看A公司的影片,其行为构成以破坏技术措施为目的制造和向公众提供有关装置的行为,违反《著作权法》第49条的规定,构成侵权。此外,虽然本案被告未受到查处,但根据《著作权法》第53条第6项的规定,未经著作权人或者与著作权有关的权利人许可,故意制造或者向他人提供主要用于避开、破坏技术措施的装置或者部件的,或者故意为他人避开或者破坏技术措施提供技术服务的,根据情况除了承担民事责任,还可能承担相应的行政、刑事责任。

---

① 参见深圳市中级人民法院民事判决书,(2015)深中法知民终字第1000号。

四十二、作品信息和版权声明可以随意删除吗？

【阐释】故意删除或者改变权利管理信息构成侵权

权利管理信息是指在作品或录音制品中添加的用于识别作品、作者、表演、表演者、录音制品、录制者等与权利人、权利状态等相关的信息，以及有关作品、表演或者录音制品的使用条款和条件的信息。简单来说，就是指与作品一起使用，用以识别特定作品、权利人身份和许可条件等内容的信息。典型的权利管理信息如国际标准书号（International Standard Book Number，ISBN）及其对应的条形码，电影片头的制片人、导演等信息，软件安装时的《最终用户许可协议》等。

在作品上添加权利管理信息是出版业的惯例，它可以有效地起到向公众告知的功能。到了网络时代，权利管理信息更为重要，因为作品或录制品在网上的无形传播极为便捷，很多权利的行使，或对著作权法保护对象的控制，需要借助权利管理信息来实现。权利管理信息一方面可以向公众表明作者或者其他权利人的身份、指明权利归属，另一方面还可标明权利人在作品传播过程中附带的许可条件，如自由软件常用的通用公共许可协议（GNU General Public License，简称 GPL 协议）、知识共享许可协议（Creative Commons License，简称 CC 协议）等。也就是说，使用人在看到该信息之后，可以按照权利人的意愿和表明的条件来使用作品，从而减少无意侵权的可能性。他人未经许可删除或者改变权利管理信息，会显著削弱著作权人对使用者的合理约束、侵害署名权等权利，还可能导致使用者无从知晓作品和相关权利人的身份，增加无意侵权的可能性。

我国《著作权法》第 51 条规定："未经权利人许可，不得进行下列行为：（一）故意删除或者改变作品、版式设计、表演、录音录像制品或者广播、电视上的权利管理信息，但由于技术上的原因无法避免的除外；（二）知道或者应当知道作品、版式设计、表演、录音录像制品或者广播、电视上的权利管理信息未经许可被删除或者改变,仍然向公众提供。"可见,法律禁止的侵害权利管理信息的行为包括两类:一是故意删除或者改变权利管理信息的行为,其保护的对象为作品、版式设计、表演、录音录像制品或广播、电视等邻接权客体上的有效权利管理信息,客观上要求他人采取了删除或者改变权利管理信息的行为;二是明知属于前述删除、改变权利管理信息的作品,但仍然向公众提供的行为。

【示例】提供他人的作品时不得任意删除权利管理信息

A公司创办了"外文图书数据库系统",主要业务是向国内高校图书馆提供外文学术著作目录检索以及提供部分电子图书的全文数据。在数据库创办早期,其向国外B公司引入了4000册电子书,但B公司提供的电子书质量较差,缺乏图书版权页、出版社和书号等信息。为了经营和管理的便利,A公司在提供B公司的电子书时不再添加这些信息,并以此作为外文图书数据库系统的标准格式,统一不提供外文书的版权页、出版社和书号等电子信息。此后,A公司又向国内C公司取得许可引进了1000册电子书,同样删除了图书版权页、出版社和书号等电子信息,通过网络向高校用户提供。C公司向执法部门举报,主张A公司的行为构成对其著作权的侵害,执法部门对A公司进行了查处。

【分析】未经许可删除权利人合法的权利管理信息应承担行政责任

本案例简化改编自2015年度全国打击侵权盗版十大案件之一的"A公司侵犯信息网络传播权案"。该案属于行政执法案件,执法机构认定A公司删除C公司权利管理信息的行为,构成对C公司的损害,应予以处罚。具体来说,C公司提供的电子书的版权页、出版社和书号等电子信息表明了作者身份以及相关出版信息,属于作品的权利管理信息,A公司为了管理上的便利,故意删除了相关权利管理信息,且不属于技术上不可避免的情形,违反了《著作权法》第51条从而构成对C公司合法权利的侵害。依据《信息网络传播权保护条例》第18条、《著作权法》(2010年修正)第48条的规定,北京市文化市场行政执法总队于2015年9月21日作出行政处罚,没收A公司违法所得人民币2.82万元,罚款人民币12.6万元。

四十三、什么情况下可以不给予权利人停止侵权的救济？

【阐释】在公益等例外情形下可以不停止侵权而以更高赔偿额填补权利人损失

根据《著作权法》第52条的规定，侵权行为人应当根据情况承担停止侵害、消除影响、赔礼道歉、赔偿损失等民事责任。在绝大多数情况下，著作权侵权行为最核心和常见的民事责任是停止侵权和赔偿损失。不过，我国《民法典》第7条规定："民事主体从事民事活动，应当遵循诚信原则，秉持诚实，恪守承诺。"第9条规定："民事主体从事民事活动，应当有利于节约资源、保护生态环境。"可见，从民法上的诚实信用原则和绿色原则出发，法院可以平衡当事人双方利益以及社会公共利益，在例外的必要情形下不判定停止侵权，而选择其他救济措施来充分填补权利人的损害，最常见的是提高损害赔偿额。著作权侵权案件中，在判定不停止侵权时，法院应责令侵权人对已发生的损害向原告支付足够的损害赔偿额，同时责令被告就不停止侵权未来可能对原告带来的损害，向原告支付合理的替代性赔偿金。

【示例】即将竣工的建筑判定停止侵权难以执行

A是一家建筑设计公司，其创作了"国际城"的建筑工程设计图，对该设计图享有著作权。B是一家建筑设计研究院，通过A的员工获得了该设计图，在接受某建设开发有限公司委托后，依据该设计图完成了"国际商贸城"建设项目施工图设计文件。在项目临近竣工验收之时，A发现了B的侵权行为，向法院起诉其构成著作权侵权，并要求停止侵害、赔偿损失。本案经一审、二审和再审，法院最终指出，停止侵权并非侵权人承担民事责任的必要形式，A要求追究刑事责任的诉求不属于原案件上诉请求范围，因此二审判定B赔偿35.2万元并无不当。[①]

【分析】承担停止侵权责任不符合民法一般原则的可采取替代性救济措施

本案中,A 是涉案建筑工程设计图的著作权人,B 未经许可依据该设计图进行建筑施工,构成了对 A 建筑作品的立体复制,侵犯了 A 的著作权。本案的特殊之处在于,整个涉嫌侵权的项目工程已经临近竣工验收,如果判令停止侵权,将导致涉案工程陷入无法验收使用的现实困境,致使建设单位和业主等相关利益方遭受难以弥补的损害。因此,需要考虑是否有必要判定停止侵权,以及如何对权利人 A 进行救济的问题。

首先,著作权本身是一项排他性权利,作为一般性原则,针对他人侵害著作权的行为,权利人可以请求制止侵权、弥补已经产生的损害,以及消除未来可能出现的损害。其次,在例外情形下,著作权的行使可能会涉及著作权人利益与第三方合法权益的平衡。本案中,虽然在建的"国际商贸城"项目侵犯到他人的著作权,但对该建筑工程业主以及建筑单位而言,并不知道该项目侵权,且都投入了大量的人力、财力、物力;如果严格按惯例判定停止侵权,则涉案工程必然无法竣工验收,可能导致建筑单位、业主巨大的损失,同时造成巨大的资源浪费。为了避免当事人双方的利益失衡,法院最终不判定停止侵权,而要求被告向原告支付额外的损害赔偿金作为补偿。

① 本案例根据最高人民法院(2015)民申字第 3574 号民事裁定书编写。

四十四、什么情况下权利人可以主张惩罚性赔偿？

【阐释】故意侵权情节严重的被侵权人可主张惩罚性赔偿

民事侵权损害赔偿的一般原则是填平原则，即侵权人支付的损害赔偿金额应足以弥补权利人受到的损害，但是，为了惩罚恶意侵权情形以及预防侵权发生，在知识产权领域立法上还规定了惩罚性赔偿制度。《民法典》第 1185 条规定："故意侵害他人知识产权，情节严重的，被侵权人有权请求相应的惩罚性赔偿。"2020 年修正后的《著作权法》第 54 条第 1 款进一步明确："对故意侵犯著作权或者与著作权有关的权利，情节严重的，可以在按照上述方法确定数额的一倍以上五倍以下给予赔偿。"由于惩罚性赔偿制度在一定程度上超过了填平原则，其在构成要件上相对一般著作权侵权行为更为严格，除了符合一般著作权侵权构成要件外，应仅限于"故意"侵犯著作权，且"情节严重"的情形。

最高人民法院《关于审理侵害知识产权民事案件适用惩罚性赔偿的解释》对于惩罚性赔偿的适用要件进一步作出了具体解释。首先，"故意"是指侵权人明知他人有权利存在，仍然不经许可使用其受保护客体的情形。由于"故意"是行为人的一种主观心态，难以认定，该司法解释第 3 条列举了认定主观故意的综合考量因素，即被侵害知识产权客体类型、权利状态和相关产品知名度、被告与原告或者利害关系人之间的关系等，具体如被告收到通知或警告后仍继续实施侵权行为，原告与被告存在业务往来或合同关系等。其次，关于"情节严重"的认定，该司法解释第 4 条规定，人民法院应当综合考虑侵权手段、次数，侵权行为的持续时间、地域范围、规模、后果，侵权人在诉讼中的行为等因素，具体包括被行政处罚或法院裁判承担责任后再次实施侵权行为，以侵权为业，伪造、隐匿、毁坏证据，拒不履行保全裁定，侵权获利或权利人受损巨大等。该司法解释第 6 条指出，人民法院依法确定惩罚性赔偿的倍数时，应当综合考虑被告主观过错程度、侵权行为的情节严重程度等因素。因此，如果结合事实证据认定侵权属于“故意”和“情节严重”的情形，人民法院即应以认定的赔偿数额为基数，综合各种考虑因素判定 1 ~5 倍的惩罚性赔偿。

【示例】离职员工故意和持续侵权导致原公司破产属于情节严重

A 是一家计算机软件开发公司，其历时 3 年先后投资 2000 万元开发了一款财务管理软件《财务通》。B 是 A 的员工，在软件内部测试运行期间，B 离开 A 成立了公司 C，并在 A 的《财务通》软件源代码基础上开发了另一款《财路通》软件，除用户界面有细微不同外，两款软件基本相同。C 抢在 A 之前将《财路通》软件上市，一经上市即在半年内售出 300 件，每件净利润为 10 万元，很快占据了大部分相关市场。此后 A 的《财务通》软件上市后销售困难，故 A 向法院起诉 B、C 侵犯其著作权。法院同时应 A 请求作出了行为保全裁定，要求 C 停止销售其软件产品，但判决作出之前，C 继续对外销售了 30 件。其后 A 由于无法及时回收投资，因债务纠纷大部分财产被法院查封而濒临破产。在诉讼过程中，A 增加了诉讼请求，要求 B、C 承担 5 倍的惩罚性赔偿。

【分析】惩罚性赔偿的适用标准为确定赔偿额后增加 1 ~5 倍

在本案中，A 对《财务通》软件享有著作权，B、C 开发的《财路通》软件按照“接触加实质性相似”规则构成侵权作品，其行为构成对 A 著作权的侵犯，故而应当向 A 承担停止侵权和损害赔偿的法律责任。由于 B、C 侵犯了 A 的著作权已确定，应当判决停止侵权；判断是否适用惩罚性赔偿，则主要看 B、C 是否“故意”侵权以及是否“情节严重”。

首先，B 曾经是 A 的员工，且其成立公司 C 制作的软件的源代码与 A 的基本一致，而该源代码一般属于商业秘密，是不可能从其他地方获得的，应当认定 B、C 存在侵权的故意；而且法院作出行为保全裁定要求其停止侵权后，B、C 拒不履行反而继续销售其软件，主观恶意明显。其次，C 销售了侵权产品 330 件，获利达 3300 万元，获利巨大，同时导致原告 A 因投入的 2000 万元资金无法收回而濒临破产，产生了巨大损失；参照最高人民法院《关于审理侵害知识产权民事案件适用惩罚性赔偿的解释》列举的情形，其应属“情节严重”。根据以上情况，法院可以综合考虑侵权人的过错程度、情节严重程度、关于赔偿数额的证据等，在 1 ~5 倍的范围内确定赔偿额，不一定必须是整数。实践中，目前法院对本案这类严重侵权情形，一般判定 1 ~3 倍的惩罚性赔偿。应当注意的是，根据

《著作权法》的规定,1～5 倍惩罚性赔偿的基数是人民法院按照《著作权法》第 54 条的规定计算出权利人损失或侵权人违法所得后的数额,该基数不包括原告为制止侵权所支付的法院应予以认定和支持的合理开支。

四十五、什么情况下权利人可以申请证据保全？

【阐释】在证据可能灭失或以后难以取得的情况下，可以申请证据保全

在知识产权侵权民事诉讼中，为了防止侵权人转移或者毁灭证据，在证据可能灭失或以后难以取得的情况下，权利人在起诉前或诉讼过程中常常申请法院调取、查封、扣押相关证据。对此，可适用《民事诉讼法》第 84 条的规定，即"在证据可能灭失或者以后难以取得的情况下，当事人可以在诉讼过程中向人民法院申请保全证据，人民法院也可以主动采取保全措施。因情况紧急，在证据可能灭失或者以后难以取得的情况下，利害关系人可以在提起诉讼或者申请仲裁前向证据所在地、被申请人住所地或者对案件有管辖权的人民法院申请保全证据。证据保全的其他程序，参照适用本法第九章保全的有关规定"。《著作权法》第 57 条也规定："为制止侵权行为，在证据可能灭失或者以后难以取得的情况下，著作权人或者与著作权有关的权利人可以在起诉前依法向人民法院申请保全证据。"

当事人申请证据保全可以在诉讼前提出，也可以在诉讼过程中提出。最高人民法院《关于民事诉讼证据的若干规定》（法释〔2019〕19 号）第 25 条第 2 款规定："当事人根据民事诉讼法第八十一条第一款的规定申请证据保全的，应当在举证期限届满前向人民法院提出。"在管辖方面，诉讼过程中向审理法院提出证据保全申请；如果是诉前请求证据保全，则权利人可以根据实际情况选择向证据所在地、被申请人住所地或者对案件有管辖权的法院提出。实践中，证据保全除可以由当事人主动提出外，法院也可以依职权主动作出证据保全裁定。知识产权案件中，法院是否采取证据保全，要看是否属于"证据可能灭失或者以后难以取得的情况"。根据最高人民法院《关于知识产权民事诉讼证据的若干规定》（法释〔2020〕12 号）第 11 条的规定，知识产权案件中对证据保全申请需要考量和审查的因素包括：（1）申请人是否已就其主张提供初步证据；（2）证据是

否可以由申请人自行收集;(3)证据灭失或者以后难以取得的可能性及其对证明待证事实的影响;(4)可能采取的保全措施对证据持有人的影响。

具体来说,在判断是否准予证据保全时,首先,法院需要考量的是被告或者被申请人构成侵权的可能性。例如,对于著作权,法院需要首先考虑原告或者申请人是否属于可以提起诉讼的权利人,其所主张保护的是否是具有独创性的作品,原告是否提供初步证据证明了被告有被诉侵权行为,该行为是否确实侵犯了原告的著作权。其次,法院会考虑原告申请保全的证据对于证明被告侵权事实的必要性,即原告在申请保全时,必须明确其要求保全的证据范围。所申请保全的证据是为证明被告侵权所必要的。再次,法院要考虑该证据如果不及时保全,此后将难以取得或者灭失的可能性,例如,该证据是否有可能被被告毁灭或者转移。最后,法院应考虑该证据是否可以由申请人自行收集,如原告本身可以通过购买公证服务、拍照录像等形式固定,则不必要通过法院进行证据保全。此外,还要考虑证据保全对被申请人的影响,因为证据保全可能对被申请人的正常生产经营产生损害,在法院未最终判定侵权成立的情况下,应当将该损害降到最低,即使采取证据保全,也应当以有效固定证据为限,尽量减少对保全标的物价值的损害和对证据持有人正常生产经营的影响。为了保障被申请人的利益,根据最高人民法院《关于民事诉讼证据的若干规定》第 26 条的规定,法院可以责令申请人提供相应的担保。

【示例】无法自主收集且证据可能灭失的符合申请证据保全的条件

雕刻师 A 创作了木雕作品《奔马》,该作品展出后,在业界受到极高赞誉并被相关媒体报道。A 在参加“北京红木家具展销会”时,发现某不知名家具制造商 B,在制造的大部分家具上都使用了 A 创作的《奔马》;除大小有不同外,与 A 的作品完全一致。A 因此拍照固定证据,但 B 的工作人员发现后进行阻拦,故 A 仅拍摄了少部分家具。事后,A 向法院提交了其作品归属的证据和拍摄的 B 涉嫌侵权的家具照片,申请对 B 进行证据保全。法院经审核认为符合证据保全要求,责令 A 提供了 15 万元担保,之后在 48 小时内作出了裁定,并立即开始执行,对被申请人 B 在家具展销会上展出的使用了 A 木雕作品的家具及相关宣传资料采取了证据保全措施。A 在法院采取证据保全措施后 30 日内对 B 提起了侵权诉讼。

【分析】私人取证或请律师、公证机构代为取证有困难的，有必要申请证据保全

在本案中,原告A已经提供了其对作品享有著作权以及B对其作品进行复制、展览、销售等侵权行为的初步证据,核查B所制造的家具产品使用原告作品的具体情况是证明侵权所必需的。但是,A试图自主收集证据时遭到B的工作人员的阻拦而无法进行,此后存在B转移或销毁证据的风险。因此,有必要尽快批准并执行A的证据保全申请。因证据保全可能会对B的正常展出、经营产生影响,具体措施应当以有效固定证据为限,尽量减少对保全标的物价值的损害和对证据持有人正常生产经营的影响。本案中,出于固定证据的目的,法院可选择对B利益影响最小的保全措施。例如,仅扣押部分有代表性的产品,其他的采取拍照、录像的形式。同时,若采取查封、扣押等限制保全标的物使用、流通等的措施可能对B造成损害,法院应当要求A提供相应金额的担保。

四十六、什么情况下权利人可以申请责令停止侵权的临时措施？

【阐释】停止侵权的临时禁令或行为保全是对权利人极为重要的救济措施

停止侵权是常见的民事责任类型，通常在纠纷解决程序即将结束时由相关机关根据事实和法律以决定书或判决书的形式作出。但是，由于知识产权客体均是无形信息，侵权信息极容易通过物质载体的处理消除或灭失，因此在有些情形下采取必要的临时救济措施对最终保障权利人的损失得以补救非常重要，这种诉讼程序之前或之中的临时禁令救济措施在民事诉讼法上称为行为保全。我国《民事诉讼法》第 103 条第 1 款规定："人民法院对于可能因当事人一方的行为或者其他原因，使判决难以执行或者造成当事人其他损害的案件，根据对方当事人的申请，可以裁定对其财产进行保全、责令其作出一定行为或者禁止其作出一定行为；当事人没有提出申请的，人民法院在必要时也可以裁定采取保全措施。"我国《著作权法》第 56 条也专门规定了著作权侵权案件中的行为保全制度："著作权人或者与著作权有关的权利人有证据证明他人正在实施或者即将实施侵犯其权利、妨碍其实现权利的行为，如不及时制止将会使其合法权益受到难以弥补的损害的，可以在起诉前依法向人民法院申请采取财产保全、责令作出一定行为或者禁止作出一定行为等措施。"

可见，申请停止侵权行为保全应当有证据证明行为人正在实施或者即将实施侵犯其权利、妨碍权利实现的行为，并且因情况紧急如果不立即采取措施，将会使申请人的著作权或有关权益受到难以弥补的损害。对于什么是"情况紧急"，根据最高人民法院《关于审查知识产权纠纷行为保全案件适用法律若干问题的规定》（法释〔2018〕21 号）第 6 条的规定，在著作权案件中主要包括申请人的发表权即将受到侵害，诉争权利即将被非法处分，时效性较强的热播节目正在或即将受到侵害，权利在展销会等时效性较强的场合正在或即将受到侵害等情形。而对于什么是“难以弥补的损害”，依据该司法解释第 10 条，在著作权案件中主要指被申请人的行为将侵害申请人发表权等人身权利且造成无法挽回的损害，被申请人的行为将导致侵权行为难以控制且显著增加申请人损害，被申请人的行为将导致申请人市场份额明显减少等情形。

行为保全应当向被申请人住所地或对案件有管辖权的法院提出。针对行为保全申请，法院是否准许应当综合考量相关因素，例如，请求是否具有事实基础和法律依据，包括请求保护的权利效力是否稳定，不采取行为保全措施是否会使申请人的合法权益受到难以弥补的损害或者造成案件裁决难以执行等损害，不采取行为保全措施对申请人造成的损害是否超过采取行为保全措施对被申请人造成的损害，采取行为保全措施是否损害社会公共利益等。根据最高人民法院《关于审查知识产权纠纷行为保全案件适用法律若干问题的规定》第 11 条、第 12 条的规定，著作权人或者与著作权有关的权利人提出申请，应提供担保，即提供与被申请人可能遭受损失数额相当的担保，法院在执行中还可根据情况责令申请人追加担保；同时，行为保全措施一般不因被申请人提供担保而解除，但是申请人同意的除外。

【示例】电视剧权利人发现视频分享网站上有侵权视频的可请求责令立刻停止侵权

A 经授权许可享有电视剧《玉楼春》的信息网络传播权，B 是知名视频分享平台运营方。A 主张 B 运营的网络平台存在大量涉案作品的侵权视频，并涉及会员专享和超前点播的内容，严重侵害了 A 的合法权益，故提出诉前禁令申请，请求法院裁定 B 删除侵权视频，并采取有效措施过滤拦截侵权视频。法院经审理认为，A 经著作权人授权享有涉案作品的信息网络传播权，权利基础稳定；B 运营的国内知名视频分享平台用户数量多，传播范围广，若不及时制止将导致 A 的市场交易机会丧失，给 A 造成流量降低、收入减少和竞争优势削弱等难以弥补的损害；保险公司为 A 的行为保全申请提供了 500 万元保函担保。故法院依法作出了行为保全裁定。①

① 参见山东省青岛市中级人民法院非诉保全审查裁定书，(2021)鲁 02 行保 1 号。

【分析】诉前行为保全是知识产权领域最重要的临时救济措施

行为保全这一救济措施对于知识产权人极为重要,由于著作权本身是一项典型的知识产权,行为保全作为诉讼程序中保护此类排他性权利最有效的方式,在著作权侵权民事纠纷中权利人经常采取申请诉前行为保全的方式进行救济。近年来,因法院在立案前即可依法颁发临时禁令,相关文书和案件进展通常显示为"非诉行为保全审查"。本案中,法院需要判定的关键问题是 A 的申请是否符合诉前行为保全的条件。对此,可综合考量以下因素:首先,原告 A 对涉案电视剧依法享有著作权,B 运营的网络平台有大量侵权视频供用户点击观看,侵犯了 A 独家享有的信息网络传播权。其次,涉案作品属于热播剧,能为申请人 A 带来较高的广告流量和会员、超前点播收入,B 运营的网络平台有大量用户上传涉案作品片段,虽 A 多次发出权利预警通知及投诉被诉侵权视频,但仍有用户上传,且多个用户多次重复上传被诉侵权视频。若不及时制止被诉侵权行为,将导致 A 的市场交易机会丧失,给 A 造成流量降低、收入减少和竞争优势削弱等后果,属于"情况紧急""如不及时制止将会使其合法权益受到难以弥补的损害"的情形。再次,采取行为保全措施不会造成 A 与 B 之间的利益失衡,也不会对社会公共利益造成损害。最后,A 提供了足够的担保。综合考量上述情形,法院裁定同意 A 的申请,责令 B 停止侵权,删除其运营的网络平台上的侵权视频,并立即采取有效措施过滤和拦截用户上传的侵权视频。

四十七、网络平台收到侵权通知后应当采取什么必要措施?

【阐释】知道侵权的网络平台不及时采取必要措施将承担帮助侵权责任

在互联网时代,为了平衡权利人与网络服务提供者的利益,法律上设置了“通知—删除”规则。也就是说,仅提供技术服务的网络服务商只要遵守“通知—删除”规则,对于其网站上发生的侵权行为就可不承担侵权责任,理论上称为进入“避风港”。“通知—删除”规则在我国最早于 2006 年由《信息网络传播权保护条例》确立,之后,2010 年实施的《侵权责任法》(已失效)、2019 年实施的《电子商务法》以及 2021 年实施的《民法典》先后将该规则纳入。这些立法均明确了以著作权侵权为典型代表的网络服务提供者在用户侵权中需要承担帮助侵权责任的判定原则或前提条件,即主观上具有“明知或者应知”的过错,收到侵权通知后未及时采取删除等必要措施。

最高人民法院在 2020 年修正的《关于审理侵害信息网络传播权民事纠纷案件适用法律若干问题的规定》第 7 条规定,“网络服务提供者在提供网络服务时教唆或者帮助网络用户实施侵害信息网络传播权行为的,人民法院应当判令其承担侵权责任”;“网络服务提供者明知或者应知网络用户利用网络服务侵害信息网络传播权,未采取删除、屏蔽、断开链接等必要措施,或者提供技术支持等帮助行为的,人民法院应当认定其构成帮助侵权行为”。可见,根据“通知—删除”规则,网络用户利用网络服务实施侵权行为的,权利人有权通知网络服务提供者;网络服务提供者在接到权利人的有效通知后,应当及时将该通知转送相关网络用户,并根据构成侵权的初步证据和服务类型采取必要措施;未及时采取必要措施的,将承担相应的帮助侵权责任。

另外,最高人民法院在《关于涉网络知识产权侵权纠纷几个法律适用问题的批复》(法释〔2020〕9 号)中指出,知识产权权利人主张其权利受到侵害并提出保全申请,要求网络服务提供者、电子商务平台经营者迅速采取删除、屏蔽、断开链接等下架措施的，人民法院应当依法审查并作出裁定。网络服务提供者、电子商务平台经营者收到知识产权权利人依法发出的通知后，应当及时将权利人的通知转送相关网络用户、平台内经营者，并根据构成侵权的初步证据和服务类型采取必要措施；未依法采取必要措施，权利人主张网络服务提供者、电子商务平台经营者对损害的扩大部分与网络用户、平台内经营者承担连带责任的，人民法院可以依法予以支持。可见，权利人可以依据《民事诉讼法》向法院申请行为保全，也可以直接向网络服务提供者、电子商务平台经营者发出通知，要求其依法采取必要措施。除《关于涉网络知识产权侵权纠纷几个法律适用问题的批复》外，最高人民法院也发布了《关于审理涉电子商务平台知识产权民事案件的指导意见》（法发〔2020〕32 号），这两个司法解释对网络平台的侵权责任判定及“通知—删除”规则适用中的相关问题作出了详尽的规定。

【示例】知道或应当知道侵权而未采取必要措施构成帮助侵权

A 公司是 K 软件的著作权人，该软件通过 A 公司官网发布，由用户下载客户端后购买各模块注册码进行使用。A 公司发现在 B 公司经营的博客网站上，某博客用户 C 2014 年 11 月 12 日在个人博客主页发布了介绍 K 软件及其破解版的文章，并附 K 软件的下载链接、破解方法、安装步骤、特别说明等文件；通过下载链接并按说明步骤运行，操作结果显示软件经破解后显示的多个界面内容与著作权人 A 公司的软件正常运行时显示的内容相同，且无须通过注册码注册即可使用。A 公司于 2015 年 6 月 9 日、2016 年 4 月 20 日依照 B 公司的平台投诉规则两次向 B 公司发送投诉邮件，告知管理员相关用户发布的文章侵害 A 公司的知识产权，要求予以删除，但 B 公司未予删除。A 公司遂以 B 公司经合理告知应当知晓其博客网站用户的侵权行为，仍拒绝删除涉案博客文章，侵害了 A 公司的计算机软件著作权，向法院提起诉讼。法院认为经权利人合理方式通知，网络服务提供者应知网络用户上述行为的存在，而未采取删除、屏蔽、断开链接等必要措施，构成帮助侵权，应承担相应责任。

【分析】网络服务商收到投诉“通知”后未采取必要措施须承担相应责任

《信息网络传播权保护条例》第 14 条规定，对提供信息存储空间或者提供搜索、链接服务的网络服务提供者，权利人认为其服务所涉及的作品侵犯自己的信息网络传播权的，可以向该网络服务提供者提交书面通知，要求网络服务提供者删除该作品,或者断开与该作品的链接。其中,“书面通知”是指被侵权人就他人利用网络服务商的服务实施侵权行为的事实向网络服务提供者发出采取必要技术措施的要求,以防止侵权损害进一步扩大的行为。这一“通知—删除”机制的基本要求是这些网络服务商应当建立合理有效的“通知”渠道,作为其提供单纯技术服务时免除帮助侵权责任的前提。

本案是由博客用户擅自发布正版软件、破解版软件及破解方法而引发的计算机软件著作权侵权纠纷。互联网为学习提供了多种路径,教育类软件为广大网民提供了便利。著作权人通过设置技术措施,对学习软件加密,以实现软件的经济价值,任何人不得予以破坏;如果网络用户利用网络服务商提供的平台破坏权利人技术措施实施侵权行为的,被侵权人依法有权通知网络服务提供者采取删除、屏蔽、断开链接等必要措施。本案中,C 故意避开或破坏 A 公司的计算机软件技术措施的行为构成对 A 公司的侵害;经 A 公司合理方式通知,B 公司应知 C 上述行为的存在,而 B 公司未采取删除、屏蔽、断开链接等必要措施,构成帮助侵权,需就 C 的持续侵权行为导致著作权人权益受损的扩大部分承担赔偿责任。据此,法院判决 B 公司赔偿 A 公司经济损失及维权费用共计 50,000 元。本案界定了网络用户传播破解版软件及说明这一行为的性质,进一步规范了网络服务提供者的责任,有利于营造风清气正、尊重知识产权的网络环境。

四十八、什么是打击侵权盗版的“剑网行动”？

【阐释】“剑网行动”是我国著作权领域联合执法专项行动

著作权法保护的客体是最典型的无形信息，复制、传播等由法律赋予权利人专有的权利随着技术的飞速发展日益变得难以控制。进入信息社会以来，网络环境下的著作权保护成为权利人反映最强烈、执法机关受理争议纠纷最多、国家加大知识产权保护力度最注重的领域。虽然著作权和邻接权是一种民事权利，侵犯民事权利应承担民事责任，严重的侵权应承担刑事责任，但从理论上讲，作品、录制品和广播电视的出版、发行和传播，涉及国家对文化市场秩序的管理和维系职责。因此，对一些比较严重的扰乱正常文化传播秩序、侵害社会公共利益的侵权行为，除判令侵权人承担民事责任外，也有必要由行政机关通过公权力手段进行干预和查处，也即由文化市场管理执法部门予以处罚。侵权人成为行政执法对象，这在学理上称为著作权侵权的行政责任。同时，如果发现侵权行为可能构成刑事犯罪，行政执法部门应当将案件移交司法机关，依法追究刑事责任。简单来说，我国在著作权执法方面实行司法和行政保护并行的机制，权利人在遭遇侵权时可得到多种救济，包括由司法部门进行的民事和刑事救济以及行政机关的行政救济。

“剑网行动”是由国家版权局、工业和信息化部、公安部、国家互联网信息办公室主导的版权领域联合执法行动，目的在于强化对简单易断的侵权盗版行为的打击，优化行政与司法程序的衔接。自 2005 年开始有关部门连续十多年开展对网络侵权盗版行为进行专项治理的“剑网行动”，先后针对网络文学、音乐、影视、游戏、动漫、软件、图片等重点领域和应用软件、网盘、电商平台、广告联盟、在线影院、短视频等新型网络应用开展分类治理，严厉打击各类网络侵权盗版行为，在网络空间版权治理方面取得了良好成效。

【示例】联合执法是发现和追究大规模制售盗版图书侵权行为的有效途径

2020 年 6 月 16 日 21 时许，佛山市公安局南海分局与佛山市文化广电新闻出版局联合执法，在佛山市南海区抓获犯罪嫌疑人 X，当场查获 X 存放的盗版出版物《某某特训》等 2355 本，扣押 X 的苹果手机 1 部；在平洲查获 X 存放的盗版出版物《某某中考试题研究》等 872 本，以上共有 3212 本书籍为未取得著作权人许可复制、发行的盗版图书。同日，民警在广州市番禺区某小学附近一奶茶店门口路段抓获犯罪嫌疑人 Y；民警对广州市番禺区某店铺进行搜查，扣押 Y 的移动硬盘 2 个、数据线 2 条、租金收据 2 张、OPPO 手机 1 部、台式电脑主机 1 台、粤 A×××××面包车 1 台；民警在 Y 等人租住的广州市番禺区某楼房搜查，扣押移动硬盘 1 个、银行卡 5 张、手表 1 只、账册 8 本、荣耀手机 1 部。同年 8 月 28 日 15 时许，A、B 到平洲派出所投案。案件经公安机关侦破移交后，由佛山市南海区人民检察院对 X、Y、A、B 提起公诉，指控其犯有侵犯著作权罪。一审法院认为，被告人 X、Y、A、B 以营利为目的，未经著作权人许可，复制发行著作权人的文字作品，情节特别严重，其行为均已构成侵犯著作权罪，并分别针对 X、Y、A、B 的不同犯罪情节判处相应刑罚。二审法院维持原判。①

【分析】联合执法有利于打击侵权行为的行政程序和刑事程序的衔接

著作权领域的侵权行为，除由权利人自主提起民事救济外，对于严重侵权行为，我国在执法保护上采取双轨制。在行政执法过程中，执法机关可以依照《著作权法》和《著作权法实施条例》的相关规定，给予责令停止侵权行为、罚款等行政处罚。同时，行政执法中也很容易发现犯罪线索，但长期以来因行政、司法程序衔接不畅，各管一头、以罚代刑的现象难以避免。为此，2006 年 3 月 26 日，公安部、国家版权局联合发布了《关于在打击侵犯著作权违法犯罪工作中加强衔接配合的暂行规定》；而且，自“剑网行动”开展以来，由于行政、刑事联合执法机制的运行，著作权领域的执法力度不断增强。

本案最初由版权行政执法部门与公安部门的联合行动发现，最终经公安机关侦破，由司法机关依法追究刑事责任。

---

① 参见佛山市中级人民法院刑事判决书，(2020) 粤 06 刑终 1175 号。

四十九、不服行政机关对著作权侵权行为的处罚怎么办?

【阐释】不服行政机关对著作权行为的处罚可以寻求司法救济

行政执法机关查处著作权侵权行为的前提是行为人实施了特定的著作权侵权行为,且该侵权行为同时损害了公共利益。对此,《著作权法》第52条规定的11种侵权行为仅可由权利人主张民事责任,并不在行政执法的范围内;而第53条规定的8种情形,当其损害公共利益时,除承担民事责任外还应当由主管著作权的部门进行查处并作出行政处罚,具体包括:(1)未经著作权人许可,复制、发行、表演、放映、广播、汇编、通过信息网络向公众传播其作品的,《著作权法》另有规定的除外;(2)出版他人享有专有出版权的图书的;(3)未经表演者许可,复制、发行录有其表演的录音录像制品,或者通过信息网络向公众传播其表演的,《著作权法》另有规定的除外;(4)未经录音录像制作者许可,复制、发行、通过信息网络向公众传播其制作的录音录像制品的,《著作权法》另有规定的除外;(5)未经许可,播放、复制或者通过信息网络向公众传播广播、电视的,《著作权法》另有规定的除外;(6)未经著作权人或者与著作权有关的权利人许可,故意避开或者破坏技术措施的,故意制造、进口或者向他人提供主要用于避开、破坏技术措施的装置或者部件的,或者故意为他人避开或者破坏技术措施提供技术服务的,法律、行政法规另有规定的除外;(7)未经著作权人或者与著作权有关的权利人许可,故意删除或者改变作品、版式设计、表演、录音录像制品或者广播、电视上的权利管理信息的,知道或者应当知道作品、版式设计、表演、录音录像制品或者广播、电视上的权利管理信息未经许可被删除或者改变,仍然向公众提供的,法律、行政法规另有规定的除外;(8)制作、出售假冒他人署名的作品的。

当然,是否对这些行为给予行政处罚,还要看其是否损害了公共利益,即是否扰乱了文化传播市场秩序。在实践中,对著作权侵权行为是否损害公共利益，执法机关的理解比较宽泛，例如，国家版权局在对浙江省版权局《关于在查处著作权侵权案件时如何理解适用“损害公共利益”问题的请示》的复函中指出：“就一般原则而言，向公众传播侵权作品，构成不正当竞争，损害经济秩序就是损害公共利益的具体表现。”其他典型的被视为损害公共利益的著作权侵权情形包括：向公众传播侵权作品数量较多，扰乱文化市场秩序、损害经济秩序、影响国家形象或损害公共安全，侵权人多次被起诉追究或查处仍然反复侵权，收到侵权警告后持续侵权，主观故意明显、手段恶劣、侵权范围大，传播违禁违规内容，以及专门以侵权为业的经营性侵权等。

针对应当承担行政责任的著作权侵权行为，国家著作权主管部门可以查处在全国有重大影响的侵权行为，以及认为应当由其查处的其他案件；地方著作权主管部门负责查处本辖区发生的违法行为。在查处过程中，根据《著作权法》第55条的规定，执法人员可以询问有关当事人，调查与涉嫌违法行为有关的情况；对当事人涉嫌违法行为的场所和物品实施现场检查；查阅、复制与涉嫌违法行为有关的合同、发票、账簿以及其他有关资料；对于涉嫌违法行为的场所和物品，可以查封或者扣押。针对上述侵犯著作权的行为，执法部门可选择五种处罚措施：(1)责令停止侵权；(2)予以警告；(3)没收违法所得；(4)没收、无害化销毁处理侵权复制品以及主要用于制作侵权复制品的材料、工具、设备等；(5)罚款，根据违法经营额的不同，5万元以上的可并处违法经营额1倍以上5倍以下罚款，没有违法经营额、违法经营额难以计算或者低于5万元的，可并处25万元以下的罚款。此外，如果发现侵权行为可能构成刑事犯罪，行政执法部门应当将案件移交司法机关，依法追究刑事责任。

【示例】对行政执法结果不服时可依法提起行政诉讼

A公司开发了《电影大全》手机应用程序，向用户提供100多部未经授权的影视作品的在线播放，并通过发布广告非法牟利。某市文化市场综合执法大队(以下简称执法大队)发现后对其作出行政处罚，责令其删除全部侵权视频，没收其违法所得2万元，罚款80万元。A公司不服，向法院提起行政诉讼。法院经审理对过重的处罚予以纠正。

【分析】法院对行政行为的审查范围及其法律依据

本案主要涉及执法大队是否可以对A公司的侵权行为进行行政处罚，以及具体处罚措施是否适当的问题。本案中，A 公司开发《电影大全》手机应用程序，未经著作权人许可通过信息网络向公众传播著作权人的作品。A 公司主要以侵权为业，主观恶意明显、侵权范围较大，一定程度上扰乱了市场经济秩序，应当认为其构成"损害公共利益"的情形，由主管著作权的部门进行查处和处罚。但是，由于本案 A 公司违法所得仅为 2 万元，不足 5 万元，根据《著作权法》第 53 条的规定，除要求停止侵权外，可并处 25 万元以下的罚款，本案行政机关——执法大队对 A 公司的罚款高达 80 万元，超出了法定范围，在行政诉讼中应予以纠正。

五十、构成侵犯著作权罪的条件是什么？

【阐释】我国法律对侵犯著作权相关犯罪进行了规定

虽然著作权是一项民事权利，但如果某些侵犯著作权的行为不仅侵犯了民事主体的权利，同时还扰乱了文化市场秩序、损害了社会公共利益，则有必要由公权力机关主动进行查处和处罚，为此我国《著作权法》第53条对严重的著作权侵权行为应承担刑事责任作了原则性规定。

我国《刑法》第217条规定了侵犯著作权罪："以营利为目的，有下列侵犯著作权或者与著作权有关的权利的情形之一，违法所得数额较大或者有其他严重情节的，处三年以下有期徒刑，并处或者单处罚金；违法所得数额巨大或者有其他特别严重情节的，处三年以上十年以下有期徒刑，并处罚金：（一）未经著作权人许可，复制发行、通过信息网络向公众传播其文字作品、音乐、美术、视听作品、计算机软件及其法律、行政法规规定的其他作品的；（二）出版他人享有专有出版权的图书的；（三）未经录音录像制作者许可，复制发行、通过信息网络向公众传播其制作的录音录像的；（四）未经表演者许可，复制发行录有其表演的录音录像制品，或者通过信息网络向公众传播其表演的；（五）制作、出售假冒他人署名的美术作品的；（六）未经著作权人或者与著作权有关的权利人许可，故意避开或者破坏权利人为其作品、录音录像制品等采取的保护著作权或者与著作权有关的权利的技术措施的。"第218条规定了销售侵权复制品罪："以营利为目的，销售明知是本法第二百一十七条规定的侵权复制品，违法所得数额巨大或者有其他严重情节的，处五年以下有期徒刑，并处或者单处罚金。"

结合现行《刑法》的相关规定，构成侵犯著作权罪，需符合两方面条件：

第一，行为人实施了侵犯了著作权的行为。首先，在主观方面，其要求行为人必须以营利为目的，即行为人旨在通过侵害著作权的行为来非法获利，其既包括制作、销售侵权复制品直接获利的情形，也包括虽然免费提供但通过刊登收费广告等方式间接收取费用的情形。这样，对于其他非营利目的，如有些教学科研单位复制他人作品供教学、科研之用，有些个人复制了录像制品是供个人观赏、学习、使用,没有将其作为商品进入流通领域的,则不属于以营利为目的,而不构成犯罪。其次,在客观方面,刑法主要处罚六类未经许可侵犯著作权和与著作权有关的权利的行为:(1)复制发行和通过信息网络传播各类作品;(2)出版他人享有专有出版权的图书;(3)复制发行和通过信息网络传播他人制作的录音录像制品;(4)复制发行录有表演者表演的录音录像制品;(5)制作、出售假冒他人署名的美术作品;(6)故意避开或者破坏技术措施。

第二,侵犯他人著作权的行为情节严重。可分为违法所得数额较大或有其他严重情节、违法所得数额巨大或有其他特别严重情节两种不同程度,对不同程度侵权刑法对其施以的处罚不同。关于违法所得数额的计算方式,最高人民法院、最高人民检察院《关于办理侵犯知识产权刑事案件具体应用法律若干问题的解释》第 12 条规定,"非法经营数额",是指行为人在实施侵犯知识产权行为过程中,制造、储存、运输、销售侵权产品的价值。已销售的侵权产品的价值,按照实际销售的价格计算。制造、储存、运输和未销售的侵权产品的价值,按照标价或者已经查清的侵权产品的实际销售平均价格计算。侵权产品没有标价或者无法查清其实际销售价格的,按照被侵权产品的市场中间价格计算。多次实施侵犯知识产权行为,未经行政处理或者刑事处罚的,非法经营数额、违法所得数额或者销售金额累计计算。据此,对于违法所得数额较大或者有其他严重情节的犯罪,处 3 年以下有期徒刑或者拘役,并处或者单处罚金;违法所得数额在 3 万元以上的,属于"违法所得数额较大","其他严重情节"包括:(1)非法经营数额在 5 万元以上的;(2)传播他人作品的数量合计在 500 件(部)以上的;(3)传播他人作品的实际被点击数达到 5 万次以上的;(4)以会员制方式传播他人作品,注册会员达到 1000 人以上的;(5)数额或者数量虽未达到第 1 ~ 4 项规定标准,但分别达到其中两项以上标准一半以上的;(6)其他严重情节的情形。对于违法所得数额巨大或者有其他特别严重情节的犯罪,处 3 年以上 7 年以下有期徒刑,并处罚金;违法所得数额在 15 万元以上的,属于"违法所得数额巨大",构成前述 1 ~ 5 项规定标准 5 倍以上的,属于"其他特别严重情节"。

另外,对于构成《刑法》第 218 条销售侵权复制品罪的,则要求:(1)行为人主观上以营利为目的,明知相关产品系侵权复制品而销售,如果其并不知相关产品为侵权复制品,或者并非以营利为目的则不构成犯罪;(2)行为人在客观上实施了销售《刑法》第 217 条规定的侵权复制品的行为;(3)侵权人违法所得数额巨大,违法所得在 10 万元以上的,即认为属于"违法所得数额巨大"。如果行为人既违反《刑法》第 217 条又销售该条所说的侵权复制品,则按照《刑法》第 217 条定罪处罚;如果行为人既违反《刑法》第 217 条侵犯著作权罪,又同时销售明知是他人的侵权复制品构成犯罪的,应当进行数罪并罚。

【示例】以网络会员制形式为掩盖的侵犯著作权犯罪应受追诉

A公司创办了一家名为“影音天堂”的网站,其通过该网站向其用户提供大量未经授权的电影、音乐、游戏、软件等盗版资源。用户每年缴纳500元会员费,就可以免费在该网站下载相关资源。该网站自2019年创办至今,累计拥有注册会员2000人,向其用户提供电影1.67万部、音乐1.63万首、游戏4700款、软件9900款,累计点击量超过13亿次。某市主管著作权的部门接到权利人举报投诉,并对其查处之后,发现情节严重,将案件移送公安机关侦查,后检察院以A公司构成侵犯著作权罪向人民法院提起公诉。经审理,A公司及其主要人员被法院判处相应的刑罚。

【分析】营利性网上侵权后果严重,依法追究刑事责任是趋势

本案中,A公司未经许可在网站上免费提供他人的电影、音乐、软件等作品,在客观上实施了未经著作权人许可,复制发行、通过信息网络向公众传播其音乐、电影、计算机软件的行为;在主观上,其通过收取会员费的方式来进行营利,属于“以营利为目的”;其违法所得为100万元,传播他人作品超过4.5万部(首/款),累计点击量超过13亿次,属于“违法所得数额巨大”和具有“其他特别严重情节”,构成了应受到《刑法》制裁的侵犯著作权罪。

在量刑过程中,由于本案实施的主体为单位——A公司,根据《刑法》关于单位犯罪的规定,法院最终对A公司判处罚金81万元,对其直接负责的主管人员和其他直接责任人员判处有期徒刑。

第二篇
注册商标权的取得和保护

一、不注册直接使用的商标也能获得商标法保护吗?

【阐释】不注册实际使用的商标获得保护需要各种证据,注册取得商标专用权并投入使用性价比更高

商标是商品或服务的生产者、经营者、提供者在其商品或服务上使用的,具有显著特征、便于识别商品或服务来源的标记。法律之所以保护商标,是因为某一商品或服务的提供者通过对商品质量的改善,在相关公众间实现了对商品质量和声誉的期待,这一期待即对经营者商誉的信赖。商誉对经营者来说意味着可以在市场竞争中占有一席之地,因此具有财产价值。为了维持及扩大商誉,经营者就有了诚信经营和保持、提高商品质量的激励。如果允许他人未经许可使用该商标,相关公众可能会因混淆而误购,从而直接导致原经营者的损失。特别是在他人提供的商品质量低劣的情况下,还会伤害原经营者积蓄的商誉。如果不对这种行为予以制止和处罚,将使得商标区别商品来源的功能无法发挥,进而损害通过商标凝结商誉的激励机制。

商标作为商业活动中用来指示来源的特定信息,具有识别功能、品质保证功能、宣传功能,因此,从广义上说,凡是用于商业活动中的有这些功能的商业标识都可以称为商标,如字号或商号、知名商品名称或外观装潢、地理标志、特殊标志等。不过,广义上的商业标识仅凭使用难以认定权利的主体、客体和范围,不利于积极行使使用权和有效禁止他人使用,也不易被消费者识别,不便于执法者对其管理和保护,因此,商业标识符合法律规定的条件的,经营者应尽量将其注册为商标,取得专用权。

自愿注册原则是商标权取得方面的国际惯例,是指商标使用人是否申请商标注册取决于自己的意愿。商标权是一种知识产权,依据民法基本原理,商标使用人是否要取得、以何种方式取得和行使抑或放弃这种权利,都是其民事权利,他人无权干涉。依自愿注册原则,商标无论注册与否均可使用。但是,注册

商标和未注册商标在法律上的地位不相同,注册商标所有人享有商标专用权,受到全面而严格的法律保护;未注册商标则需要结合使用事实和知名度等证据判断是否受专用权保护以及保护到什么程度。在实践中,商标使用人为了及时宣传,在试产、试销、试运行和短期经营的商品或服务上以及自产自销的小商品上,可以不经注册而直接使用商标。不过,要长期稳定地经营,需要使用商标创立品牌、占领市场、维护声誉,以及防止竞争对手抢先注册的,则应及时将使用的商标进行注册。

尽管我国采取了自愿注册的原则,但是相比于未注册商标的保护程度,注册取得商标专用权是性价比更高的商标保护方式。具体来说,注册获得商标专用权的注册制比具有不确定性的使用制更具有制度优势:一是在权利成立上有客观性,即通过商标局这一行政机关实现对注册行为的公示公告,并有全国性效力;二是在权利归属关系上有客观性,即单一主体享有专用权,可以避免使用主义下判断权利归属的难题;三是在权利获得要件上有客观性,即符合显著性条件就可以获得注册。比较而言,在具体制度设计上,与通过注册获得全国统一效力的注册商标制度不同,未注册商标的保护范围是通过其使用所产生的商誉效力范围而设定的。我国商标法对未注册的驰名商标的保护,一直存在的主要困难就是很难证明其在全国范围内的知名度。因此,从简化法律关系和获得有力保护的角度出发,经营者事先或尽早注册商标专用权是更好的选择。

二、可以申请注册为商标的元素要符合什么条件?

【阐释】任何有显著特征或识别性的合法元素均可作为商标进行注册和使用

商标俗称“牌子”,是生产经营者在其商品或服务上注册和使用的,由文字、图形、字母、数字、三维标志、颜色组合和声音等具有显著特征、便于识别商品和服务的来源的标志。

我国《商标法》第 8 条规定,任何能够将自然人、法人或者其他组织的商品与他人的商品区别开的标志,包括文字、图形、字母、数字、三维标志、颜色组合和声音等,以及上述要素的组合,均可以作为商标申请注册。可见,商标的构成要素主要包括八种,即文字、图形、字母、数字、三维标志、颜色组合、声音以及以上要素的组合。需要注意的是,在列举的上述要素之外,条文中使用了“等”字,在具体解释“等”字的含义时采取了开放性的观点,也就是说即使并不属于列举的要素,如果满足显著性这一商标得以获得授权的一般性要件的话,并不会因为不属于法律列举的构成要素而被排除在保护范围之外。

根据《商标法》第 9 条的规定,申请注册的商标,应当有显著特征,便于识别,并不得与他人在先取得的合法权利相冲突。根据《商标法》第 11 条的规定,通用名称、描述性的元素,除非经过使用取得显著特征,并便于识别,否则一般不得注册为商标。

【示例】著名社交软件运行过程中的声音可以注册为商标

某公司开发了名为“QQ”的聊天软件,在运行过程中,新消息传来时软件会播放提示音“嘀嘀嘀嘀嘀嘀”,该公司申请注册该声音用在第 38 类“提供互联网聊天室、信息传送”等服务上,被商标局认为该声音较为简单、具有描述性从而拒绝注册。该公司认为该声音商标与注册的服务类别所表现的内容之间没有内在的联系,既不具有功能性也不具有描述性,并且该声音为六声敲击音响,不冗长也不简单,特点鲜明、简短突出,具有声音商标应有的显著性。同时,QQ软件是中国市场用户数最多的即时通信工具,用户数量庞大,该声音自该公司的 QQ 软件 1999 年 2 月上线至今持续使用多年,经过长期、广泛的使用,已经成为相关公众识别服务来源的标志,用户听到该声音后就知道是 QQ 软件的消息提示音,具有极高的知名度及显著性。该公司请求法院撤销被诉决定,并责令重新作出审查决定。该诉求获得了法院支持,这意味着"嘀嘀嘀嘀嘀嘀"的声音可以注册为商标,获得专用权。①

【分析】声音商标获得注册的条件是具有显著性

对于声音商标是否具有显著性的判断,除应遵循对传统商标是否具有显著性的基本判断原理、标准与规则,即考虑指定使用的商品或服务、相关公众的认知习惯及指定使用商品或服务所属行业的实际情况等因素外,还应结合声音商标声音的时长及其构成元素的复杂性等因素,综合考察其整体在听觉感知上是否属于具有识别作用的特定节奏、旋律、音效,从而对其是否可以起到区分商品或服务来源的作用作出判断。

根据本案判决,要考察某声音商标是否属于"较为简单"的情形,不能仅考虑其构成元素单一、整体持续的时间较短等因素,而应当综合考察该商标整体在听觉感知上是否具有可起到识别作用的特定的节奏、旋律、音效。本案声音商标虽然仅由同一声音元素"嘀"音构成且整体持续时间较短,但其包含六声"嘀"音,每个"嘀"音音调较高,各"嘀"音之间的间隔时间短且呈连续状态,使得商标整体在听觉感知上形成比较明快、连续、短促的效果,具有特定的节奏、音效,且并非生活中所常见,因此,其不属于声音整体较为简单的情形。

一般情况下,声音商标需经长期使用才能取得显著特征。经过审查该公司提交的证据可以认定,该商标已经进行了长期、大量的使用,在即时通信领域建立了较高的知名度,识别性进一步增强,且与 QQ 软件、该公司之间已经建立了稳定的对应关系,在申请时指定使用的"信息传送"服务项目上起到了商标应有的识别服务来源的功能。

---

① 参见北京市高级人民法院行政判决书,(2018)京行终字第 3673 号。

三、怎么知道自己应该申请注册什么样的商标？

【阐释】申请人可以依据经营需要选择注册商品商标、服务商标、集体商标或证明商标

我国《商标法》将注册商标分为商品商标、服务商标、集体商标与证明商标四类。其中商品商标中的“商品”是指作为交易对象的在市场中流通的有体动产；有偿性、流通性和有体动产作为“商品”的构成要件。作为在市场交易中流通的动产，商品一般会经历由生产制造商到批发商到零售商再到终端消费者的过程。当然流通性并不是指商品必须经历上述流通的全过程，完全可能存在由生产制造商直接销售给终端消费者的情况。流通性主要是指商品物理意义上的流转。这样就从理论上排除了不动产作为商品的可能性。尽管土地或建筑物上的权利可以流转，但是土地或建筑物本身在物理意义上是不会移动的。也正因如此，商品房的销售行为一般被纳入“服务”的类别。服务商标是在 1993 年《商标法》修改中正式引入的。在《类似商品和服务区分表》中从第 35 类到第 45 类为服务商标的类别，涵盖了广告、商业经营、保险、金融事务、房屋建筑、电信、运输、材料处理、教育、计算机硬件与软件的设计与开发、提供食物和饮料服务、临时住宿、医疗服务、法律服务等主要类别。集体商标是指以团体、协会或者其他组织的名义注册，供该组织成员在商业活动中使用，以表明使用者在该组织中的成员资格的标识，典型的如“烟台苹果”“库尔勒香梨”等。证明商标是指由对某种商品或服务具有监督能力的组织所申请注册，由该组织以外的主体使用于该商品或服务之上，用以证明该商品或服务的特定品质等的标识，典型的如“绿色食品”、国际羊毛局的“纯羊毛”标志等。

【示例】“百果园”卖水果与卖“百果园”的水果不构成类似商品和服务

原告A公司拥有在第31类“鲜水果、新鲜蔬菜、甘蔗”等商品上的“百果园”注册商标，基于此商标原告对B公司等被告提起侵权诉讼，主张被告在鲜水果上使用了与其注册商标“百果园”相似的百果园等标识构成商标侵权。B公司主张其拥有在第35类“替他人推销”服务上的“百果园”注册商标，其是提供水果零售服务的连锁企业，而非水果生产企业，其在经营过程中使用“百果园”等标识是对其商标及字号的正当使用，不会与原告注册商标造成混淆，不构成商标侵权。对此法院认定零售、推销服务应当归为第35类“替他人推销”，该类别与被推销的商品本身所处类别分别构成一条产业链的前端及后端，分工不同，在商标使用人的经营范围未有实际交叉以及在各自经营范围均持有注册商标的情况下，不构成类似商品和服务。①

【分析】除药店外，其他商场不能注册零售服务商标，但可以获得一定程度的保护

从事零售服务活动的主体，如果需要使用商标，可以针对其具体销售的每一种商品，在相应的商品类别上申请注册商标，但实务中并不承认零售商场在服务类别上的注册。在实践中有主体尝试在第35类中的“推销（替他人）”上注册商标来实现对零售活动的保护。但是原国家工商管理总局商标局《关于国际分类第35类是否包括商场、超市服务问题的批复》（商标申字〔2004〕第171号）中就指出：商场、超市属于销售商品的企业，其主要活动是批发、零售。《商标注册用商品和服务国际分类》第35类的注释明确说明，该类别服务的主要目的在于“对商业企业的经营或管理进行帮助”，或者“对工商企业的业务活动或者商业职能的管理进行帮助”，且“尤其不包括：其主要职能是销售商品的企业，即商业企业的活动”。因此，《商标注册用商品和服务国际分类》第35类的服务项目不包括“商品的批发、零售”，商场、超市的服务不属于该类的内容。该类“推销（替他人）”服务的内容是：为他人销售商品（服务）提供建议、策划、宣传、咨询等服务。对于零售服务，现阶段我国开放了药店零售服务的注册，在2013年《商标注册用商品和服务国际分类》（第10版）第35类中增加了“药用、

① 参见福建省高级人民法院民事判决书，（2019）闽民终1274号。

兽医用、卫生用制剂和医疗用品的零售或批发服务”项目,使药店从事的批发零售活动可以注册为服务商标。

本案中B公司使用涉案商标的行为均表明其水果零售经营者的身份,直接面向消费者提供水果零售服务,即以“百果园”的身份卖水果。A公司作为水果生产的源头企业仅是生产标注为“百果园”的水果,两者所处地位构成一条产业链的前端及后端,分工不同,两者在各自经营范围均持有注册商标的情况下,不应认定两个使用类别构成类似商品和服务。

四、谁可以作为商标申请人申请商标注册？

【阐释】在生产经营活动中使用商标的市场主体都可以申请商标注册

我国《商标法》第4条第1款规定，自然人、法人或者其他组织在生产经营活动中，对其商品或者服务需要取得商标专用权的，应当向商标局申请商标注册。同时《商标法》第17条规定，外国人或者外国企业在中国申请商标注册的，应当按其所属国和中华人民共和国签订的协议或者共同参加的国际条约办理，或者按对等原则办理。这里所说的国际条约主要是包括《巴黎公约》《与贸易有关的知识产权协议》在内的对于商标进行保护的国际公约，依据上述公约的要求外国人或外国企业在中国申请商标注册享受国民待遇等原则。《商标法》第18条第2款也规定了外国人或者外国企业在中国申请商标注册和办理其他商标事宜的，应当委托依法设立的商标代理机构办理。此规定中所指的“外国人或者外国企业”是在中国没有经常居所或者营业场所的外国人或者外国企业。对于这类主体强制要求其委托依法设立的商标代理机构办理商标申请事宜。

【示例】商标代理人可申请注册的商标应仅限于代理服务

梁某为个体工商户，是芜湖市某电子商务事务所的经营者，其成立事务所时的营业执照显示的经营范围包括“商标代理服务”项目，后来在换发营业执照时经营范围栏目中删除了“商标代理服务”相关项目。梁某申请注册了商标代理服务之外的一系列商标被驳回，其提出复审，认为自己最初并未实际从事相关商标代理服务，后来不再经营该服务，因此申请的一系列商标应获准初步审定。商标评审委员会（以下简称商评委）做出裁决维持商标局的驳回决定。此案经一审、二审和再审法院审理，均认为在诉争商标申请注册时，梁某所经营的芜湖市某电子商务事务所的经营范围包括商标代理服务，属于2013年《商标法》所称的商标代理机构；故其在第33类白酒等商品上申请诉争商标的行为，违反了2013年《商标法》第19条第4款的规定。[1]

【分析】商标代理人不得申请注册代理服务之外的商标

我国《商标法》第19条第4款规定，商标代理机构除对其代理服务申请商标注册外，不得申请注册其他商标。该条款的立法目的是防止商标代理机构利用自身便利进行恶意抢注和商标囤积。鉴于违反该规定属于禁止注册的绝对事由，商标局可在初步审查时对违反该规定的商标注册申请予以驳回。

本案中法院认为，对于商标申请注册主体是否为商标代理机构的审查，应以商标注册申请日为准，商标代理机构在申请注册非代理服务商标后对其营业范围的变更，并不能改变商标代理机构注册非代理服务商标扰乱商标注册秩序的行为性质，故梁某虽然后来在营业范围中取消了"商标代理服务"，但不能改变商标申请注册时该个体工商户属于商标代理机构的事实。诉争商标指定使用的酒类商品显然不属于《商标法》第19条第4款所规定的"代理服务"。最终最高人民法院指出，一审、二审判决认定诉争商标在上述商品类别上的注册违反了《商标法》第19条第4款的规定，并无不当。

---

① 参见最高人民法院行政裁定书，(2020)最高法行申14080号。

五、不打算实际商业使用，可以注册大量商标兜售获利吗？

【阐释】我国商标法严厉打击不以使用为目的的恶意商标注册申请行为

多年来，我国商标注册申请量不断攀升。在目前申请注册和获准注册的商标中，有相当一部分是从来没有实际使用过，甚至不打算实际使用的，而其中不乏恶意抢注的现象。为了应对这一日益严重的商标制度异化现象，2019 年《商标法》修改时在第 4 条中新增了“不以使用为目的的恶意商标注册申请，应当予以驳回”的规定；同时，针对商标代理机构，将第 19 条第 3 款修改为：“商标代理机构知道或者应当知道委托人申请注册的商标属于本法第四条、第十五条和第三十二条规定情形的，不得接受其委托。”另外，在第 33 条中将第 4 条纳入异议事由，在第 44 条第 1 款中将第 4 条纳入绝对无效事由。

立法中增加对不以使用为目的的恶意商标注册申请行为的规制，是为了坚决打击囤积商标的注册申请行为，增强注册申请人的使用义务，有效规范商标申请注册秩序，使商标申请注册回归以使用为目的的制度本源。实践中争议的焦点在于，究竟何种情况构成“不以使用为目的的恶意商标注册申请”行为。对此，国家市场监督管理总局 2019 年颁布施行的《规范商标申请注册行为若干规定》（国家市场监督管理总局令第 17 号）第 8 条罗列了商标注册部门在判断商标注册申请是否属于不以使用为目的的恶意商标注册申请时可以综合考虑的因素，具体包括：（1）申请人或者与其存在关联关系的自然人、法人、其他组织申请注册商标数量、指定使用的类别、商标交易情况等；（2）申请人所在行业、经营状况等；（3）申请人被已生效的行政决定或者裁定、司法判决认定曾从事商标恶意注册行为、侵犯他人注册商标专用权行为的情况；（4）申请注册的商标与他人有一定知名度的商标相同或者近似的情况；（5）申请注册的商标与知名人物姓名、企业字号、企业名称简称或者其他商业标识等相同或者近似的情况；（6）商标注册部门认为应当考虑的其他因素。

【示例】申请数量巨大且合理性难以解释属于恶意申请行为

某公司自2017年起在第14、29、30、32、36类等30多个类别上累计提交商标注册申请800多件,其中仅2019年12月就申请了100多件商标。经查,该公司为自然人独资的有限责任公司,成立于2017年,注册资本100万元但未公示实缴资本,经营范围为太阳能热水器产品咨询、旅游咨询、企业形象策划咨询等。该申请人在30多个类别上共提交800多件商标注册申请,其中还包含了与其营业范围行业跨度较大的类别,如第30类食品,以及有较强行业属性及资质要求的特殊类别,如第36类金融服务等,远超出其经营范围,不符合商业惯例。申请人在已拥有数百件注册商标的情况下,又于2019年12月集中提交了100余件商标注册申请,其提交的商标注册申请数量巨大且合理性难以解释,明显超出正常经营活动需求,缺乏真实使用意图。据此,商标局可认定该公司的行为构成不以使用为目的的恶意商标注册申请,适用《商标法》第4条对其商标注册申请予以驳回。①

【分析】“不以使用为目的的恶意”应结合整体情况综合判定

从示例可见,“不以使用为目的的恶意商标注册申请”,主要是指申请人并非基于生产经营活动的需要,而提交大量商标注册申请,缺乏真实使用意图,不正当占用商标资源,扰乱商标注册秩序的行为。判断是否构成“不以使用为目的的恶意”,应综合考虑申请人所在行业的特点、经营范围、经营资质等基本情况,申请人提交的商标注册申请的数量、类别跨度和时间跨度等整体情况,申请人提交的商标注册申请标志的具体构成、商标实际使用情况,以及申请人在先是否存在商标恶意注册及侵犯不特定主体注册商标专用权等多方面因素,综合判断其申请是否明显不符合商业惯例、明显超出正当经营需要和实际经营能力以及明显具有牟取不正当利益和扰乱正常商标注册秩序的意图。

---

① 本示例源于国家知识产权局《商标审查审理指南》(2021版)第二章“不以使用为目的的恶意商标注册申请的审查审理”的第6节“典型案例”,其中第6.1项关于商标注册申请数量巨大、明显超出正常经营活动需求、缺乏真实使用意图、扰乱商标注册秩序的案例一。

六、商标权人行使注册商标权一定会获得法院支持吗?

【阐释】商标权人违反诚实信用原则、滥用权利的维权行为不会得到法院的支持

诚实信用原则是在2013年《商标法》修改时在第7条新增的,主要目的是矫正非正常申请注册和滥诉现象,强调在申请注册和使用商标过程中不得违反诚实信用原则。对此,根据《规范商标申请注册行为若干规定》第3条的规定,在申请环节违反诚实信用原则的行为主要包括:(1)属于《商标法》第4条规定,不以使用为目的恶意申请商标注册的;(2)属于《商标法》第13条规定,复制、摹仿或者翻译他人驰名商标的;(3)属于《商标法》第15条规定,代理人、代表人未经授权申请注册被代理人或者被代表人商标的;基于合同、业务往来关系或者其他关系明知他人在先使用的商标存在而申请注册该商标的;(4)属于《商标法》第32条规定,损害他人现有的在先权利或者以不正当手段抢先注册他人已经使用并有一定影响的商标的;(5)以欺骗或者其他不正当手段申请商标注册的;(6)其他违反诚实信用原则,违背公序良俗,或者有其他不良影响的。在权利行使环节,诚实信用原则往往体现为禁用效力,即限制注册人及其授权人不当行使权利和以维权牟利,例如,对恶意获得商标注册而主张维权的,被控侵权人可适用权利滥用抗辩,主张其违反《商标法》第7条的规定。

【示例】恶意抢注他人在先驰名商标的,其违反诚实信用原则的诉讼请求不予支持

歌力思公司是"歌力思"注册商标的商标权人,该商标核定使用于第25类的服装等商品之上,核准注册于1999年12月;另外,歌力思公司还是"ELLASSAY"这一注册商标的商标权人,该商标核定使用商品为第18类的钱

包、手提包等。王某于2011年6月申请注册了“歌力思”商标,该商标核定使用商品为第18类的钱包、手提包等。2011年9月起,王某在各地的“ELLASSAY”专柜,通过公证程序购买了带有“歌力思”字样吊牌的皮包,后对歌力思公司提起“歌力思”商标侵权诉讼。该案经法院一审、二审,均判决歌力思公司构成侵权;最高人民法院通过提审再审,最终作出(2014)民提字第24号判决,撤销一审、二审判决,明确当事人王某违反诚实信用原则,损害他人合法权益,扰乱市场正当竞争秩序,恶意取得、行使商标权并主张他人侵权,构成权利滥用,驳回王某的全部诉讼请求。①

【分析】以非善意取得注册的商标起诉在先权利人属于权利滥用

本案中,首先,歌力思公司拥有合法的在先权利基础。其次,歌力思公司的使用行为系基于合法的权利基础,使用方式和行为性质均具有正当性。最后,王某取得和行使“歌力思”商标权的行为难谓正当。“歌力思”本身为无固有含义的臆造词,具有较强的固有显著性,依常理判断,在完全没有接触或知悉的情况下,因巧合而出现雷同注册的可能性较低。作为地域接近、经营范围关联程度较高的商品经营者,王某对“歌力思”字号及商标完全不了解的可能性较低。在上述情形之下,王某仍在手提包、钱包等商品上申请注册“歌力思”商标,其行为难谓正当。王某以非善意取得的商标权对歌力思公司的正当使用行为提起的侵权之诉,构成权利滥用。

① 参见最高人民法院指导案例82号。

七、哪些元素不得作为商标注册和使用?

【阐释】作为商标申请注册和使用的标识应当具有合法性

作为商标注册和使用的“禁用条款”,我国《商标法》第 10 条列举了禁止作为商标申请注册和使用的内容,这些内容也是驳回申请、异议与无效的绝对事由,其违法性是无法通过使用进行弥补的,甚至使用上述标识的行为本身也会受到《商标法》及其他法律法规的严厉处罚。例如,司法实践中对于带有“国”字的标识一般均认为构成品质误认而拒绝注册,理由是“国”字具有特殊的含义,与其他文字组合,容易让人联想到国家设立或授权,或者国家级、举国最好、顶尖等含义,在当前的市场环境下,容易使相关公众对商品或者服务的质量、功能、作用等特点产生错误的认识,从而误导和欺骗消费者;同时与“国”字的组合根据汉语认读习惯即构成相关公众误认为商品已经被有关国家机关予以认证、专门用于宴请外国来访的国家元首或政府首脑等情形,如“国酒”“国药”“国宾”“国宴”等,这些标识均属于具有欺骗性的标识,除了禁止用于商标,在用作广告宣传时也会受到相应处罚。

我国《商标法》第 10 条第 1 款列举的禁止作为商标使用的标志主要包括:(1)同中华人民共和国的国家名称、国旗、国徽、国歌、军旗、军徽、军歌、勋章等相同或者近似的,以及同中央国家机关的名称、标志、所在地特定地点的名称或者标志性建筑物的名称、图形相同的;(2)同外国的国家名称、国旗、国徽、军旗等相同或者近似的,但经该国政府同意的除外;(3)同政府间国际组织的名称、旗帜、徽记等相同或者近似的,但经该组织同意或者不易误导公众的除外;(4)与表明实施控制、予以保证的官方标志、检验印记相同或者近似的,但经授权的除外;(5)同“红十字”“红新月”的名称、标志相同或者近似的;(6)带有民族歧视性的;(7)带有欺骗性,容易使公众对商品的质量等特点或者产地产生误认的;(8)有害于社会主义道德风尚或者有其他不良影响的。此外,《商标法》第 10 条第 2 款指出,县级以上行政区划的地名或者公众知晓的外国地名,不得作为商标。但是,地名具有其他含义或者作为集体商标、证明商标组成部分的除外;已经注册的使用地名的商标继续有效。

【示例一】"中国劲酒"与我国国家名称不构成相同或者近似,可以获得注册

2005年10月20日,A公司申请在第33类果酒(含酒精)、开胃酒、蒸馏饮料、葡萄酒、酒(饮料)、米酒、含酒精液体、酒精饮料(啤酒除外)、黄酒、食用酒精等商品上注册"中国劲酒"商标。2008年11月24日,在《关于第4953206号"中国劲酒"商标驳回复审决定书》中,商评委认为,申请商标中的"中国"为我国国家名称,属于《商标法》第10条第1款第1项明确规定的不得作为商标使用的标志,依法应予驳回,A公司关于在其较有知名度的商标中加入"中国"就可当然获准注册的主张缺乏法律依据。该案最终经最高人民法院提审,认为虽然"中国劲酒"商标整体不与我国国名相同或近似,但若具有不利影响,也可以按照《商标法》相关规定认定为不得使用和注册的商标。①

【分析】同中华人民共和国的国家名称相同或者近似应整体进行判断

本案中,最高人民法院认为,《商标法》第10条第1款第1项规定所称的同中华人民共和国国家名称相同或者近似,是指该标志作为整体同我国国家名称相同或者近似。如果该标志含有与我国国家名称相同或者近似的文字,且其与其他要素相结合,作为一个整体已不再与我国国家名称构成相同或者近似的,则不宜将其认定为同中华人民共和国国家名称相同或者近似的标志。本案中,申请商标可清晰识别为"中国""劲""酒"三部分,虽然其中含有我国国家名称"中国",但其整体上并未与我国国家名称相同或者近似,因此申请商标并不构成同中华人民共和国国家名称相同或者近似的标志,商评委相关认定不妥,予以纠正。

但是,国家名称是国家的象征,如果允许随意将其作为商标的组成要素予以注册并作商业使用,将导致国家名称的滥用,损害国家尊严,也可能对社会公共利益和公共秩序产生其他消极、负面影响。因此,对于上述含有与我国国家名称相同或者近似的文字的标志,虽然对其注册申请不宜根据《商标法》第10条第1款第1项进行审查,但并不意味着属于可以注册使用的商标,而仍应当

① 参见最高人民法院行政判决书,(2010)行提字第4号。

根据《商标法》的其他相关规定予以审查。例如，此类标志若具有不良影响，仍可以按照《商标法》的相关规定认定为不得使用和注册的商标。

【示例二】不能简单地将英文“JORDAN”判定为约旦的国家名称

2009年10月13日，耐克公司向商标局申请注册“JORDAN及图”商标，指定使用商品为第28类篮球、球类专用袋等。2010年10月12日，商标局作出《商标驳回通知书》，决定：驳回申请商标的注册申请。2010年10月28日，耐克公司提出商标复审申请。复审决定：申请商标予以驳回。耐克公司不服该决定，依法提起行政诉讼。北京市第一中级人民法院认为：申请商标中英文部分“JORDAN”为外国国名，中文可译为“约旦”，属于不得作为商标使用的情形，复审决定认定正确。此案最终经最高人民法院再审，认为“JORDAN”与约旦的英文国家名称有不同，判定是否与外国国家名称相同，要看相关公众的一般认知。①

【分析】与外国国家名称相同或近似应以相关公众的认知为标准整体判断

法院认为，《商标法》第10条第1款第2项规定的主要目的，在于尊重外国的国家主权，并避免相关公众误认为有关商品或者服务源于外国，或者与外国有特定联系；在认定申请商标是否符合上述法律规定时，应当以相关公众作为判断主体，将申请商标标识整体与外国的国家名称进行比较，相关公众基于其知识水平和认知能力，认定申请商标整体上与外国的国家名称不相同也不近似的，应当认定申请商标未违反《商标法》第10条第1款第2项的规定。

从本案中申请的商标来看，该组合商标由上方的类似“大”字的图形和下方的“JORDAN”文字共同组成，其中文字部分“JORDAN”除构成约旦（全称为约旦哈希姆王国）英文国家名称“The Hashemite Kingdom of Jordan”的重要组成部分外，还具有人名、地名等其他含义。而且，申请商标的文字部分与图形部分紧密结合，整体上与单纯的“JORDAN”文字形成了一定的差异。由于地理差距、语言差异等因素，我国境内的相关公众对“JORDAN”为约旦的英文名称重要组成部分的了解程度相对有限，相关公众基于其知识水平和认知能力，一般

---

① 参见最高人民法院行政裁定书，（2015）知行字第80号。

不会将申请商标中的“JORDAN”与约旦这一国家联系在一起,更不会认为申请商标整体上与约旦的国家名称相同或者近似。

【示例三】格调不高的缩略语被认定为有其他不良影响

涉案商标“MLGB”由A公司申请注册。商评委认为,涉案商标的字母组合在网络社交平台上广泛使用,含义消极、格调不高,用作商标有害于社会主义道德风尚,易产生不良影响。A公司虽称涉案商标指称“My life is getting better”,但并未提交证据证明该含义已为社会公众熟知,相反社会公众更易将“MLGB”认知为不文明用语,因此该商标申请注册应予以驳回。A公司不服,诉至北京知识产权法院。一审经审理认为,商评委作出的无效宣告裁定认定正确,应予维持。A公司不服,上诉至北京市高级人民法院。二审经审理认为,虽然“MLGB”字母并非固定的外文词汇,但是结合当事人提交的相关网页截图,考虑到我国网络用户数量规模之大、网络与社会公众生活密切相关等因素,在网络环境中已经存在特定群体对“MLGB”指代为具有不良影响含义的情形下,应认定“MLGB”商标本身存在含义消极、格调不高的情形。①

【分析】有害于社会主义道德风尚或者有其他不良影响的不得作为商标使用

对商标标志或者其构成要素是否属于《商标法》第10条第1款第8项指称的有“其他不良影响”,应当从以下四个方面进行综合判断:(1)判断主体应当为“社会公众”。(2)判断时间一般应当以诉争商标申请注册时的事实状态为准。(3)对含义的判断一般应当根据其“固有含义”,以我国公众通常认知为标准;固有含义可以以辞典、工具书等正式官方出版物或者能够为公众广泛接触的具有“公信力”的信息载体等确定的内容为准,但是若我国公众基于生活常识已经对相关内容形成普遍认知,亦可以经过充分说明予以确定。(4)是否具有“其他不良影响”一般应当由主张有“其他不良影响”的当事人承担举证证明责任。

本案中,争议商标由字母“MLGB”构成,虽然该字母并非固定的外文词汇,但考虑到我国网络用户数量规模之大、网络与社会公众生活密切相关等因素,

---

① 参见北京市高级人民法院行政判决书,(2018)京行终137号。

在网络环境下已经存在特定群体对“MLGB”指代为具有不良影响含义的情形下，为了积极净化网络环境、引导青年一代树立积极向上的价值观，制止以打“擦边球”方式迎合“三俗”行为，发挥司法对主流文化意识传承和价值观引导的职责作用，应认定争议商标本身存在含义消极、格调不高的情形。

【示例四】“哈尔滨小麦王”本身获得了显著性可以注册使用

“哈尔滨小麦王”商标由A公司于2013年4月18日提出注册申请，指定使用在第32类啤酒、姜汁啤酒、麦芽啤酒、制啤酒用麦芽汁、制啤酒用蛇麻子汁、麦芽汁(发酵后成啤酒)商品上。2014年2月10日，商标局发出《商标驳回通知书》，驳回了诉争商标的注册申请。理由是诉争商标中的“哈尔滨”为县级以上行政区划名称，且诉争商标并未形成其他强于地名的含义，已构成《商标法》第10条第2款规定之情形，不得作为商标使用。此案经一审、二审和再审，最高人民法院指出，如果诉争商标是由地名与其他构成要素组成，不能当然地以其中包含地名为由，直接援引《商标法》第10条第2款之规定予以驳回，而仍需判断诉争商标是否已经在整体上形成了区别于地名的含义。①

【分析】含地名商标可以获得注册的条件是整体具有显著性

商标法禁止将一定范围内的地名作为商标注册与使用的主要理由在于：一是防止商标权人不正当地垄断公共资源。地名作为指代特定地理区域的一种符号表达形式，如若为个人所独占，势必影响社会公众使用地名的表达自由。二是防止商标权人通过占用地名误导公众。地名还可能直接指代出产特定品质商品的产区，如商标权人提供的产品并非来源该特定产区，社会公众可能基于对商品品质、商品来源的错误认识，而产生误认误购的结果。三是维护商标的显著特征。地名对地理区域具有指代作用，如果商标标志从整体上即可无歧义地指向地名，显然不能发挥识别商品和服务来源的作用，除非符合法律另有规定的情形，否则不应作为商标核准注册。但是，如果商标是由地名和其他要素组合而成，且可以从整体上实现与地名的区分，即不应被认定为违反了《商标法》第10条第2款的规定。这是因为该商标已经通过增加其他构成要素等方式，保持了与地名之间的必要距离，相关公众在看到该商标时，不再因此而产生

---

① 参见最高人民法院行政判决书，(2020)最高法行再370号。

地理位置上的联想，也不会影响其他社会公众使用地名的表达自由，进而避免了商标申请人借助商标申请和注册行为不正当地挤占公共资源的可能性。

本案中，诉争商标由中文文字“哈尔滨小麦王”构成，其中包含县级以上行政区划名称“哈尔滨”，因此需从商标整体考察其是否区别于地名。A 公司在第 32 类啤酒等商品上注册了多件“哈尔滨”或包含“哈尔滨”字样的商标，“哈尔滨”系列啤酒产品经过长期、大量的使用和持续、广泛的宣传，已经具有了较高的市场知名度，相关公众在看到“哈尔滨”商标时，可以将相关产品与 A 公司建立起较为稳定的产源联系。另外，根据原料、口感的差异，将使用同一商标的啤酒进一步细分为不同的产品类型，属于啤酒生产行业的常见做法。因此，整体而言，“哈尔滨小麦王”易被相关公众识别为“哈尔滨”啤酒的系列产品之一，具有区别于“哈尔滨”地名的其他含义，可以发挥识别商品来源的作用。

八、商品形状可以作为三维立体商标申请注册吗？

【阐释】仅表示商品自身性质产生的立体三维形状不得注册

我国《商标法》第12条规定，以三维标志申请注册商标的，仅由商品自身的性质产生的形状、为获得技术效果而需有的商品形状或者使商品具有实质性价值的形状，不得注册。三维标志即立体标志，《商标法》这一关于申请注册立体商标不应当具有功能性的规定，没有明确给出例外条件，例如，经过使用，能够使相关公众将该标志与其使用人联系起来具有“显著特征”而可以作为商标注册。按照文义解释，立体商标具有功能性的形状，即使获得显著性也不能获得注册。这是因为，非功能性条款是为了维护商标法上的公有领域，禁止将那些能够促进技术进步的形状通过注册商标的形式获得永久的“垄断权”，阻碍技术的发展和公众对技术的利用。在制度供给方面，具有功能性的形状可以通过申请并获得实用新型专利权的方式来获取鼓励技术创新的“对价”，但是在专利权到期之后就应当允许公众自由地使用，如果再允许将该功能性形状注册为商标，则意味着保护期理论上可以无限延长，将阻碍公众自由利用该技术。因此，将功能性形状注册为商标的垄断需求不应对抗促进技术发展的公共政策需求，即使该形状经过使用获得显著特征，也不允许将其作为商标注册。

【示例】ZIPPO打火机的形状具有功能性不得注册为立体商标

A公司于2001年12月5日申请注册一个三维标志立体商标，指定使用商品为第34类的吸烟用打火机。该商标申请在初审公告后，B公司、烟具协会在法定期限内向商标局提出了异议申请。商标局裁定认为，被异议商标用在指定使用的“吸烟用打火机”商品上仅表示商品自身性质产生的形状，被异议商标不予核准注册。A公司不服，提出其所有的与被异议商标相同、近似的商标在其他国家和地区已经获得注册、保护，这些均说明被异议商标并非“仅表示商品自身性质产生的形状”，也不是为获得技术效果而需有的形状或使商品具有实用性价值的形状，并认为市场中如果存在替代性设计，就不会造成特定形状的垄断。一审和二审法院均认为，该商标构成2001年《商标法》第12条所指不得注册的情形。①

【分析】立体商标应具有非功能性的规定是对专利和商标进行的划界

本案中被异议的立体商标为一个打火机的外观形状（见图1），类似长方形，前后两面及底面为平面，边角略圆，顶部微拱，整体分为上下两部分，两部分在侧面由突出的外铰链连接。方形打火机是便携式打火机通常会选择的一种形状，上下两部分中通常下部用来承装燃油，上部包括点火装置。由此可以认定，为了保证上部点火装置的安全附加上盖是通常的设计，而上盖与下部通过外铰链连接不仅是通常的连接方式，而且外铰链的形式也保证了下部部件在使用上的稳定性以及上下开合的方便性；方形打火机四周的圆角设计不仅可以防止刮擦，在握持时还令人感觉舒适；顶部微拱的设计一方面对应内部点火装置的突起，另一方面也比较美观。

图1　被异议之立体商标

法院认为，从整体上看，被异议商标所示形状的各个关键特征均属于为获得技术效果所必须具有的形状，具有功能性。当同行业的其他竞争者需要生产一款便携、方便握持、不易刮擦的打火机时，也就不可避免地会使用被异议商标的关键特征，此时如果允许被异议商标注册，将导致同行业其他竞争者的重大不利益，而A公司的这一竞争优势并非源于其商誉，而是因为被异议商标的这种功能性设计。

① 参见北京市高级人民法院行政判决书，（2015）高行（知）终字第4355号。

九、臆造的词汇是否天然具有显著性？

【阐释】申请注册的商标应当具有固有显著性或者获得显著性，臆造的词汇一般具有固有显著性

商标的主要功能在于识别商品或者服务的来源。要实现该功能，申请注册的商标必须具有显著特征，即相关公众会将其视为商标，并以其识别商品或者服务的来源。显著特征又称显著性或识别性，依据我国《商标法》第 11 条的规定，仅有本商品的通用名称、图形、型号，仅直接表示商品的质量、主要原料、功能、用途、重量、数量及其他特点，或其他缺乏显著特征的标志不得作为商标注册。不过，该条同时指出，这类标志经过使用取得显著特征，并便于识别的，可以作为商标注册。不具有固有显著性，但经过使用产生了第二含义的商标，可以获得显著性。值得注意的是，商标的固有显著性也可能经过使用而丧失，因此某一标识是否具有显著性是需要结合事实判定的问题。

例如，A 公司于 2007 年 2 月 14 日提出“蓝牙”商标的注册申请，指定使用在国际分类第 42 类“计算机编程以及与数据、声音、影像及照明的录制、传送及复制有关的计算机硬件及软件咨询”等服务上。最高人民法院在（2016）最高法行申 2159 号裁定中指出，虽然“蓝牙”最初是作为“bluetooth”的中文翻译为中国消费者所认识，“bluetooth”亦作为在先商标在中国核准注册，但相关证据表明，由于 A 公司及其他电子通信领域的公司长期将“蓝牙”作为“一种近距离无线通信技术”使用在音箱、耳机、打印机、手机、鼠标等产品上，并开展相关标准化活动。蓝牙技术、蓝牙产品已迅速普及并被广大消费者接受，相关公众普遍认为蓝牙是一种能在移动电话、无线耳机、笔记本电脑、相关外设等众多设备之间进行无线信息交换的短距离无线通信技术，蓝牙产品就是包含短距离无线通信技术的产品。因此，“蓝牙”注册使用在“计算机编程以及与数据、声音、影像及照明的录制、传送及复制有关的计算机硬件及软件咨询”等服务上，直接表示了指定服务的技术特点，缺乏商标应有的显著特征，属于《商标法》第 11 条第 1 款第 2 项所指情形。

【示例】添加特定图形色彩要素的描述性文字具有显著性

2004 年 2 月 12 日，B 公司在第 35 类推销（替他人）、进出口代理等服务项目上注册“BEST BUY 及图”商标。申请商标由英文单词“BEST”、“BUY”以及一方框图形构成，其中两个英文单词上下排列，方框图形的底色为灰色（见图 2）。

2006 年 2 月 28 日，商标局认为该商标中的文字中文含义是“最好或最佳的购买”，作为商标使用在指定的服务上，仅仅直接描述了服务的品质和特点，难以起到识别服务来源的作用，决定驳回注册申请。经最高人民法院再审，判定该文字、图形和颜色组合成的商标在整体上具有显著性，可以获得注册。①

图 2　申请之商标

【分析】商标是否具有显著性应以整体判定为原则

法院认为，在审理商标授权确权行政案件时，应当根据诉争商标指定使用商品的相关公众的通常认识，从整体上对商标是否具有显著特征进行审查判断；标志中含有的描述性要素不影响商标整体上具有显著特征，相关公众能够以其识别商品来源的，应当认定其具有显著特征。可见，商标行政管理部门对是否予以核准注册的判定标准也应当与此一致。本案中，申请商标由英文单词“BEST”、“BUY”以及黄色的标签方框构成，虽然其中的“BEST”和“BUY”对于指定使用的服务具有一定描述性、表示了服务的特点，但是文字加上标签图形和鲜艳的黄色，使其在整体上具有显著特征，便于识别。同时，根据查明的事实，申请注册的商标在国际上有较高知名度（申请者为 B 公司），且在我国已经实际使用并具有了一定的知名度。综合上述因素，申请商标能够起到识别服务来源的功能，相关公众能够以其识别服务来源。

① 参见最高人民法院行政判决书，（2011）行提字第 9 号。

十、发现他人未经同意将自己的姓名、肖像或作品注册成了商标，该怎么办？

【阐释】商标注册申请中应贯彻保护在先权利的原则，对侵犯在先权利注册的商标，可以申请商标无效程序

申请注册的商标除应当有显著特征、便于识别外，还应遵守保护在先权利原则，这也是商标法中诚实信用原则的具体化要求。除《商标法》第 9 条规定的不得与他人在先取得的合法权利相冲突的原则性规定外，体现在先权利保护的条款主要包括：第 13 条规定的驰名商标、第 15 条规定的被代理人或被代表人的商标或存在其他关系的使用在先的商标、第 16 条规定的地理标志、第 30 条规定的在先业已注册或初步审定的商标、第 31 条规定的在先申请或同日申请在先使用的商标、第 32 条前段规定的在先权利以及第 32 条后段规定的已经使用并有一定影响的商标。简单来说，保护在先权利和禁止抢注是同一问题的两个方面。

我国《商标法》中这些涉及在先权利保护的条款一般称为不得注册的相对理由，也是商标注册申请中容易在申请人和主张在先权利保护的人之间引起争议的条款。实践中，有大量的以保护在先权利、禁止抢注为由驳回申请、支持异议或无效的案件，这些案件的产生与商标申请注册程序设计中的先申请原则有关。在先权利人因各种原因尚未注册或取得商标权，但如果核准在先申请人注册使用该商标，将导致实质正义的减损，因此需要通过《商标法》设置的各种事后程序予以补救，保护在先权利人的合法权益。

【示例一】在被代理人没有在先使用的情况下，仅有经销关系不能证明代理人抢注了被代理人的商标

2011 年 12 月 19 日，成都格尚广告有限责任公司申请注册“江小白”商标，

指定使用在第33类酒类等商品上;该商标获得核准,且权利人先后变更为四川新蓝图商贸有限公司(以下简称新蓝图公司)、江小白公司。重庆市江津酒厂(以下简称江津酒厂)与新蓝图公司于2012年2月20日签订销售合同和定制产品销售合同,约定授权新蓝图公司销售"几江"牌系列酒定制产品,新蓝图公司负责该系列产品概念的创意、产品的包装设计、广告宣传的策划和实施、产品的二级经销渠道招商和维护,江津酒厂给予全力配合,合同未涉及"江小白"商标的使用问题。2016年5月,江津酒厂提出"江小白"商标无效宣告请求。商评委认为,新蓝图公司和江小白公司与江津酒厂有合作关系、对江津酒厂曾使用的"江小白"商标理应知晓,构成2001年《商标法》第15条所指的不予注册并禁止使用的情形,应宣告无效。江小白公司不服,提起行政诉讼。北京知识产权法院认为并无证据表明"江小白"是江津酒厂已经使用的商标,撤销了商评委裁定,而北京市高级人民法院则撤销了北京知识产权法院的行政判决。最后,最高人民法院作出(2019)最高法行再224号行政判决,撤销了北京市高级人民法院判决、维持北京知识产权法院行政判决,即明确了"江小白"并非江津酒厂在先使用商标,其注册未违反第15条规定。①

【分析】禁止代理人抢注的前提是他人拥有使用在先的商标

从立法沿革来看,我国对代理人等的抢注行为的认定范围是不断扩大的。1993年修订的《商标法实施细则》(现已失效)第25条中该规范限于"代理人"。2001年《商标法》则在第15条将其扩展为"代理人或者代表人",而不仅仅限于中介性质的代理人。2013年《商标法》第15条在原第1款之外增加了第2款规定。后来,最高人民法院在《关于审理商标授权确权行政案件若干问题的规定》(法释〔2020〕19号)第16条中对"其他关系"作出了扩大性的解释,即包括亲属关系,劳动关系,营业地址邻近,曾就达成代理、代表关系进行过磋商,曾就达成合同、业务往来关系进行过磋商。这样,从效果上看,《商标法》第15条的适用范围大大扩大了;不过,作为异议事由(第33条)和相对无效事由(第45条),违反第15条的无效申请受到5年期间的限制,即仅能在自商标注册之日起5年内提出。

本案中,江津酒厂主张,新蓝图公司是其经销商,"江小白"是新蓝图公司

① 重庆江小白酒业有限公司诉国家知识产权局、第三人重庆市江津酒厂(集团)有限公司商标权无效宣告行政纠纷案,最高人民法院指导案例162号(2021年)。

为其设计、由其在先使用的商标，因此诉争商标的申请注册违反了《商标法》第15条的规定。对此法院认为，双方当事人签订了销售合同和定制产品销售合同，虽然存在经销关系，但诉争商标图样、产品设计等均由代理人一方提出，且定制产品销售合同明确约定被代理人未经代理人授权不得使用定制产品的产品概念、广告用语等；被代理人并没有在先使用行为，因此不能认定代理人对诉争商标的申请注册违反了《商标法》第15条的规定。

【示例二】“NAPA”作为外国著名地理标志核心部分受到在先权利保护

2005年5月18日，A公司向商标局提出“螺旋卡帕 SCREW KAPPA NAPA”商标的注册申请，指定使用在国际分类第33类“果酒（含酒精）、开胃酒、烧酒、葡萄酒”等商品上。在法定异议期限内，纳帕河谷协会提出异议，认为该商标的申请注册违反《商标法》第10条第1款第8项关于“不良影响”和第16条关于“地理标志”的规定。商标局裁定对该异议理由不予支持，核准注册了被异议商标，纳帕河谷协会向商评委提出复审申请。后该案经两级法院审理，最终法院认为该商标申请违反《商标法》第16条和第29条，应撤销被诉裁定，判令商评委重新作出裁定。①

【分析】不得抢注驰名地理标志中的主要部分

法院认为，“纳帕河谷（Napa Valley）”是在中国获得保护的使用在葡萄酒商品上的地理标志。虽然被异议商标中仅包含了地理标志“纳帕河谷（Napa Valley）”中的一个英文单词，但“纳帕”和“Napa”分别是该地理标志中英文表达方式中最为显著的识别部分，相关公众在葡萄酒商品上见到“Napa”一词时，即容易将其与“纳帕河谷（Napa Valley）”地理标志联系在一起，误认为使用该标志的相关商品是源于上述地理标志所标示地区的商品。

可见，虽然《商标法》本身并未明确仅包含地理标志部分构成要素的情形是否能够适用第16条的规定，但法院从地理标志保护和制止混淆误认的商标注册基本要求出发，认为包含地理标志中最显著识别部分，容易导致相关公众误认为使用该标志的相关商品是源于上述地理标志所标示地区的商品的，也应当纳入上述法律条款的调整范围，从而更为有效地实现了对地理标志的保护。

---

① 参见北京市高级人民法院行政判决书，（2016）京行终2295号。

【示例三】“乔丹”注册使用在体育用品上损害迈克尔·乔丹的姓名权

乔丹公司申请注册的“乔丹”商标,核定使用在国际分类第 28 类的体育活动器械、游泳池(娱乐用)、旱冰鞋、圣诞树装饰品(灯饰和糖果除外)中。迈克尔·杰弗里·乔丹(迈克尔·乔丹)主张该商标含有其英文姓名的中文译名“乔丹”,属于2001 年《商标法》第 31 条规定的“损害他人现有的在先权利”的情形,故向商评委提出撤销申请。商评委认为,涉案商标“乔丹”与“Michael Jordan”及其中文译名“迈克尔·乔丹”存在一定区别,并且“乔丹”为英美普通姓氏,难以认定这一姓氏与迈克尔·乔丹之间存在当然的对应关系,故裁定维持涉案商标。迈克尔·乔丹向北京市第一中级人民法院提起行政诉讼。该案一审、二审均驳回了迈克尔·乔丹的请求,但最终最高人民法院通过再审支持了迈克尔·乔丹的诉求。①

【分析】判定是否损害在先姓名权需要考察是否存在稳定的对应关系

姓名权是自然人对其姓名享有的人身权,可以构成《商标法》规定的在先权利。外国自然人外文姓名的中文译名符合条件的,可以依法主张作为特定名称按照姓名权的有关规定予以保护。在适用《商标法》对他人的在先姓名权予以保护时,主要考虑对自然人姓名,尤其是知名人物姓名所蕴含的经济利益的保护。未经许可擅自将他人享有在先姓名权的姓名注册为商标,容易导致相关公众误认为标记有该商标的商品或者服务与该自然人存在代言、许可等特定联系,应当认定该商标的注册损害他人的在先姓名权。自然人就特定名称主张姓名权保护时,应当满足必要的三项条件:一是该特定名称在我国具有一定的知名度、为相关公众所知悉;二是相关公众使用该特定名称指代该自然人;三是该特定名称已经与该自然人之间建立了稳定的对应关系。在判断外国人能否就其外文姓名的部分中文译名主张姓名权保护时,需要考虑我国相关公众对外国人的称谓习惯。中文译名符合前述三项条件的,可以依法主张姓名权的保护。

本案现有证据足以证明迈克尔·乔丹作为体育明星在我国具有较高的知名度、为相关公众所知悉,且我国相关公众通常以“乔丹”指代迈克尔·乔丹。

① 参见迈克尔·杰弗里·乔丹与国家工商行政管理总局商标评审委员会、乔丹体育股份有限公司“乔丹”商标争议行政纠纷案,最高人民法院指导案例 113 号(2020 年)。

因"乔丹"与"迈克尔·乔丹"之间已经形成了稳定的对应关系,故迈克尔·乔丹可依据姓名权阻止"乔丹"商标的注册和使用。此外,即使自然人并未主动使用其姓名作为商标,也不影响其按照《商标法》关于在先权利的规定主张权利。因此,在实践中,如果故意违反诚实信用原则恶意将他人的姓名申请注册为商标,并以该商标的宣传、使用、获奖、被保护等情况形成了"市场秩序"或者"商业成功"为由,主张该注册商标合法有效,人民法院不予支持。

【示例四】人形剪影商标未损害迈克尔·乔丹的肖像权

2007年,乔丹公司申请注册了第6020570号图形商标(见图3),经核准,核定该商标可使用在第28类游戏机、木偶、玩具等商品上。2012年,美国著名球星迈克尔·乔丹认为争议商标与《美国职篮画刊(中文国际版)》刊载的其照片中运动形象的身体轮廓基本一致,损害了其肖像权,提出撤销带球上篮人形剪影争议商标的申请。本案争议的肖像剪影商标经商评委、一审法院、二审法院和最高人民法院多次审理,最终判定该图形商标未侵害迈克尔·乔丹的肖像权。①

图3 申请之图形商标

【分析】肖像权作为在先权利获得保护需要具有可识别性或唯一对应性

民法中的肖像权所保护的"肖像"是对特定自然人体貌特征的视觉反映,社会公众通过"肖像"识别、指代其所对应的自然人,并能够据此将该自然人与他人相区分。法院认为,根据肖像权以及肖像的性质,肖像权所保护的"肖像"应当具有可识别性,其中应当包含足以使社会公众识别其所对应的权利主体,即特定自然人的个人特征,从而能够明确指代其所对应的权利主体。如果请求肖像权保护的标识不具有可识别性,不能明确指代特定自然人,则难以在该标识上形成依法应予保护且属于特定自然人的人格尊严或人格利益。从社会公众的认知习惯和特点来看,自然人的面部特征是其体貌特征中最为主要的个人特征,一般情况下,社会公众通过特定自然人的面部特征就足以对其进行识别

① 参见最高人民法院行政裁定书,(2015)知行字第332号。

和区分。如果当事人主张肖像权保护的标识并不具有足以识别的面部特征，则应当提供充分的证据，证明该标识包含了其他足以反映其所对应的自然人的个人特征，具有可识别性，使得社会公众能够认识到该标识能够明确指代该自然人。本案中，虽然该标识与照片中迈克尔·乔丹运动形象的身体轮廓的镜像基本一致，但该标识仅仅是黑色人形剪影，除身体轮廓外，其中并未包含任何与迈克尔·乔丹有关的个人特征。并且，迈克尔·乔丹就该标识所对应的动作本身并不享有其他合法权利，其他自然人也可以作出相同或者类似的动作，该标识并不具有可识别性，不能明确指代迈克尔·乔丹。因此，迈克尔·乔丹不能就该标识享有肖像权并主张撤销涉案注册商标。

【示例五】“葵花宝典”可以获得商品化权益的保护

A公司经查某授权，享有《笑傲江湖》等小说作品的游戏改编权，随后推出和运营了《笑傲江湖》网络游戏。某网络游戏公司在未取得合法授权的情况下，于2012年3月5日申请注册“葵花宝典”商标，并推出和运营了《葵花宝典》武侠主题网络游戏。故此，A公司于2015年3月20日对诉争商标提出无效宣告请求，主张诉争商标侵犯了查某对其作品《笑傲江湖》中虚构的武侠秘籍特有名称“葵花宝典”享有的商品化权益。①

【分析】将知名虚拟角色名称注册为商标需要得到著作权人许可

对于在先权利的范围问题，最高人民法院《关于审理商标授权确权行政案件若干问题的意见》（法发〔2010〕12号）第17条第1款中形成了较为固定的判断标准，即“对于商标法已有特别规定的在先权利，按照商标法的特别规定予以保护；商标法虽无特别规定，但根据民法通则和其他法律的规定属于应予保护的合法权益的，应当根据该概括性规定给予保护”。其中，关于在先权利的规定包括《商标法》第13条（驰名商标）、第15条（代理人/代表人抢注被代理人/被代表人的商标）、第16条（地理标志）、第30条（在类似商品或服务上已注册的商标）、第31条（先申请主义中的在先申请商标）以及第32条后段（他人在先使用并有一定影响的未注册商标）。而字号权、著作权、外观设计专利权、姓名权、肖像权以及应予保护的其他合法在先权益等，则属于应当根据上述司法解

① 参见最高人民法院行政判决书，（2021）最高法行再254号。

释的概括性规定给予保护的情况。

商品化除包括自然人姓名权或肖像权的商业化利用活动外,也包括著作权客体相关元素的商业利用问题。根据最高人民法院《关于审理商标授权确权行政案件若干问题的规定》第 22 条第 2 款的规定,“对于著作权保护期限内的作品,如果作品名称、作品中的角色名称等具有较高知名度,将其作为商标使用在相关商品上容易导致相关公众误认为其经过权利人的许可或者与权利人存在特定联系”的,不应予以注册。

具体到本案,《笑傲江湖》系查某于 1969 年创作完成的一部武侠小说作品。经由作者的创造性劳动,“葵花宝典”已从普通词汇“葵花”与“宝典”的组合演变为具有明确指向性、对应性的名称。“葵花宝典”与《笑傲江湖》小说和查某产生了稳定的对应关系。在诉争商标申请之前,《笑傲江湖》小说、基于小说而改编的同名影视作品、小说中的“葵花宝典”名称及查某已经为广大公众所熟知,具有较高知名度。诉争商标为文字商标,与查某小说《笑傲江湖》中的武学秘籍名称“葵花宝典”完全相同,核定使用在第 41 类“在计算机网络上提供在线游戏;娱乐;玩具出租”等服务上,属于武侠小说通常的衍生服务范畴。诉争商标使用在上述服务项目上,容易使相关公众误认为上述服务项目与知名小说作品的作者具有关联关系或者已经获得了作者的授权。

十一、商标权人在商标注册后长期不去使用，会受到什么惩罚？

【阐释】注册商标的效力状态以实际使用情况为基础，商标权人连续3年不使用的可以依法撤销注册

根据《商标法》的规定，注册商标的有效期为10年，自核准注册之日起计算。与专利权或著作权这类法律本身规定了期限的权利不同，如果不发生撤销或宣告无效的情况，商标注册人只要实际、持续使用并按照法定程序进行续展，其注册商标权理论上就可以10年一续获得无期限的保护。商标注册人应当在期满前12个月内按照规定办理续展手续，在此期间未能办理的，可以给予6个月的宽展期；每次续展注册的有效期为10年，自该商标上一届有效期满次日起计算；期满未办理续展手续的，注销其注册商标。

《商标法》第49条规定了违法使用注册商标事后予以撤销的程序。除在使用中自行变更商标等情况可以撤销外，还规定了注册商标成为其核定使用的商品的通用名称或者没有正当理由连续3年不使用的，任何单位或者个人可以向商标局申请撤销该注册商标的制度。其中，连续3年不使用的撤销俗称“撤三”，是否成为通用名称则以被提出撤销的时间点进行判断。

【示例一】“千頁”用在豆腐等商品上缺乏指示来源的识别性

A公司于2005年10月17日申请注册了“千頁及图”商标，于2011年1月27日核准注册，核定使用在第29类的“豆腐、豆腐制品、腐竹、食用蛋白、食物蛋白、鱼制食品、猪肉食品、火腿、果冻”商品上，专用权期限至2018年8月13日。该商标经续展后获得另一个保护期。2018年11月19日B公司提出撤销申请，主张诉争商标“千頁”已成为其核定使用的豆腐、豆制品等商品的通用名称。国家知识产权局做出决定，认为“千頁”在豆制品等商品上属于约定俗成

的通用名称证据不足，维持了该商标的注册；北京知识产权法院维持了该决定；北京市高级人民法院认为该商标作为一个整体使用在“豆腐；豆腐制品”商品上，已无法发挥商标应有的识别商品来源的作用，应当予以撤销。①

【分析】注册商标成为其核定使用的商品的通用名称时应予以撤销注册

《商标法》之所以规定注册商标成为核定商品的通用名称后应当予以撤销，根本原因是此时注册商标已无法再发挥商标应当具备的区分商品来源的功能，消费者认牌购物的基本需求无法得到保障，其他经营者自由使用公共标志的正当权利可能受到阻碍，并非出于对商标权利人未能有效维护注册商标的惩罚。从制度设计的角度来说，在注册商标权利人已取得的形式上合法有效的商标专用权和社会公众能够方便、准确地指代特定商品从而确保社会信息交流顺畅的公共利益之间权衡，优先保障社会公共利益的实现是较为妥当的选择。因此，注册商标退化“成为其核定使用的商品的通用名称”的判断，不仅包括商标权利人自身原因造成的通用化，还包括其他经营者和社会公众原因造成的通用化，在判断中不以商标权利人在通用化的过程中存在主观过错为前提，更为合理。

北京市高级人民法院指出，现有证据能够证明，至迟在国家知识产权局审查和北京知识产权法院审理本案之时，包括消费者和同业经营者在内的相关公众已普遍认为“千页豆腐”指代的是一类豆腐商品或豆腐制品，且上述认知并不限于特定地域，而是全国范围内的普遍现象，“千頁”“千页豆腐”已成为“豆腐；豆腐制品”商品上约定俗成的通用名称。故“千頁”商标作为一个整体使用在“豆腐；豆腐制品”商品上，已无法发挥商标应有的识别商品来源的作用，应当予以撤销。值得注意的是，此案之前“千頁”商标曾被提出无效宣告请求，但北京市高级人民法院在（2018）京行终 616 号行政判决书中认为，没有证据表明在其注册之时“千頁”已经成为商品通用名称，该商标的注册申请没有违反《商标法》第 11 条，因此维持了其注册。本案中，根据《商标法》第 49 条的规定，注册商标在使用过程中逐渐丧失识别性成为通用名称，因此被撤销。这两个案件体现了情势变更原则的运用和注册商标效力判断的动态特征。

---

① 参见北京市高级人民法院行政判决书，（2022）京行终 4 号。

【示例二】证明不存在注册商标连续 3 年不使用的情况，需要提供实际使用的证明

2000 年 3 月 31 日，中山市某美食店在第 43 类餐馆等服务上申请注册“湾仔码头”的商标，2001 年 6 月 21 日获得核准，指定使用在第 43 类咖啡馆、自助食堂、餐厅、饭店、餐馆、自助餐馆、快餐馆、酒吧、流动饮食供应、茶馆服务上。该商标于 2009 年 8 月 13 日被转让给成某。2009 年 8 月 21 日，A 公司以连续 3 年不使用为由，申请撤销该商标，商标局和商评委支持了 A 公司的撤销申请。注册人起诉后，一审推翻了商标局及商评委的认定，认为成某对商标进行了真实的商业使用。二审北京市高级人民法院认为，成某在指定期间未进行真实的商业使用，遂撤销一审判决。最高人民法院再审判决认定，注册人提交的证据不能佐证该商标在指定的 3 年期间进行了实际使用，驳回其再审请求，也即支持商标局最初的撤销决定。①

【分析】象征性使用不能构成注册商标连续 3 年不使用撤销程序中的“使用”

商标标识的价值在于能够识别商品或者服务的来源，撤销不使用商标的目的在于促使商标的实际使用，发挥商标的实际效用，防止浪费商标资源。为此，我国《商标法》第 49 条也规定了连续 3 年不使用应撤销注册的“撤三”制度。其中，实践中的判断难点是什么是商标的使用。依据《商标法》第 48 条的规定，商标的使用是指将商标用于商品、商品包装或者容器以及商品交易文书上，或者将商标用于广告宣传、展览以及其他商业活动中，用于识别商品来源的行为。商标的使用方式多种多样，不仅包括商标权人自用，也包括许可他人使用以及其他不违背商标权人意志的使用。没有实际使用注册商标，仅有转让、许可行为，或者仅有商标注册信息的公布，又或者对其注册商标享有专有权进行声明等，不能认定为商标使用。判断商标是否实际使用，需要判断商标注册人是否有真实的使用意图和实际的使用行为，仅为维持注册商标的存在而进行的象征性使用，不构成商标的实际使用。

---

① 参见最高人民法院行政裁定书，(2015)知行字第 181 号。

本案中，注册人主张其商标在法定期间内以广告宣传和许可他人使用的方式进行了真实的商业使用，但从其提交的相关证据来看，签订合同仅仅是一种象征性使用，对合同实际履行情况并无有效证据佐证。

十二、如果发现商标本不该被注册却被注册，能够采取什么措施纠正？

【阐释】商标注册后第三人可以对不符合法律注册要求的商标提起无效程序

对于已获得注册的商标来说，如果事后发现其在注册伊始便不符合法律的要求，则需要通过无效程序进行纠正。我国《商标法》将提起无效的事由区分为绝对事由与相对事由，并分别以第 44 条和第 45 条给二者配备了不同的程序。其中绝对无效事由主要是违反《商标法》第 4 条、第 10 条、第 11 条、第 12 条、第 19 条第 4 款的规定，以及以欺骗手段或者其他不正当手段取得注册。针对这些事由，任何主体均可在注册后的任何时点提起无效宣告程序。相对无效事由主要是违反《商标法》第 13 条第 2 款和第 3 款、第 15 条、第 16 条第 1 款、第 30 条、第 31 条、第 32 条的规定。针对这些事由，只有在先权利人或者利害关系人可以提起无效程序，并且存在时间的限制，即只能自商标注册之日起 5 年内提起，这一期限的唯一例外是针对恶意注册的行为，驰名商标所有人提起无效程序不受 5 年的时间限制。

根据《商标法》第 47 条的规定，注册商标被宣告无效后，由商标局予以公告，该注册商标专用权视为自始即不存在。宣告注册商标无效的决定或者裁定，对宣告无效前人民法院作出并已执行的商标侵权案件的判决、裁定、调解书和工商行政管理部门作出并已执行的商标侵权案件的处理决定以及已经履行的商标转让或者使用许可合同不具有追溯力。但是，因商标注册人的恶意给他人造成的损失，应当给予赔偿。同时依照上述规定不返还商标侵权赔偿金、商标转让费、商标使用费，明显违反公平原则的，应当全部或者部分返还。

【示例一】采用他人“NTK”字母商标的变形字体申请注册应当无效

“NTK”商标由日本A会社于1991年10月15日申请并于1992年10月10日获准注册，核定使用在第9类电子零件等商品上。B公司于1997年7月30日向商标局提出第1236903号图形商标注册申请并随后获准注册。A会社对第1236903号商标提出撤销申请，2010年9月19日，商评委裁定予以维持注册。北京市第一中级人民法院认为两个商标本身未构成近似，但B公司在商标局申请注册争议商标时故意隐瞒其图形商标是“NTK”变形字体的事实从而获准注册；若允许此类行为的存在，会鼓励申请人故意选取相关公众不熟知的艺术字体在相同或类似商品上申请与他人在先商标近似的商标，从而扰乱正常的商标注册秩序，这种以欺骗手段获准注册的商标应当撤销。二审法院认为，没有证据表明B公司以欺骗手段获得注册，但从补充的证据来看，其商标与在先的“NTK”商标构成近似，故应无效。①

【分析】以欺骗手段或者其他不正当手段取得注册的判断

在《商标法》第44条第1款规定的无效事由中，争议较大的就是如何理解“以欺骗手段或者其他不正当手段取得注册”。本案判决表明，法院对该条款的解释往往采取较为限定性的看法。法院指出，即使B公司申请注册时故意隐瞒该图形商标是“NTK”字母变形艺术字体的事实从而获准注册，但因为并无法律规定商标申请人注册时应当对其申请注册的商标是否为艺术字体变形进行说明，或者应当指明其图形是某一具体文字设计内容，因此注册人并未违反强制性法律、法规的规定构成“以欺骗手段”注册。可见，法院对“欺骗”的理解对应着相应的行政或刑事的取缔性规范，不包括商标注册人知晓他人在先权利却隐瞒的情形。也即，“以欺骗手段”是指以弄虚作假的手段欺骗商标行政主管机关取得商标注册的行为，主要包括：伪造申请书件签章，伪造、涂改申请人的主体资格证明文件，伪造其他证明文件等行为。

《商标法》第44条第1款适用的关键或者重点在于如何理解“其他不正当手段”。常见的情形包括：商标申请人申请注册多件商标且与他人有较强显著性的商标、字号、企业名称等构成相同或者近似，商标申请人申请大量商标且明

---

① 参见北京市高级人民法院行政判决书，(2012)高行终字第701号。

显缺乏真实使用意图等。

【示例二】在先著作权人可以禁止抢注人使用其商标

原告陈某系美术作品《女人》的著作权人。被告 A 公司于 2011 年分别在四个类别上,未经陈某允许将该美术作品注册为图形商标。陈某于 2017 年向法院提起诉讼,认为 A 公司注册的图形商标是对其美术作品的抄袭,侵害了其包括署名权、复制权在内的著作权,要求 A 公司承担停止侵权、赔偿损失的法律责任。一审、二审法院均认为,A 公司注册的商标标识是对原告陈某享有著作权的作品的抄袭模仿,侵害了陈某包括署名权、复制权在内的著作权,应停止注册商标的使用,赔偿陈某经济损失 2 万元。①

【分析】使用无法被宣告无效的注册商标仍有可能承担侵权责任

根据《商标法》第 45 条的规定,除驰名商标权利人外,其他在先权利被抢注为商标的主体在 5 年内可以提出宣告无效的申请;这样,从理论上说抢注的商标过了 5 年期间就无法被宣告无效了。但是,此类注册商标的使用必然会与在先权利人对自己享有合法利益的客体的使用产生矛盾。针对在先权利人对不可撤销的注册商标提起侵权诉讼的问题,最高人民法院在《关于当前经济形势下知识产权审判服务大局若干问题的意见》第 9 条中指出,"与他人著作权、企业名称权等在先财产权利相冲突的注册商标,因超过商标法规定的争议期限而不可撤销的,在先权利人仍可在诉讼时效期间内对其提起侵权的民事诉讼,但人民法院不再判决承担停止使用该注册商标的民事责任"。

本案判决不同于上述司法意见中不再判决商标注册人承担停止使用责任的观点。本案中,法院认为 A 公司注册的商标标识虽然已经过了 5 年期间,属于在行政程序中具有不可撤销的效力的商标,但同时指出,"商标虽然获准注册,但如果存在侵犯著作权等在先权利的情况,仍应承担侵权的相关法律责任。即使被诉侵权的注册商标因为已经超过五年无效期而无法被裁定无效,但考虑到被诉商标并未实际使用,尚未建立起稳定的市场秩序和发挥区别商品来源的作用,人民法院在侵权诉讼中仍可判令商标权人停止对被诉商标的使用"。应该说,这一判决通过强化民事责任加强了对在先权利的保护,在一定程度上弥补了行政程序的不足。

---

① 参见福建省高级人民法院民事判决书,(2018)闽民终 1033 号。

十三、构成商标侵权需要存在商业上的使用行为吗？

【阐释】判断商标法意义上的“商标的使用”核心在于是否将商标用于识别商品来源

判断某一行为是否构成商标侵权，一般需要判断涉嫌侵权的行为是否构成商标法意义上的“商标的使用”。我国《商标法》第48条规定，商标的使用是指将商标用于商品、商品包装或者容器以及商品交易文书上，或者将商标用于广告宣传、展览以及其他商业活动中，用于识别商品来源的行为。对此，国家知识产权局在《商标侵权判断标准》中，将“商标的使用”又分为在商品上、服务上以及宣传广告中三种具体情形下的使用形态。

第一，商标用于商品、商品包装、容器以及商品交易文书上的具体表现形式，包括但不限于：(1)采取直接贴附、刻印、烙印或者编织等方式将商标附着在商品、商品包装、容器、标签等上，或者使用在商品附加标牌、产品说明书、介绍手册、价目表等上；(2)商标使用在与商品销售有联系的交易文书上，包括商品销售合同、发票、票据、收据、商品进出口检验检疫证明、报关单据等。第二，商标用于服务场所以及服务交易文书上的具体表现形式，包括但不限于：(1)商标直接使用于服务场所，包括介绍手册、工作人员服饰、招贴、菜单、价目表、名片、奖券、办公文具、信笺以及其他提供服务所使用的相关物品上；(2)商标使用于和服务有联系的文件资料上，如发票、票据、收据、汇款单据、服务协议、维修维护证明等。第三，商标用于广告宣传、展览以及其他商业活动中的具体表现形式，包括但不限于：(1)商标使用在广播、电视、电影、互联网等媒体中，或者使用在公开发行的出版物上，或者使用在广告牌、邮寄广告或者其他广告载体上；(2)商标在展览会、博览会上使用，包括在展览会、博览会上提供的使用商标的印刷品、展台照片、参展证明及其他资料；(3)商标使用在网站、即时通信工具、社交网络平台、应用程序等载体上；(4)商标使用在二维码等信息载体上；(5)商标使用在店铺招牌、店堂装饰装潢上。

尽管商标的使用方式在现实商业活动中千变万化,但核心的一点是《商标法》第48条所说的"用于识别商品来源的行为",这也是判断某一行为是否构成侵权的前提,如果使用商标不是用于识别商品或服务的来源、不会导致来源混淆,则属于正当合理的使用。

【示例】定牌加工中突出使用"HONDA"商标构成侵权

A公司是一家专业生产摩托车等产品的大型跨国企业,其"HONDA"商标于1988年5月30日经商标局核准注册,核定使用在第12类的飞机、船舶、车辆和其他运输工具等商品上。B公司、C公司生产一批标识为"HONDAKIT"的摩托车,于2016年6月28日被海关查获,海关认为该批货物可能涉嫌侵犯A公司备案的知识产权。经查,该批货物系由缅甸D公司授权委托B、C两家公司加工生产,数量为220辆,"HONDAKIT"是在缅甸获准注册的商标;两家公司称其接受D公司委托进行承揽加工,将相关产品全部出口至缅甸,其行为属于定牌加工,涉案220辆摩托车是产品而非商品,虽贴附"HONDAKIT"标识,但这不属于商标法意义上的商标使用。该案的一审、二审法院观点截然相反,一审法院认定两被告构成侵权,二审法院认为不构成侵权;最高人民法院经再审,认为构成侵权。①

【分析】定牌加工是否构成侵权要看商标的使用方式

法院认为,相关公众除被诉侵权商品的消费者外,还应该包括与被诉侵权商品的营销密切相关的经营者;被诉侵权商品运输等环节的经营者存在接触的可能性,而且,随着电子商务和互联网的发展,即使被诉侵权商品出口至国外,亦存在回流国内市场的可能。同时,随着中国经济的不断发展,中国消费者出国旅游和消费的人数众多,对于"贴牌商品"也存在接触和混淆的可能性。二审法院认定二被告办理出口的220辆摩托车系全部出口至缅甸,不进入中国市场参与"商业活动",中国境内的相关公众不可能接触该产品,因而这种使用行为不可能在中国境内起到识别商品来源的作用,并非商标法意义上的商标使用行为,这一认定在事实及适用法律上均有错误,最高人民法院进行了纠正。

---

① 参见最高人民法院民事判决书,(2019)最高法民再138号。

可见,对《商标法》第 48 条中“用于识别商品来源”的理解,包括可能起到识别商品来源的作用和实际起到识别商品来源的作用两种情况。商标使用行为是一种客观行为,通常包括许多环节,如物理贴附、市场流通等,是否构成商标法意义上的“商标的使用”应当依据商标法作出整体一致解释,不应该割裂整个行为而只看某个环节,要防止以单一环节遮蔽行为过程,要克服以单一侧面代替行为整体。商标的使用意味着使某一个商标用于某一个商品,商标和商品二者合为一体成为消费者识别商品及其来源的观察对象。因此,在生产制造或加工的产品上以标注方式或其他方式使用了商标,只要具备了区别商品来源的可能性,就应当认定该使用状态属于商标法意义上的“商标的使用”。至于商标的使用是否构成侵权,则需要考察其是否有混淆的可能性,本案中法院即认为该使用方式具有混淆的可能性。

十四、日常生活中所说的假冒商标具体指什么？

【阐释】假冒商标是在同一商品上使用与注册商标相同商标的行为

我国《商标法》第57条第1项规定的“未经商标注册人的许可，在同一种商品上使用与其注册商标相同的商标”即日常所指的假冒商标的侵权行为。对于假冒商标这一侵权行为，我国法律给予的惩罚最为严厉。从条文来看，在假冒侵权中并不要求造成相关公众的混淆可能性，这意味着即使相关公众在购买商品时属于知假买假、没有混淆来源，制售假冒商品者也构成侵权。同时，《刑法》中也用“假冒注册商标罪”来惩治情节严重的假冒商标侵权行为。

根据国家知识产权局印发的《商标侵权判断标准》第9条的规定，行政执法部门认定假冒商标的标准包括：(1)同一种商品是指涉嫌侵权人实际生产销售的商品名称与他人注册商标核定使用的商品名称相同的商品，或者二者商品名称不同但在功能、用途、主要原料、生产部门、消费对象、销售渠道等方面相同或者基本相同，相关公众一般认为是同种商品。(2)同一种服务是指涉嫌侵权人实际提供的服务名称与他人注册商标核定使用的服务名称相同的服务，或者二者服务名称不同但在服务的目的、内容、方式、提供者、对象、场所等方面相同或者基本相同，相关公众一般认为是同种服务。(3)核定使用的商品或者服务名称是指国家知识产权局在商标注册工作中对商品或者服务使用的名称，包括《类似商品和服务区分表》中列出的商品或者服务名称和未在区分表中列出但在商标注册中接受的商品或者服务名称。《商标侵权判断标准》第13条、第14条还规定了涉嫌侵权的商标与他人注册商标相同或相比较可以认定相同的情形，并列举了文字、图形、文字图形组合、立体、颜色组合、声音，以及其他与注册商标在视觉效果或者听觉感知上基本无差别的情形。

另外，根据最高人民法院、最高人民检察院、公安部《关于办理侵犯知识产权刑事案件适用法律若干问题的意见》（法发〔2011〕3号）的规定，认定“同一种商品”应当在权利人注册商标核定使用的商品和行为人实际生产销售的商品之间进行比较。同时,可以认定为“与其注册商标相同的商标”的情形包括:(1)改变注册商标的字体、字母大小写或者文字横竖排列,与注册商标之间仅有细微差别的;(2)改变注册商标的文字、字母、数字等之间的间距,不影响体现注册商标显著特征的;(3)改变注册商标颜色的;(4)其他与注册商标在视觉上基本无差别、足以对公众产生误导的商标。

【示例】“与注册商标相同的商标”的判断标准是“基本无差别”(见图4)①

图4　相同商标示例

① 参见《商标审查审理指南》中所列举的实例。

【分析】在视听觉上“基本无差别”的属于相同商标

最高人民法院、最高人民检察院《关于办理侵犯知识产权刑事案件具体应用法律若干问题的解释(三)》(法释〔2020〕10 号)第 1 条延续了法发〔2011〕3 号文件的规定,该规定以及《商标侵权判断标准》第 13 条、第 14 条对认定“与注册商标相同的商标”的相关规则可以用于指导实践中具体判断商标是否相同。

根据上述判断标准,示例中的文字、字母、图形或其组合,如果使用在同一商品或者服务上,应该构成在视觉效果或者听觉感知上基本无差别。在实际使用中,这种未经许可使用与注册商标基本相同商标的行为足以对公众产生误导,因此均构成假冒侵权。

十五、日常生活中，所说的仿冒商标侵权具体指什么？

【阐释】未经许可使用近似商标足以造成混淆的构成仿冒侵权

仿冒商标是一种未经许可使用近似商标构成的侵权，指《商标法》第57条第2项规定的“未经商标注册人的许可，在同一种商品上使用与其注册商标近似的商标，或者在类似商品上使用与其注册商标相同或者近似的商标，容易导致混淆的”情形。相对假冒而言，试图打“擦边球”避免与他人注册商标完全相同的仿冒，是实践中发生最频繁的侵权行为。

仿冒的判定包含商品或服务的类似、商标近似以及混淆可能性三个要件，实践中存在两种分析框架。其一，最高人民法院在《关于审理商标民事纠纷案件适用法律若干问题的解释》中采取的方式是分别认定商标的近似性和商品的类似性，在两个条件都满足的情况下，仿冒侵权成立。其中，注册商标的显著性和知名度等仅构成判断商标是否近似的一个考虑因素。其二，国家知识产权局在《商标侵权判断标准》中所采取的方式是将商标的近似情况、商品的类似情况结合注册商标的显著性和知名度、商品或者服务的特点及商标使用方式、相关公众的注意和认知程度等其他相关因素进行综合考虑，判断是否容易导致混淆，进而判断侵权是否成立。其中，标识“音形义”上的近似、商品在一般意义上的类似，都在最为单纯的意义上予以考量。在具体判定中，类似商品是指在功能、用途、生产部门、销售渠道、消费对象等方面相同，或者相关公众一般认为其存在特定联系、容易造成混淆的商品；类似服务是指在服务的目的、内容、方式、对象等方面相同，或者相关公众一般认为存在特定联系、容易造成混淆的服务。此外，商品与服务类似，是指商品和服务之间存在特定联系，容易使相关公众混淆。简单来说，认定商品或者服务是否类似，应当以相关公众对商品或者服务的一般认识综合判断，《商标注册用商品和服务国际分类表》《类似商品和服务区分表》可以作为参考。对于商标的近似，主要是将被控侵权的标识与权利人的注册商标相比较，如果其文字的字形、读音、含义相似，或者图形的构图及颜色相似，又或者各要素组合后的整体结构相似，再或者其立体形状、颜色组合等近似，容易使相关公众对商品或服务的来源产生误认，或者认为其来源与权利人注册商标的商品或服务有特定联系的，则构成近似。简单来说，商标近似的判断应以相关公众的一般注意力为标准，既要对商标进行整体比对，又要对商标主要部分进行比对，并应当在比对对象隔离的状态下分别进行，同时应当考虑请求保护的注册商标的显著性和知名度。

目前，商标行政执法、司法部门判断近似的商标是否容易导致混淆，一般采取综合判定方式，即考量以下因素以及各因素之间的相互影响：(1)商标的近似情况；(2)商品或者服务的类似情况；(3)注册商标的显著性和知名度；(4)商品或者服务的特点及商标使用的方式；(5)相关公众的注意和认知程度；(6)其他相关因素。

【示例一】电视节目使用“非诚勿扰”名称不侵害婚介服务上的注册商标权

2009年2月16日，金某向商标局申请注册“非诚勿扰”商标，并于2010年9月7日获得核准，核定服务项目为第45类，包括“交友服务、婚姻介绍”等。江苏省广播电视总台(以下简称江苏电视台)旗下的江苏卫视于2010年开办了以婚恋交友为主题、名称为“非诚勿扰”的电视节目。A公司为“非诚勿扰”节目推选相亲对象，提供广告推销服务，并曾在深圳招募嘉宾，报名地点设在深圳市南山区。金某以江苏电视台和A公司侵害其注册商标专用权为由，向深圳市南山区人民法院提起诉讼，请求法院判令江苏卫视频道立即停止使用“非诚勿扰”栏目名称等。该案的核心争议是电视节目和婚介服务是否类似，对此，一审法院认为不类似不构成侵权，二审法院认为构成侵权，再审法院认为不构成侵权。①

【分析】相亲电视节目与婚介服务不构成类似服务

一审法院认为，“非诚勿扰”电视节目虽然与婚恋交友有关，但终究是电视节目，相关公众一般认为两者不存在特定联系，不容易造成公众混淆，不构成侵

---

① 参见广东省高级人民法院民事判决书，(2016)粤民再447号。

权。二审法院认为,从“非诚勿扰”电视节目简介、开场白、结束语,参加报名条件、节目中男女嘉宾互动内容,以及广电总局的发文、媒体评论,可认定其为相亲、交友节目,与涉案注册商标所核定的“交友、婚姻介绍”服务相同,构成侵权。广东省高级人民法院再审认为,“非诚勿扰”电视节目与金某注册的“非诚勿扰”商标所核准使用的“交友服务、婚姻介绍”,在服务目的、内容、方式和对象上均有明显区别;以相关公众的一般认知,能够清晰区分电视文娱节目的内容与现实中的婚介服务活动,故两者不构成类似服务,江苏电视台对“非诚勿扰”标识的使用,不构成对金某注册商标权的侵犯,从而撤销二审判决,维持一审判决。

【示例二】软件和电子设备上的“荷包”商标不同于金融服务商标

原告于2013年12月20日在国际分类第9类商品上申请注册“荷包”商标,核定使用在数据处理设备、磁性身份识别卡、计算机外围设备、已编码磁卡、读出器(数据处理设备)、集成电路卡、智能卡(集成电路卡)、计算机程序(可下载软件)、磁性编码身份鉴别手环、USB闪存盘等产品上。被告成立于2014年9月3日,是一家主要为客户提供金融理财服务的公司,经营范围为金融信息咨询、投资管理等,《荷包》是其推出的一款金融类手机应用软件,用户通过存入资金进行投资理财来获取收益并具有提现功能。原告指控被告在其网站上使用“荷包金融”“荷包理财”“荷包贷款”等标识,以及通过苹果应用商店和安卓系统提供《荷包》应用软件的下载、安装、使用等行为,侵害了其“荷包”注册商标专用权。法院经审理最终认为提供计算机软件本身和通过应用软件提供金融服务不构成相同或类似服务。①

【分析】“互联网+”经济模式下服务商标类似性的判断应考虑新业态的实际情况

在发展迅速的互联网经济下,传统行业开始借助移动互联和通信工具等开发应用程序,在此基础上对传统行业进行整合,形成不同于此前依赖的运营模式,尤其是在“互联网+”经济模式下,更多的行业将业务延伸到互联网平台,依托互联网平台开发和整合业务。为了适应互联网平台发展,提供服务的行业

① 参见深圳市中级人民法院民事判决书,(2019)粤03民终31635号。

均需推出适应互联网平台模式的应用环境和技术，要求在即时移动通信设备所提供的平台上传应用程序供客户下载使用。虽然客户使用服务的方式发生了改变，但为客户提供的服务在实质上并未发生根本变化，只是服务场所变成了移动互联网平台。在这种背景下，划分商品和服务类别，不应仅因其形式上使用了基于互联网和移动通信平台运营要求而产生的应用程序，就机械地将其归为此类服务，而应从服务的整体进行综合性判断。从符合"互联网＋"新业态的实际情况，分析"商品或服务"的特点，在坚持已有类似商品判断规则的基础上做更谨慎和符合行业实际的判断，尤其应当综合、整体地考虑被诉商品或服务的实质特点，不应片面机械地将其进行归类。

本案中，虽然被告在平台上提供的金融类手机应用软件的核心仍然是为客户提供金融理财服务，但该款应用软件仅是将提供金融理财服务的场所从实际场地变为线上。因此，法院认为，本案在确定两者是否为相同或近似种类的服务上，应当首要关注被告在苹果和安卓等系统上传《荷包》应用软件所提供的金融理财服务，被告提供的是其理财服务而非软件，《荷包》应用软件作为计算机应用程序，只是提供服务的载体，二者不能混为一谈。

【示例三】"蓝之蓝"与"天之蓝""海之蓝""梦之蓝"近似

蓝之蓝公司于2009年5月7日申请注册"蓝之蓝及图"诉争商标，核定使用在第33类的酒（利口酒）等商品上。洋河公司申请注册了第4253363号"梦之蓝"、第3606409号"海之蓝"、第3606410号"天之蓝"商标（以下简称引证商标一至三）。2014年8月，洋河公司以诉争商标与引证商标一至三构成同一种或类似商品上的近似商标为由，对诉争商标提起无效宣告。2016年6月，商评委对诉争商标予以无效宣告。蓝之蓝公司向北京知识产权法院提起诉讼，一审判决驳回其诉讼请求。二审北京市高级人民法院认为，诉争商标中图形部分亦是其显著识别部分之一，诉争商标与引证商标一至三在构成要素和整体外观上存在差异；且蓝之蓝公司提交的证据可以证明诉争商标经过长期广泛使用，已经形成了较为稳定的格局、有较高的市场声誉，二者已经共存。洋河公司不服向最高人民法院申请再审，法院最终判定诉争商标与引证商标一至三构成近似。①

① 参见最高人民法院行政判决书，（2019）最高法行再261号。

【分析】商标近似的判断以是否构成混淆为标准

本案中诉争商标由文字“蓝之蓝”与围绕在文字之外的椭圆、火焰和拼音组成,引证商标分别为“梦之蓝”“天之蓝”“海之蓝”。二者在组成要素上虽然存在一定差异,但商标的主体部分即文字部分均包含了“之蓝”,在外观与发音上近似。在判定是否构成近似时,诉争商标的实际使用情况可以作为判断商标是否构成混淆性近似的重要因素。一方面,商标法鼓励商标的实际使用,因此商标实际使用的情况应当作为商标注册合法性考量的要素,从根源上防范和制止商标注册人通过弱化注册商标的差异来侵害他人商标权。另一方面,商标的实际使用情况也在一定程度上证明了注册商标持有人或使用人的真实意思。从查明的事实来看,原告对诉争商标的实际使用,证明了其受让诉争商标的真正意图是尽可能地接近引证商标,使二者的界限更加模糊,已经造成了混淆性近似。此外,引证商标的知名度是判断商标是否构成混淆性近似的重要条件。证据证明,在诉争商标申请日之前,引证商标已经在相关公众中,特别是在江苏省内,具有了较高的知名度。在此情况下,与引证商标在构成要素和主体部分相近的诉争商标,容易导致相关公众误认,或者形成诉争商标与引证商标具有特定联系的认识。这种误认或者具有特定联系的认识,均构成商标法上混淆性近似。

【示例四】将“MK”与“MICHAEL KORS”长期同时使用与“Mk”不构成混淆

原告是一家生产美术工艺品、服装、珠衫、珠袋系列的个人独资企业,产品主要销往中东、希腊、日本、中国香港特别行政区等国家和地区,其于1999年2月7日在第18类手提mk MK MK MK包等类别上注册了“Mk”商标,并定期续展。被告系“MICHAEL KORS”品牌在中国的权利人,其在包括第18类的多个商品服务类别上注册了“MICHAEL KORS”等系列商标。原告认为被告在手提包等商品上使用以上标识的行为,侵害了其注册商标专用权;并主张,相关公众对商品来源的混淆和误认,不仅包括将被告商品误认为原告的产品,也包括使相关公众误认为原告使用涉案“Mk”商标权的商品源于在后使用的被告,遂提起诉讼。一审和二审法院均否定了侵权,原告不服,向最高人民法院申请再审。①

【分析】对尚未使用过的注册商标起诉知名商标构成“反向混淆”的判断应谨慎

本案中原告的主张在学理上被称为“反向混淆”。对此,几级法院均认为,涉案商标是仅由两个小写外文字母构成的“mk”商标,显著性较弱,且其商品多用于出口,在中国境内的知名度不高。被告公司将“MK”作为“MICHAEL KORS”的首字母简称,长期与“MICHAEL KORS”商标同时进行大量使用,已经与“MICHAEL KORS”品牌形成对应关系,并获得了一定知名度,客观上足以实现对商品来源的区分,不会导致相关公众误认被诉侵权产品源于原告公司的后果。被告公司将“MK”作为其主营商标“MICHAEL KORS”的首字母简称进行使用,具有一定合理性,且在实际使用中通常与“MICHAEL KORS”同时使用,主观上并无借用原告涉案商标商誉的意图。判断被诉侵权标识与注册商标是否构成近似商标,不仅要考察标识本身各构成要素的近似程度,还要考察是否会造成相关公众混淆误认。在判断是否会造成相关公众混淆误认时,既要考虑被诉侵权标识的实际使用情况,还应结合注册商标的显著性和知名度予以评判,在判断反向混淆时亦应如此。

【示例五】封装药品即使与立体商标外观相似也不会造成混淆

图 5　申请之菱形立体商标

2003 年 5 月 28 日,A 公司申请的指定颜色为蓝色的菱形立体商标(见图 5)经核准予以注册,核定使用商品为第 5 类医药制剂、人用药、抗生素、医用营养品、净化剂、兽医用制剂等。被告销售的药片为浅蓝色、近似于指南针形状的菱形,A 公司针对被告的行为提起侵权之诉。法院认为被告的产品虽然形状与原告立体商标近似,但药片封闭在不透明材料内不易于识别、不会导致混淆,不构成侵权。②

① 参见最高人民法院民事裁定书,(2019)最高法民申 6283 号。

② 参见最高人民法院民事裁定书,(2009)民申字第 268 号。

【分析】立体商标侵权须以存在混淆可能性为前提

本案中,法院认为,被告生产的“甲磺酸酚妥拉明分散片”的包装有与药片形状相应的菱形突起,包装盒上“伟哥”两字有土黄色的菱形图案作为衬底,但消费者在购买该药品时,并不能据此识别该药片的外部形态。由于该药片包装于不透明材料内,其颜色及形状并不能起到标识其来源和生产者的作用,不能认定为商标意义上的使用,因此不属于使用相同或者近似商标的行为。换句话说,即便被告药片的外部形态与A公司的涉案立体商标相同或相近似,但消费者在购买该药品时不会将其与A公司的涉案立体商标相混淆,亦不会认为该药品与A公司存在某种联系进而产生误认,因此不构成侵权。

十六、仅仅销售侵权商品的行为也会构成商标侵权吗？

【阐释】仅仅销售侵权商品的行为也构成商标侵权，只不过在可以提供合法来源时不必承担损害赔偿责任

除未经许可将他人商标标识与商品相结合的生产或制造环节的侵权行为之外，销售未经许可制造的侵权商品也是一种典型的商标使用行为，我国《商标法》第 57 条将“销售侵犯注册商标专用权的商品”作为一种独立的侵权形态。在具体解释“销售”的含义时，《商标侵权判断标准》将两种行为纳入《商标法》第 57 条所称的“销售侵犯注册商标专用权的商品”的范围：一是该标准第 25 条中规定的“在包工包料的加工承揽经营活动中，承揽人使用侵犯注册商标专用权商品”；二是该标准第 26 条规定的“经营者在销售商品时，附赠侵犯注册商标专用权商品”。同时，依据《商标法》第 60 条第 2 款和第 64 条的规定，销售不知道是侵犯注册商标专用权的商品，能证明该商品是自己合法取得并说明提供者的，仅承担停止销售责任，不承担赔偿责任。

【示例】大规模链条式合作销售假冒名牌运动鞋不适用合法来源抗辩

2018 年 1 月 9 日，原北京市工商行政管理局丰台分局执法人员在检查中发现，北京某经营点销售的运动鞋涉嫌侵犯日本 A 株式会社“Tiger”等系列商标专用权，销售商为北京 B 公司。经查，当事人与泉州 C 公司签订加盟合同，代理销售亚瑟斯虎牌运动鞋。上述运动鞋鞋舌标识与 A 株式会社注册的图形商标构成近似。在案件调查中，当事人主张自己不知道涉案运动鞋是侵权商品，应根据《商标法》免除责任。执法人员通过企业登记信息比对，发现当事人与泉州 C 公司存在重大关联，股东之间交叉任职，且泉州 C 公司曾申请注册与权利人商标近似的商标，被商标主管机关驳回。经查，当事人将亚瑟斯虎牌运动

鞋提供给15个经营主体对外销售，共收取货款6,144,646.64元。上述15个经营主体及当事人库存16,277双运动鞋。按照当事人已售出运动鞋的实际平均销售价格每双307.80元计算，上述库存运动鞋共价值5,010,060.60元，违法经营额达11,154,707.24元。①

【分析】行政执法过程中行政机关针对是否构成侵权以及承担何种责任作出全面判断

行政执法中，对于"销售不知道是侵犯注册商标专用权的商品"行为的认定，属于对合法来源抗辩的适用，对此，免除销售商侵权责任需要同时满足以下三个要件：一是销售商不知道所销售的商品是侵犯注册商标专用权的商品；二是销售商能够证明商品是自己合法取得的；三是销售商能说明商品提供者。实践中，被告主张合法来源抗辩的，应当举证证明合法取得被诉侵权产品、复制品的事实，包括合法的购货渠道、合理的价格和直接的供货方等；被告提供的被诉侵权产品、复制品来源证据与其合理注意义务程度相当的，可以认定其完成了前述举证，并推定其不知道被诉侵权产品、复制品侵害知识产权；被告的经营规模、专业程度、市场交易习惯等，可以作为确定其合理注意义务的证据。

本案中，商标权人的"Tiger"等商标经过多年使用和积累，具有较高知名度，而侵权当事人长期从事鞋类商品销售，规模较大，其应当知道在服装鞋帽领域具有较高知名度的商标权利人的商品及商标情况。同时，通过国家企业信用信息公示系统核查，侵权当事人与供货商存在股东交叉任职关系，双方深度参与对方的经营活动；而且，供货商曾多次申请注册与权利人商标构成近似的商标并被商标主管机关依法驳回。综上，行政机关认定供货商实际知道相关商品涉嫌侵犯商标权人权益，侵权当事人与供货商是关联公司、存在重大利益关系，其知道或应当知道涉案商品涉嫌侵权，但仍与供货商签订销售代理协议，且大规模销售涉案商品，企图利用销售商免责规定行侵权之实，违法故意明显、违法事实确凿、违法情节严重，不适用合法来源抗辩，应依法承担相应的商标侵权行政责任。

① 参见国家知识产权局发布的第一批知识产权行政执法指导案例2号。

十七、制售他人商标标识的行为也是商标侵权行为吗？

【阐释】伪造和擅自制造他人商标标识以及销售此类标识均构成侵权

我国《商标法》第57条第4项将伪造、擅自制造他人注册商标标识或者销售伪造、擅自制造的注册商标标识的行为纳入侵犯注册商标专用权的范围之内。这种伪造、擅自制造和销售他人商标标识的制售假标行为的最终目的是将假标与相关的商品或服务在商业活动中结合使用。因此，制售假标实际上是一种商标侵权的预备行为，法律上将其纳入侵权范围可以有效地遏制侵权。根据2020年修订后发布的《商标印制管理办法》（国家市场监督管理总局令第31号）第15条第2款的规定，“商标标识”是指与商品配套一同进入流通领域的带有商标的有形载体，包括注册商标标识和未注册商标标识。其中，带有商标但独立于被标识的商品的物品，如带有商标的标签、封签、包装物等也属于“商标标识”，典型的如带有商标的塑料编织袋。针对制售假标的行为，《刑法》中也专门规定了“非法制造、销售非法制造的注册商标标识罪”，用以规制情节严重的制售假标的行为。

实践中，仅伪造、擅自制造他人注册商标或销售此类标识，违反《商标法》第57条第4项的相关规定，构成侵权；但是，如果未经许可在生产销售的商品上使用此类标识，则视不同具体情形可能会构成违反《商标法》第57条第1项、第2项、第3项的侵权行为。这几类侵权行为的法律后果有所不同，因此需要结合事实做出准确判断。

【示例】利用回收物品和私购商标大量组装成套名酒产品构成犯罪

2009年8月至2010年3月，被告人王某从宜兴市部分酒店回收五粮液、剑南春、水井坊、茅台、老作坊等白酒的酒瓶、塑料盒及外包装，分类整理后存放于其库房内，并向他人购买假冒的五粮液、剑南春等酒的注册商标标识，与回收的酒瓶及外包装进行组装后成套销售给他人或自己用于假冒上述名酒，以获取非法利益。2010 年 3 月 26 日和 4 月 6 日，宜兴市公安局先后 2 次在王某库房内查获未经合法授权而回收的附着有注册商标标识的五粮液、剑南春、水井坊、茅台酒瓶合计 5348 个，包装盒、袋、箱等合计 19,418 个以及购买来的假冒注册商标标识 4593 个。且王某利用上述物品已经组装了成套的水井坊包装 110 套(每套包括酒瓶、包装盒、手提袋各 6 个)，五粮液包装 49 套(每套包括酒瓶、防伪标识各 1 个，6 套放在 1 个包装箱内)。江苏省宜兴市人民检察院以王某犯非法制造注册商标标识罪，向江苏省宜兴市人民法院提起公诉。[①]

【分析】将购买的假标贴附在回收品上销售构成非法制售假冒产品

本案中，被告人主张其是从他人处购得的涉案注册商标标识和防伪标识，并没有自己制造，只是简单地将回收来的酒瓶和包装盒、箱、袋等进行整理，然后将买来的标识放在箱中卖出，而且涉案物品均未卖出，因此，应将本案被告人的行为认定为销售非法制造的注册商标标识罪(未遂)比较妥当。但是，法院在判决中指出：针对酒类商品商标和酒、酒瓶、包装盒等物而言，它们只有作为一个整体进入流通环节成为一种商品时，才能体现其价值；当酒瓶中的酒消耗后，酒瓶、包装盒等物均报废，就是待处理的废品，不能再进入正常的流通环节，从而这些酒瓶、包装盒及商标标识也丧失了其存在的意义，变得没有价值。不过，若将本应作为废品的酒瓶、包装盒等物回收，在未经商标权人同意的情形下，利用假标使其重新进入流通环节，再次赋予其商标标识功能，这种行为应属非法制造，且属于犯罪既遂。

① 参见江苏省宜兴市人民法院刑事判决书，(2010)宜知刑初字第 2 号。

十八、揭掉商品上他人的注册商标，更换上自己的注册商标的行为也是商标侵权吗？

【阐释】未经许可用自己的商标更换他人商标的构成“反向假冒”侵权

《商标法》第57条第5项规定的“反向假冒”，是指未经商标注册人同意，将商标注册人的商标“更换”成自己的商标，并将该已更换商标的商品又投入市场的行为。这种行为不仅非法掩盖了商品的真实来源，侵犯了注册商标权人的使用权益，而且使消费者对商品的真实来源产生了误认，引起了商品流通秩序的混乱。

【示例】购买他人的商品更换成自己的知名商标后出售构成侵权

A公司授权B公司在北京出售“鳄鱼”和“卡帝乐”牌服装。1994年4月，B公司工作人员就购买了一批北京某服装厂生产的“枫叶”牌西裤，并将该批西裤上的“枫叶”商标更换为自己获授权使用的“卡帝乐”商标进行销售。服装厂发现B公司出售的“鳄鱼”和“卡帝乐”牌西裤是经过改装的自己生产的“枫叶”牌西裤，且更换商标后的售价远远超过了“枫叶”牌西裤每条200元左右的销售价格。服装厂认为B公司此种不劳而获、冒用自己产品牟取暴利的不正当竞争行为侵权，遂起诉到法院。①

【分析】反向假冒行为构成独立的注册商标侵权行为

由于在该案发生时，我国《商标法》中并未将“反向假冒”行为明确规定为

① 参见北京市第一中级人民法院民事判决书，(1994)中经知初字第566号。

侵犯注册商标专用权的行为,因此法院依据《反不正当竞争法》的原理做出了判断。也即,原告为建立良好的商业信誉和产品声誉,经过多年不懈的努力和投入,使其“枫叶”牌西裤在版型设计、面料选择、制作工艺等方面都具有了自己的特点,满足了不同消费者的需求,占有了一定的市场份额,在市场竞争中取得了一定的信誉,在市场上享有一定的知名度。因此,原告对其享有的商业信誉和公平竞争的权利,应受到法律保护;其并未授权任何人更换自己产品的商标后再行销售,被告撕标更换成自己的商标后高价销售的行为,是利用原告的优质产品为其牟取暴利、无偿占有原告为创立其商业信誉而付出的劳动的行为,违反了诚实信用和公平竞争的基本原则,妨碍原告商业信誉、品牌的建立,使原告的商业信誉受到一定程度的损害,正当竞争的权利受到一定的影响,应承担相应责任。

值得注意的是,在 2001 年修正的《商标法》中,规定了“反向假冒”这种商标侵权行为;因此,在此之后这种将商标注册人的商标“更换”成自己的商标,并将该已更换商标的商品又投入市场的行为,根据《商标法》第 57 条第 5 项的规定将构成侵害注册商标专用权。

十九、市场管理人需要为商家售假行为负责吗？

【阐释】故意为侵犯他人商标专用权行为提供便利条件构成侵权

我国《商标法》第57条第6项规定，故意为侵犯他人商标专用权行为提供便利条件，帮助他人实施侵犯商标专用权行为的属侵犯注册商标专用权。此外，根据《商标法实施条例》第75条的规定，为侵犯他人商标专用权提供仓储、运输、邮寄、印制、隐匿、经营场所、网络商品交易平台等，属于《商标法》第57条第6项规定的提供便利条件。可见，上述行为从性质上应属对于直接侵权人的帮助行为，我国《商标法》对于明知他人从事的是商标侵权行为仍然为其提供帮助的行为也从严予以规制，不区分直接侵权或者帮助侵权，将其纳入了第57条列举的构成商标侵权、应承担连带责任的一种典型情形。

在商标侵权案件中，故意为侵犯他人商标专用权行为提供便利条件的行为多种多样，其中在有些情形下行为人“故意”的主观过错非常明显，甚至是与制售侵权假冒商品的人达成合意实施“一条龙”式的侵权，因此认定仓储、运输、邮寄等行为属于为他人侵权行为提供便利条件应承担连带赔偿责任也相对容易。不过，有些情形下主观故意不易认定，是否构成侵权需要结合行为人角色、是否得知侵权行为发生等具体情况来判断。

【示例】为售假提供经营场所的市场管理者应承担商标侵权责任

原告A公司诉称：被告董某是涉案A市场三期1－344号商铺的经营者。2011年至2014年，原告方数次到被告董某商铺购买皮包、皮带等商品，商品外包装上有假冒原告商标的标识，被告董某的行为侵犯了原告注册商标专用权，应承担停止侵权、赔偿损失等民事责任。原告还认为，被告安徽B公司等作为涉案市场的管理机构，怠于履行相应管理职责，为被告经营者董某的直接侵权行为提供了便利和帮助，应承担连带责任。被告 B 公司等辩称：其既不是 A 市场三期的开发者和开办者，也不是市场的经营管理方，更不是涉案商铺的产权所有者、出租方和承租方，不是适格被告。法院认为，B 公司应该承担为侵犯他人注册商标专用权提供便利条件的侵权责任。①

【分析】市场管理者依据采取的不同商业模式和实际管理监控商户的能力承担商标侵权责任

关于市场管理者是否承担为侵犯他人注册商标专用权提供便利条件的侵权责任，在司法实践中已形成较为稳定的判断标准。例如，江苏省高级人民法院在《侵害商标权民事纠纷案件审理指南（修订版）》中指出：市场管理者是否应当承担侵权责任，应当以市场管理者与商户之间的关系，商标权人向市场管理者发出附有确凿证据的警告函，市场管理者知晓市场内发生侵害商标权行为后的不同反应来认定。如果市场管理者与商户之间不是单一的铺位租赁关系，除承担管理职能外，还直接参与市场内的经营活动，并从中获取租金外的经营利益，且消费者有充分理由相信，除商户外，市场管理者也是交易相对方，那么应认定市场管理者与商户系共同经营，对经营行为共同承担侵权责任。如果市场管理者与商户之间仅是铺位租赁关系，只向商户收取铺位租金，不参与商户的经营行为，而且能够证明其收到商标权人警告函后即对被控侵权行为采取合理、必要措施，则应当认定其主观上没有放任侵权行为，客观上亦已尽到管理、监督、检查等义务，不对商户的侵害商标权行为承担责任。而如果市场管理者不能证明其在收到商标权人警告函后即对被控侵权行为采取合理、必要措施，则应当认定其在收到警告函后为商户的侵权行为提供帮助，应当承担相应责任。商标权人不能证明市场管理者在收到警告函以前即知道商户实施侵权行为的，市场管理者仅就商户全部赔偿数额承担部分连带责任。

本案中，法院认为，B 公司对包括 A 市场三期在内的涉案商城内商户持续提供管理服务工作，有义务对商户的经营活动进行监督和管理。但 B 公司未尽义务，致涉案商城内的商铺持续销售侵权产品，对此具有过错，应当对涉案商户的侵权行为致原告损害承担连带赔偿责任，最终判决董某和 B 公司停止侵权、连带赔偿原告 30,000 元。

---

① 参见安徽省合肥市中级人民法院民事判决书，(2014)合民三初字第 00203 号。

二十、电商平台应该为平台上的商户销售假冒商标商品的行为承担责任吗？

【阐释】电商平台知道或应知侵权而未采取必要措施构成帮助侵权，应连带承担商标侵权责任

电商平台一般是指电子商务平台，即为企业或个人提供网上交易洽谈的平台，其角色相当于经营实体市场的管理者。在大部分对平台上店铺经营者主张商标侵权的纠纷中，权利人往往以电商平台构成帮助侵权为理由，将其作为共同被告提起诉讼。当然，在少量案件中，也有以电商平台作为直接侵权主体提起诉讼的。

从侵权形态来看，电商平台在自身的服务中直接使用他人注册商标的行为，构成商标直接侵权。电商平台构成商标帮助侵权，则存在两种判定方式：第一种是电商平台明知或应知平台内经营者侵权但未采取必要措施的，与侵权人承担连带责任；第二种是通过适用“通知—删除”规则来判断电商平台是否知道平台内经营者侵权但未采取必要措施而构成帮助侵权，应承担损害赔偿责任。关于帮助侵权，因电商平台对于其平台内商户的侵权行为一般不具有预见和避免的能力，故不当然为此承担侵权赔偿责任；但如果电商平台知道其商户利用其所提供的网络服务实施侵权行为，而仍然为侵权行为人提供网络服务，或没有采取必要措施，则应当与其商户承担共同侵权责任。关于电商平台是否知道侵权行为的存在，可以结合权利人是否发出侵权警告、侵权现象的明显程度等因素综合判定；电商平台是否采取了必要的避免侵权行为发生的措施，应当根据其对权利人侵权警告的反应、避免侵权行为发生的能力、侵权行为发生的概率大小等因素综合判定。

【示例】电商平台对多次被举报商标侵权的店铺应采取必要措施却没有采取的，应承担帮助侵权责任

原告A公司是“衣念”注册商标的权利人，被告杜某在某电商平台上销售的卡通小熊服装，其熊头图案与原告的注册商标高度近似。原告认为，被告杜某在网上销售上述卡通小熊服装的行为侵犯了其注册商标专用权，自2009年9月开始7次发函给某电商平台要求其删除杜某发布的侵权商品信息。某电商平台虽然对原告举报的平台上的侵权信息予以删除，但未采取其他制止侵权行为的措施，属于故意为侵犯他人注册商标专用权的行为提供便利条件，纵容、帮助被告杜某实施侵权行为，故应与杜某共同承担侵权责任。某电商平台辩称其已采取了合理审慎的措施，及时删除了权利人投诉的涉嫌侵权的信息；而且，A公司的投诉中均未附任何证据，不是有效的投诉，其为了平衡投诉人和被投诉人之间的利益采取了删除信息的措施，未采取其他防止侵权的措施并无主观上的过错。法院审理认为某电商平台多次处理权利人对侵权人的投诉，应采取更有效的措施而没有采取，构成共同侵权。①

【分析】电商平台应对商标侵权行为采取必要措施

本案中被上诉人A公司从2006年起就对某电商平台上的商标侵权行为向上诉人某电商平台投诉，而且投诉量巨大；然而至2009年11月，该电商平台上仍然存在大量被投诉侵权的商品信息，而且在上诉人删除的被投诉商品信息中，收到卖家反通知的比例很小。由此可见，上诉人知道在其平台上大量存在商标侵权商品，而且知道对于被上诉人这样长期大量的投诉所采取的仅删除链接的处理方式见效并不明显。判断侵权不仅应从投诉人提供的证据考察，还应结合卖家是否反通知来进行判断；通常情况下，经过合法授权的商品信息被删除，被投诉人不可能漠然处之，其肯定会作出积极回应，及时提出反通知，除非确实是侵权商品信息。本案中，上诉人在多次删除杜某的商品信息并通知杜某被删除原因后，杜某并没有回应或提出申辩，上诉人据此完全应该知道杜某实施了销售侵权商品的行为。因此，一审法院判决杜某、某电商平台共同赔偿A公司经济损失及合理费用共计1万元。二审法院维持一审判决，认为某电商平

① 参见上海市第一中级人民法院民事判决书，(2011)沪一中民五(知)终字第40号。

台知道杜某利用其网络服务实施商标侵权行为，但仅是被动地根据权利人通知采取没有任何成效的删除链接之措施，未采取必要的能够防止侵权行为发生的措施，从而放任、纵容侵权行为的发生，其主观上具有过错，客观上帮助了杜某实施侵权行为，构成共同侵权，应当与杜某承担连带责任。

二十一、将他人的驰名商标用在其他商品上属于商标法中规定的给他人注册商标专用权造成其他损害的情形吗？

【阐释】将驰名商标跨类使用或用作字号域名的行为属于给他人注册商标专用权造成其他损害的情形

《商标法》第 57 条第 7 项规定了给他人的注册商标专用权造成其他损害的行为构成商标侵权的兜底条款。在具体解释其所包含的行为时，最高人民法院在《关于审理商标民事纠纷案件适用法律若干问题的解释》第 1 条中指出给他人注册商标专用权造成其他损害的行为包括：(1)将与他人注册商标相同或者相近似的文字作为企业的字号在相同或者类似商品上突出使用，容易使相关公众产生误认的；(2)复制、摹仿、翻译他人注册的驰名商标或其主要部分在不相同或者不相类似商品上作为商标使用，误导公众，致使该驰名商标注册人的利益可能受到损害的；(3)将与他人注册商标相同或者相近似的文字注册为域名，并且通过该域名进行相关商品交易的电子商务，容易使相关公众产生误认的。

另外，在司法实践中，损害商标的品质保障功能也被视为一种造成注册商标专用权其他损害的情形，典型的就是将正品重新包装并贴附权利人商标后再行出售的平行进口行为。对该行为是否侵权的判定，关键在于判断重新包装再转售的行为是否损害了商标的品质保障功能，是否对商标权人的商誉造成损害。如果重新包装再转售的行为并未对商标的品质保障功能造成损害，则该行为属于合法的商品转售行为，适用权利用尽原则；但如果被控侵权人将较低质量标准的商品或服务通过改变包装等按较高质量标准的商品或服务出售或提供，则可以认定被控侵权人的行为即便未造成消费者混淆，亦构成侵害商标权。

【示例一】将用于无人机的驰名商标用在手机上构成其他损害

原告A公司是“大疆”商标的商标权人，该商标核定使用在第12类“遥控运载工具、空中运载工具”等商品上。被告B公司持有“inni”商标（核定使用在“导航仪器、可视电话、移动电话”等商品上），以及“大爱无疆”商标（核定使用在“电话机套、网络通信设备、移动电话、笔记本电脑”等商品上）。由于被告在其商品“INNI 大疆 X7 全网通4G智能手机”“inniLT2 大疆手机”等商品的生产销售及宣传推广过程中使用了“大疆”标志，原告认为该行为侵犯了其商标专用权，故向北京知识产权法院提起诉讼。案件经两级法院审理，最终认定构成侵权。[①]

【分析】未经许可将他人的驰名商标跨类使用构成侵权

首先，本案涉及在不相同或不相类似的商品上进行跨类保护，符合对已注册的商标认定驰名的情形，应予审查认定；涉案商标“大疆”达到了驰名程度，在本案中应当认定构成驰名商标。其次，被告在其销售票据、宣传资料中使用“大疆 X7”“InnI 大疆”等标识的行为属于商标性使用。“大疆”是被告使用的上述标志中的显著识别部分，构成对涉案原告驰名商标的复制摹仿。最后，被告商品“手机”与原告商品“航空器”虽然在功能用途、消费群体等方面存在一定差异，但二者均系民用科技产品，在日常使用过程中存在密切关联，在手机商品上使用“大疆”标志的行为，足以使相关公众直接联想到原告的涉案商标，进而破坏该商标与原告商品之间的密切联系和对应关系，减弱该商标作为驰名商标的显著性；被告明知涉案商标在“航空器”商品上具有较高知名度，仍然在被诉侵权产品上使用“大疆”字样，意图利用该商标的市场声誉吸引相关公众的注意力，从而获取不正当的经济利益，不正当地利用了驰名商标的市场声誉。综上，被告的行为构成误导公众，致使该驰名商标注册人的利益可能受到损害的情形，侵犯了原告的注册商标专用权。

---

① 参见北京市高级人民法院民事判决书，(2020)京民终521号。

【示例二】进口商标权人销往其他国家的商品并使用其商标报关构成侵权

原告获得了商标权人就“卡罗娜·爱科拉”“科罗娜”“Coronita Extra 及图形”等啤酒商标的使用以及在中国境内维权的授权。“Coronita Extra 及图形”和“科罗娜”二商标经原告的广泛宣传,在我国有很高的知名度。原告自己也进口原装啤酒,并使用“科罗娜特级啤酒”中文标签作为其商品名称。被告进口一批货物,其中包含有 5.04 万瓶啤酒,因涉嫌侵犯在海关总署备案的“Coronita Extra 及图形”商标权,被海关扣留。被告在报关单的商品名称、规格型号中载明“卡罗娜啤酒 COROxxxTA”,在报关材料中还附有该啤酒的中文标签,注明“卡罗娜啤酒”,在入境货物检验检疫证明中载明的品名也是“卡罗娜啤酒”。经查,被告进口的该批次啤酒产品系由商标权人生产后出售给墨西哥当地经销商的正品,产品上使用了“Coronita Extra 及图形”标识。该案经法院判决,认为构成侵权。①

【分析】在平行进口的商品上加贴中文标识的行为属于给他人注册商标专用权造成其他损害

法院认为,我国法律并未强制要求出售进口商品时必须将外文商标翻译为中文,进口商在销售平行进口商品时,应尽可能保持商品原貌。进口商在平行进口商品上加贴自行翻译的、与权利人在境内注册并使用的中文商标不一致的中文标识,不仅会破坏权利人中文商标与其英文商标之间的对应性,削弱其为提高中文商标知名度、开拓境内市场而做出的努力,而且割裂了权利人中文商标与其商品之间的对应关系,损害了中文商标的来源识别作用,属于《商标法》第 57 条第 7 项规定的“给他人的注册商标专用权造成其他损害”的情形。本案中,原告享有涉案商标使用权,其在我国境内销售啤酒时,同时使用“科罗娜”与“Coronita Extra 及图形”商标,通过长期诚信经营和大量宣传投入,使“科罗娜”商标在相关公众中形成有关产品质量、服务的积极评价和正面印象,具有较高知名度,并与“Coronita Extra 及图形”商标建立起紧密的对应关系,两者均指向同一商品。被告在进口报关材料中在标有“Coronita Extra 及图形”标识的涉

---

① 参见浙江省高级人民法院民事判决书,(2020)浙民终 326 号。

案啤酒上使用了“卡罗娜”标识,破坏了“科罗娜”商标与“Coronita Extra 及图形”商标之间的对应性,割裂了涉案“科罗娜”商标与商品之间的对应关系,削弱了涉案“科罗娜”商标的来源识别作用,亦使原告为提高涉案“科罗娜”商标知名度,开拓国内市场所做出的努力受到损害,构成侵权。

二十二、为描述商品特征使用商标构成商标侵权吗？

【阐释】商标的正当使用可以作为不侵权的抗辩理由，不再构成商标侵权

我国《商标法》第59条第1款中规定的描述性正当使用抗辩是2013年修法时新增的，在《商标法》修改中增加该款规定的目的在于：我国商标法遵循注册原则，注册商标享有商标专用权；然而，这一专用权并不是绝对的，在一些情况下，他人可以对注册商标中的一些要素进行正当使用。所谓正当使用，是指经营者为了说明自己所提供的商品或服务，便于消费者辨认，可以对他人注册商标中所包含的信息依法不经注册商标权人许可而使用。商标要素的正当使用本质上并非对他人注册商标的使用，而是对他人商标中所包含的公共领域中的描述性信息的使用。商标要素的正当使用不构成商标侵权，可以作为商标侵权的抗辩事由提出。在司法实践中，北京市高级人民法院《关于审理商标民事纠纷案件若干问题的解答》（京高法发〔2006〕68号）规定：构成正当使用商标标识的行为应当具备以下要件：（1）使用出于善意；（2）不是作为自己商品的商标使用；（3）使用只是为了说明或者描述自己的商品。

【示例一】在酒产品上突出使用“3两3”标志侵害“泸德3两3”商标权

图6　原告主张之注册商标

原告主张的商标是核准注册在第33类“酒（饮料）”上的“泸德3两3及图”（见图6）。被诉侵权商品上有较大字体的“3两3”字样，并印制有较小的“某某公司出品”等。一审法院认为，被诉侵权商品上的“3两3”标志与原告的“泸德3两3”商标相比，文字主要部分相同、读音和含义相同，易使相关公众误认

为被诉侵权商标与涉案注册商标所标示的商品来自同一市场主体，或误认为使用两种标志的市场主体之间存在关联，足以造成相关公众的混淆误认。二审法院认为“3两3”标志仅仅起到说明、描述该商品重量或规格的作用，不会使相关公众将之与商品的提供者形成联系，这种描述性、说明性使用属于正当使用，不会与原告的涉案注册商标相混淆。再审法院认为，现有证据不足以证明“3两3”属于酒类通用名称，被告在被诉侵权商品的包装装潢上突出使用“3两3”作为商标，主观上具有攀附原告商誉的恶意，其行为不属于正当使用。①

【分析】对注册商标的描述性使用也不能超过合理的界限

最高人民法院认为，“3两3”具有一定的描述性，如果被诉侵权商品的容量为3两3，生产者出于说明或者客观描述商品容量的目的，以善意方式在必要的范围内予以标注，不会导致相关公众对其商品来源混淆，可以认定为正当使用；但是，被诉侵权商品在包装显著位置上突出使用“3两3”标志，该标志明显大于被告自己的注册商标，也明显大于标贴上表明的酒容量，属于商标性使用。另外，结合原告商标在酒类产品中的知名度，可以认定被告突出使用“3两3”标志的行为不存在合理使用的基础，也不构成对商品容量和规格进行描述的正当使用。

【示例二】在含青花椒的特色菜品上用“青花椒”字样属于正当使用

2014年7月7日，A公司注册取得“青花椒”文字商标，核定服务项目为第43类饭店、餐厅等，该商标后转让给B公司。之后，B公司先后在第43类饭店、餐厅等服务上注册取得文字和图形排列组合稍有差异的系列“青花椒及图”商标。2021年7月23日，B公司经认证取得两份附时间戳的证书，显示被诉侵权店铺的店招为“重庆青花椒鱼火锅自助”、被诉侵权的某网站店铺名称为“重庆青花椒鱼（某某街店）”，两家店的经营主体C火锅店被起诉至法院。一审法院认为构成侵权，二审法院认为被告对“青花椒”字样的使用属于正当使用，不构成侵权。②

---

① 参见最高人民法院民事判决书，（2018）最高法民再53号。

② 参见四川省高级人民法院民事判决书，（2021）川知民终2153号。

【分析】显著性弱的商标不能禁止他人的描述性正当使用

法院认为，将地方特色菜品名称标注在店招上是餐饮行业的惯常做法，特别是在川渝地区以川菜为特色的众多中小微餐馆的经营中，无论是在店招还是在菜单上使用“青花椒”字样，相关公众都习惯将其含义理解为含有青花椒调味料的特色菜品。注册商标专用权的保护范围应当与其显著性相一致，涉案“青花椒”商标显著性较弱的特点决定了其保护范围不宜过宽，否则会妨碍其他市场主体的正当使用，影响公平竞争的市场秩序。B 公司作为餐饮行业经营者，注册和使用商标都应当遵循诚实信用原则，对 C 火锅店就“青花椒”字样的正当使用和诚实经营，无权干预和禁止，其诉讼请求不应得到支持。

【示例三】在鲁锦织品上使用“鲁锦”不构成商标侵权

原告山东鲁锦公司诉称，被告鄄城县鲁锦工艺品有限责任公司等大量生产、销售标有“鲁锦”字样的鲁锦产品，侵犯其“鲁锦”注册商标专用权；同时，鄄城鲁锦公司企业名称中含有原告的“鲁锦”注册商标字样，误导消费者，构成不正当竞争，请求判令二被告承担侵犯商标专用权和不正当竞争的法律责任。法院判决认为原告不能以“鲁锦”商标影响经营者将“鲁锦”作为当地传统产品的通用名称正当使用。①

【分析】对通用名称的使用可以作为正当使用抗辩的理由

从本案查明的事实来看，在 1999 年山东鲁锦公司将“鲁锦”注册为商标之前，“鲁锦”已是山东民间手工棉纺织品的通用名称，之后“鲁锦”织造技艺被列为非物质文化遗产。“鲁锦”织造工艺历史悠久，在提到“鲁锦”时，人们想到的就是历史悠久的山东民间手工棉纺织品及其织造工艺和国家级非物质文化遗产。其代表的纯棉手工纺织生产工艺并非由某一自然人或企业法人发明而成，而是由山东地区特别是鲁西南地区人民群众长期劳动实践而形成。因此，二被告使用“鲁锦”标注相应传统工艺产品的行为不构成商标侵权，也非不正当

① 参见山东鲁锦实业有限公司诉鄄城县鲁锦工艺品有限责任公司、济宁礼之邦家纺有限公司侵害商标权及不正当竞争纠纷案，最高人民法院指导案例 46 号(2015 年)。

竞争。

保护商标权的目的，就是防止对商品及服务的来源产生混淆。注册商标中含有本商品通用名称的，注册商标专用权人无权禁止他人正当使用。由于山东鲁锦公司“鲁锦”文字商标和“Lj + LUJIN”组合商标，与作为山东民间手工棉纺织品通用名称的“鲁锦”一致，其应具备的显著性区别特征因此趋于弱化。商标注册人对商标中的通用名称部分不享有专用权，不能影响他人将“鲁锦”作为通用名称正当使用。

【示例四】使用“百家湖”地名描述该地“枫情家园”楼盘属于正当使用

百家湖是南京市江宁区东山镇境内的一个地名。2000 年 10 月 14 日，经国家商标局核准，原告利源公司获得“百家湖”注册商标专用权，核定使用在服务项目第 36 类，范围包括艺术品估价、不动产出租、不动产代理、不动产中介、不动产评估、不动产管理、公寓管理、公寓出租、住所（公寓）、经纪。2001 年 9 月 14 日，经江宁区地名委员会批准，被告金兰湾公司在江宁区百家湖区域开发的住宅小区被命名为“枫情家园”；金兰湾公司将其在“枫情家园”中新开盘的高层住宅冠名为“百家湖 · 枫情国度”。原告认为被告侵害其商标权并将其诉至法院，一审认为不构成侵权，二审认为构成侵权；金兰湾公司不服申请再审，经最高人民法院批复，江苏省高级人民法院再审认为不构成侵权。①

【分析】使用地名描述商品或服务构成商标的正当使用

“百家湖”商标是包含地名的文字商标，在依法保护其注册商标专用权的同时，也要合理维护正当的公众利益。根据不动产销售的特点，宣传地产时必须和相应的地理位置联系，标示楼盘的地理位置是由不动产本身特点决定的房地产销售经营惯例。再审申请人金兰湾公司开发的楼盘就在百家湖区域，距离百家湖很近，完全有权使用“百家湖”文字来如实注明其开发的商品房的地理位置。金兰湾公司将自己的楼盘冠名为“百家湖 · 枫情国度”并在广告中使用，目的是向消费者告知该楼盘位于百家湖区域；这种使用的目的和使用的方式，符合普通公众对表示楼盘地理位置的惯常理解，符合房地产销售经营的惯例，是对地名的正当使用，不构成对利源公司商标专用权的侵害。

---

① 参见利源公司诉金兰湾公司商标侵权纠纷案，载《最高人民法院公报》2005 年第 10 期。

【示例五】汽车配件出口中使用他人商标属于不构成侵权的指示性使用

原告A公司于1997年在我国注册了"VOLVO"文字商标,核定使用在第7类和第12类商品上。2005年4月16日,被告向海关申报出口至叙利亚滤清器50箱,该滤清器上以醒目的、大号的英文标有"FOR VOLVO"字样,在数行不同语言的产品名称之下,有一个小字体的单词"Replace"。2005年4月30日,上海海关根据原告的申请,以被告出口的滤清器涉嫌侵犯原告的"VOLVO"注册商标专用权为由,将上述50箱滤清器予以扣留并向原告发出了通知书。2005年5月27日,原告向法院提出诉前财产保全申请,法院于6月1日依法查封了海关扣留的50箱滤清器。被告认为其在滤清器上使用"FOR VOLVO"文字并非作为商标标识使用,而是为了向消费者说明该滤清器适用于VOLVO这种品牌的汽车,况且被告生产的滤清器上已经使用了叙利亚客户拥有的"OK"激光防伪商标,因此其在生产的滤清器上使用"FOR VOLVO"文字不构成对原告的注册商标专用权的侵犯。对此法院认为:指示性使用必须是使用者善意的、合理的使用,以起到说明的作用,不能因此而造成相关消费者的混淆和误认,或者使消费者对该商品与使用的商标间产生某种联想。本案中被告未在滤清器上标识产品制造商的名称等能够识别商品来源的文字,客观上易使消费者联想到该商品的来源与"VOLVO"商标注册人存在某种联系,因此被告的行为不属于对注册商标的正当合理的指示性使用。①

【分析】对商标的指示性使用可以作为不侵权抗辩的理由,但不能突出使用他人商标,导致消费者混淆

除《商标法》中明确规定的"描述性"正当使用抗辩外,在司法实践中还普遍承认一种"指示性"正当使用的抗辩。指示性正当使用抗辩主要是为指示商品或服务的用途,因此具有使公众了解商品信息的功用,其正当性值得肯定。对于提供零部件的经销商,这一抗辩尤其具有重要意义。对此现已失效的由原国家工商行政管理总局发布的《关于禁止汽车零部件销售商店、汽车维修站点擅自使用他人注册商标的通知》(工商标字〔1995〕第195号)中曾指出:汽车零部件销售商店和汽车维修站点,为了说明本店经营汽车零部件品种及提供服务

① 参见上海市浦东新区人民法院民事判决书,(2005)浦民三(知)初字第40号。

的范围，应直接使用叙述性的文字，如“本店销售×××汽车零部件”“本店维修×××汽车”等字样，其字体应一致，不得突出其中的文字商标部分，也不得使用他人的图形商标或者单独使用他人的文字商标。尽管在传递商品信息意义上指示性使用具有正当性，但是其免责的条件中仍然需要符合工商业的惯例，不得利用该抗辩突出与他人商标相同的部分，造成相关消费者的混淆和误认，或者使消费者对该商品与使用的商标间产生某种联想。

法院认为，依法注册的商标受法律保护，未经许可他人不得擅自使用。商标最基本的作用在于让消费者区别商品的来源，避免出现混淆、误认或联想。如果是为了指明商品的基本信息，应当允许他人在不引起消费者混淆、误认或联想的情况下，正常、合理地使用权利人的商标。在司法实践中，比较常见的情形是销售商在销售商品时，为说明来源、指示用途而使用他人注册商标，对此类指示性使用，如果是按商业惯例规范使用，一般不构成侵权。例如，由于不同品牌的汽车使用的滤清器规格可能不同，当消费者选择滤清器时，必须了解其选择的滤清器是否能够适用于他的汽车，那么生产厂家必须在该滤清器上指出它可以匹配的汽车的品牌、型号等，以使消费者能够作出正确的选择，此时在该滤清器上有可能会标明汽车的品牌。但是，这种使用必须是善意的、合理的使用，以起到说明的作用，不能因此而造成相关消费者的混淆和误认，或者使消费者对该商品与使用的商标间产生某种联想。

本案中，由于被告未经原告许可，在其生产的滤清器上以较大的字体突出使用了“FOR VOLVO”文字，且其使用的“FOR VOLVO”文字含义不清，又未在滤清器上标识产品制造商的名称等能够识别商品来源的文字，客观上易使消费者联想到该商品的来源与“VOLVO”商标注册人存在某种联系，因此被告的行为不属于对注册商标的正当合理的指示性使用，已构成了对原告注册商标专用权的侵犯。

二十三、在他人商标申请日前已经使用了该商标，能否在他人商标注册后继续使用？

【阐释】在他人商标申请日前已经在先使用该商标构成商标法上的在先使用，可以在他人商标注册后继续使用

为确保商标在先使用人因其使用行为业已形成的商誉，我国商标法规定了在先使用商标的主体可继续使用，且不构成侵权的抗辩制度。该制度的正当性在于：商标作为商业符号的一种，其价值仍源于在经营活动中的实际使用，只有经过实际使用才可能发挥标识功能。一个已经实际使用的商标，即使未经注册，但由于其已负载了一定的商誉，也已产生应予保护的正当利益，商标注册人不能剥夺商标在先使用人经过正当、合法的投资和使用而产生的商誉和利益。在司法实践中，一般将该制度的构成要件归结为三个：其一，在先使用行为应早于在后注册商标的申请日；其二，在先使用人应出于善意；其三，在先使用的标识经过持续性使用产生了一定影响。可以援引在先使用抗辩的主体除了在先使用人本人，还包括受让人、被许可人等。在法律效果上，在先使用人有权在"原有范围"内继续使用，而注册商标权人有权要求在先使用人添加适当区别性标识。

【示例】网络环境下在先使用的"原使用范围"不可以延伸到线下

2015 年 3 月 3 日，原告申请注册第 16430205 号"悦跑"商标，2016 年 4 月 28 日注册成功，核定使用的服务类别包括"在线社交网络服务"。被告运营的"悦跑圈"在 2013 年 12 月 31 日发布的 V1.1.0.2 版本中就自称系"一款基于跑步的社交型应用"，提供在线社交网络服务，此后被告一直坚持"悦跑圈"的该种定位，2013 年至 2015 年 3 月，被告运营的"悦跑圈"逐步开发了"跑友圈分

享”“加入跑团”“添加跑友”功能，已经实现了跑友线上评论、线上交友、线上聊天等在线社交功能。同时，被告的“悦跑圈”微博、“悦跑圈”微信也针对“悦跑圈”上的活动，提供了跑友分享、评论等网络社交服务。在原告商标申请日后被告基于“悦跑圈”应用软件提供“线上马拉松”的服务，对此法院认为该服务超出了原有范围，构成对原告注册的“悦跑”商标的侵权。①

【分析】在先使用抗辩中“原使用范围”应作严格解释

在先使用抗辩的效力范围主要是指在“原使用范围”内可以继续使用注册商标。其中对于“原使用范围”应当进行严格解释，以避免在先使用人蚕食注册商标权人的市场。在经营途径的范围判断上，主要涉及的是线上、线下两种市场上商标使用行为的边界划定问题。在司法实践中，对于商品商标，最初是在线下实体进行商标使用，后又通过互联网投放广告，在电商平台上进行销售的，认定符合“原使用范围”的要求。对于服务商标，最初在线下提供实体服务，后通过网络进行商标使用的，持否定性见解；而如果在先使用人最初的使用行为是在网络中进行的，并不意味着其在先使用范围就覆盖整个网络，也不意味着可以渗透线下市场。

法院认为，在互联网上形成的在先权利的“原使用范围”突破了现实地域限制，已无法界定“原使用范围”的地域性。未注册商标使用人已通过在先使用抗辩保护了其已有的市场份额和商誉，其继续使用时的“原使用范围”应当予以严格的“限缩解释”。因此，被告在“原使用范围”使用是指其只能在原先使用的“悦跑圈”“悦跑会”“城市悦跑”等微博、微信范围内继续使用，而不得通过其他方式或者其他互联网产品提供以“悦跑圈”命名的“在线社交网络服务”，也不能以“悦跑圈”的名义提供线下的交友服务。被告通过“悦跑圈”应用软件提供“线上马拉松”服务超出了在线交友服务范围，构成侵权。

① 参见广东省深圳市中级人民法院民事判决书，(2017)粤03民初977号。

二十四、是否所有的商标侵权发生后被告都需要承担立即停止侵权的责任？

【阐释】并不是所有的商标侵权发生后被告都需要承担立即停止侵权的责任

与所有知识产权侵权纠纷一样，在侵害商标权案件中，法院判决被告承担民事责任的方式主要包括：(1)停止使用侵害原告商标权的“××”标识的行为；(2)规范使用、不得突出使用或者停止使用侵害原告商标权的“××”企业名称、域名等。

不过，企业名称是市场主体获得民事主体资格的基础。对于被诉企业字号侵害商标权或者构成不正当竞争的案件，是否判令停止使用企业字号，应当视案件具体情况，在综合考量主观过错程度、历史因素和使用现状的基础上公平合理地作出裁量。在被告注册、使用被诉字号具有明显攀附恶意时，如果允许被告继续使用其字号，与原告的商标或字号共存，即便不突出使用字号，对于市场而言，尤其是对于潜在购买者，仍极易发生混淆或者误认时，应当判决其在构成侵害商标权的同时，停止使用或者变更企业名称，以体现商标法鼓励企业诚信经营、发展自主品牌的导向。但是，如果判决停止有关行为会造成当事人之间利益的重大失衡，或者有悖社会公共利益，或者实际上无法执行，可以根据案件具体情况进行利益衡量，即可以不判决停止侵权，而改为加重侵权损害赔偿的方式。

【示例】在不动产上使用“星河湾”商标作为楼盘名称无法判决停止侵权

A公司拥有“星河湾”商标，分别核定使用在第36类“不动产出租、不动产管理”以及第37类“建筑”等服务项目，后转让给B公司。A公司经许可使用上述两注册商标,并有权以自身的名义提起侵权诉讼。自2000年起,C公司在江苏省南通市先后推出“星河湾花园”“星辰花园”“星景花园”等多个地产项目,小区名称均报经南通市民政局批准。B公司、A公司以C公司在开发的不动产项目中使用“星河湾”字样、侵害其注册商标权为由,提起诉讼。法院判定侵权成立,但因使用“星河湾”字样的楼盘项目已入住多年,不宜判决停止侵权。①

【分析】判定不停止侵权主要考虑公共利益和善意第三人

一般来说,在商标权等知识产权与物权等财产权发生冲突时,是否判令当事人承担停止使用的法律责任,应当遵循善意保护原则并兼顾公共利益。本案中,考虑到C公司包含“星河湾”字样的小区名称已经民政部门批准,小区居民也已入住多年,且并无证据证明其购买该房产时知晓小区名称侵犯B公司商标权,如果判令停止使用该小区名称,会导致商标权人利益与公共利益及小区居民利益的失衡,故不再判令停止使用该小区名称,但被告在尚未出售的楼盘和将来拟开发的楼盘上不得使用“星河湾”作为其楼盘名称。

---

① 参见最高人民法院民事判决书,(2013)民提字第102号。

二十五、商标权人应该通过何种方法来主张损害赔偿金？

【阐释】商标损害赔偿金的计算方法通常包括实际损失、侵权获利、许可费倍数、法定赔偿以及惩罚性赔偿五种

商标侵权救济方式主要包括停止侵权和损害赔偿。对于权利人来说，救济的实效往往取决于法律对损害赔偿金额计算规则的设置以及司法机关对该规则的适用。损害赔偿金的计算向来是知识产权侵权救济中的难题。与停止侵权的禁令救济不同，损害赔偿的救济更多体现了“回溯性”，也就是说，需要对权利人之前遭受的损害进行评估。同时，与有形财产遭受损害时的情形不同，商标权等无形财产的损害往往要以市场竞争为媒介，因果关系证明、证据获取、市场需求变化等因素都会给数额评价带来很多困难。执法者面临的问题是，一方面，如果不能实现充分救济，考虑到针对侵权行为的监控、发现与执行成本，侵权人就更易因侵权而获利，这将诱发侵权，最终使侵权救济规则的设置无异于画饼充饥；另一方面，如果对这种损害进行过度评价，考虑到无形财产在效力范围上的不明确性，反而会限制他人自由选择商业标识进行营业活动。

我国《商标法》第 63 条对损害赔偿的计算方式明确列举了实际损失、侵权获利、许可费倍数、法定赔偿以及惩罚性赔偿五种方式。

【分析一】权利人实际损失数额为权利人因侵权所造成销售减少量或侵权商品销售量 × 该注册商标商品的单位利润

计算实际损失一般采取由于侵权行为的存在导致权利人销售额减少的规则。商标权人须证明销售额的减少与侵权行为之间存在因果关系。在司法实践中，原告须达到“没有证据证明有其他重大因素会导致原告的销量严重受损，因此被诉侵权行为系造成原告收入减少的最重要原因”的程度。除了极其特殊

的情形，实际损失计算方法较少得到法院的支持。在具体计算中，最高人民法院《关于审理商标民事纠纷案件适用法律若干问题的解释》（法释〔2020〕19号）第15条规定：实际损失 = 权利人因侵权所造成销售减少量或侵权商品销售量 × 该注册商标商品的单位利润。实践中，认定实际损失的范围包括：因销售流失而造成的损失、因价格侵蚀而造成的损失、附带产品的销售损失、商誉的损害等。

【分析二】侵权人的获利数额主要为侵权商品销售收入 × 利润率

依据最高人民法院《关于审理商标民事纠纷案件适用法律若干问题的解释》第14条中的计算规则，侵权获利 = 侵权商品销售量 × 商品单位利润；该商品单位利润无法查明的，侵权获利 = 侵权商品销售量 × 注册商标商品单位利润。在司法实践中，往往引入“利润率”的概念确定侵权获利，即侵权获利 = 侵权商品销售收入 × 利润率；这主要是由于“侵权商品销售收入”较容易确定，而“侵权商品销售量”较难获取。在利润率的计算上，司法实践存在三种认定方法：一是基于侵权人的利润率；二是基于权利人的利润率；三是基于同行业利润率。其中，权利人的利润率仅在侵权人利润率无法查明的情况下才适用。

在依据侵权人的利润率进行计算时，往往依据我国财会制度将利润分为销售利润、营业利润和净利润等类别。其中，销售利润是指产品销售收入减去相应的销售成本（包括制造成本和销售费用）、产品销售税金及附加费用后的利润；营业利润是指产品销售利润减去管理、财务等费用后的利润；净利润是指营业利润减去增值税等税金后的利润。在三种利润的取舍上，实践中侵权获利一般按照侵权人的营业利润计算，对完全以侵权为业的，可以按照销售利润计算。而例外适用“毛利润”（销售利润）的案例，往往是出于惩罚的目的。在依据同行业利润率计算时，主要考察国家统计部门的权威报告、官方行业协会的统计、权威财经资讯记录的行业财务指标、投资机构出具的研究报告等的数据。

我国《商标法》第63条第2款规定的举证妨害规则，较多适用于侵权获利的计算上。实践中，权利人只需证明侵权人通过侵权行为获得了销量、收入或利润，但确切的数据无法从公开渠道获得，就满足了尽力举证或初步举证的要求。在效果上，尽管该条款规定的是“可以参考权利人的主张和提供的证据判定”，但实践中法院可能直接推定权利人的主张成立，或推定侵权人的侵权获利巨大、超过法定赔偿的最高限额。

【分析三】实际许可费需要提供真实许可费证据

我国《商标法》在2013年修正时在第63条中新增了“实际许可费倍数”规则。在实践中,法院一般认为必须已经存在真实许可费证据的才可以主张此种计算方法,因此该规则的适用比例极低。在认定可比的许可费后,根据最高人民法院《关于当前经济形势下知识产权审判服务大局若干问题的意见》第16条的规定,应充分考虑正常许可与侵权实施在实施方式、时间和规模等方面的区别,并在赔偿金判定方面适当高于正常许可费。

确定实际许可费金额后,在倍数规则的适用上,法院具有较大的裁量余地。实践中,法院一般是在1倍至3倍任意确定,某些情况下倍数具有惩罚性;侵权行为在方式、时间和规模等方面与正常许可的区别,也可作为确定合理倍数的衡量因素。

【分析四】惩罚性赔偿主要是在实际损失、侵权获利及许可费倍数的基础上再乘以相应倍数

尽管2013年《商标法》中引入了惩罚性赔偿制度,但是实践中适用比例不高。惩罚性赔偿具体计算时是在法院认定的实际损失、侵权获利或许可费倍数的基础上再给予1倍以上5倍以下赔偿。最高人民法院《关于审理侵害知识产权民事案件适用惩罚性赔偿的解释》除对“故意”“严重”等核心要件的考虑因素给出提示外,还在第5条第3款将举证妨碍制度与惩罚性赔偿制度衔接起来,人民法院可以参考原告的主张和证据确定惩罚性赔偿数额的计算基数。通过对适用惩罚性赔偿的案件进行分析,可以归纳出对商标侵权适用惩罚性赔偿主要包括以下情形:侵权人曾将自己的涉案侵权商标提交国家知识产权局商标局以寻求商标注册,但因与权利人的在先注册商标相冲突而被驳回,被驳回后侵权人继续实施侵权行为;侵权人在行政执法之后继续实施侵权行为;违反法院禁令或保全措施的行为;经侵权警告后仍不停止侵权;因业务合作知悉在先注册商标仍实施侵权行为;侵权人从事的是假冒商标行为;侵权人所售侵权产品存在质量问题。

【分析五】法定赔偿主要由司法机关根据侵权的恶性与情节进行综合裁量

实践中，权利人往往不能举证适用前三种赔偿方式，因此98%以上的案件适用的均为法定赔偿，特别是在批量维权案件中，但赔偿数额一般较低（1万元以下）。在适用法定赔偿时，权利人应当说明适用法定赔偿的理由及主张赔偿数额的相关因素，法院在衡量时也会考虑惩罚性的因素。最高人民法院《关于依法加大知识产权侵权行为惩治力度的意见》第11条规定的人民法院在从高确定法定赔偿数额时所考量的因素，事实上与适用惩罚性赔偿时所考量的因素基本相同。现实中，法院也有在考虑相关因素后拒绝对商标权人提供法定赔偿救济的情况，例如，原告商标未实际投入商业性使用、涉案侵权产品未实际进入市场流通、原告商标知名度过小、被告侵权情节轻微且不足以对原告造成损失，以及原告未提供损失的任何证据等。

【分析六】制止侵权行为所支付的合理开支也应由被告承担

2001年《商标法》第56条第1款（现行《商标法》第63条第1款）还特别强调了赔偿数额中，应包含被侵权人为制止侵权行为所支付的合理开支，包括对侵权行为进行调查、取证的合理费用，符合国家有关部门规定的律师费用也可以被计算在赔偿范围内。其中，为制止侵权用于调查取证的差旅费、购买侵权产品的费用、公证费等只要有相关证据，一般都能获得全额支持。对于律师费，最高人民法院2020年颁布的《关于依法加大知识产权侵权行为惩治力度的意见》第13条特别强调："人民法院应当综合考虑案情复杂程度、工作专业性和强度、行业惯例、当地政府指导价等因素，根据权利人提供的证据，合理确定权利人请求赔偿的律师费用。"

二十六、即使构成商标侵权，也可以免除损害赔偿责任吗？

【阐释】在构成商标侵权的情况下，可以免除商标侵权损害赔偿责任的包括合法来源抗辩和三年不使用抗辩两种情形

我国《商标法》规定，被控侵权人尽管需要承担商标侵权的责任，但在满足某些条件时可以免除其支付损害赔偿金的义务。免除赔偿责任主要通过两种抗辩实现：一是合法来源抗辩；二是三年不使用抗辩。对于前者，2001 年修正的《商标法》在第 56 条第 3 款中规定了“合法来源抗辩”，也即，现实中很大一部分案件中原告并不去起诉侵权产品的生产商，而是起诉零售商，对此零售商可以主张合法来源抗辩免除赔偿责任。对于后者，2013 年修正的《商标法》第 64 条第 1 款规定，权利人不能证明此前三年内实际使用过该注册商标，也不能证明因侵权行为受到其他损失的，被控侵权人不承担赔偿责任。这一规定显然与“撤三”制度相衔接，体现了商标法保护商标的识别功能不被侵害、消费者不会混淆误认的立法目的。如果注册商标未在商业活动中使用，消费者便无从将该商标与注册人及其商品的特定质量相联系，混淆、误认也就无从产生。也就是说，未使用的注册商标因为没有使用，也就没有区分商品来源的功能，所谓侵害商标权不会对消费者造成混淆，也不会给商标权人造成损失，其侵权损害赔偿请求权也就不成立。不过，商标权人有权依照法律的规定制止他人的侵权行为，由此所支付的合理开支可以作为因侵害行为所受的损失请求侵害人予以赔偿。

【示例】注册商标后未实际使用的主张损害赔偿不能得到支持

A 公司是“五谷丰登”这一注册商标的专用权人，该注册商标核定使用商品类别为：空气调节装置、风扇、电暖气等商品（第 11 类）。B 公司在其生产的

空调器上使用了与上述注册商标“五谷丰登”相同的商标。据查,在 B 公司实施被诉侵权行为之前,A 公司并未实际使用该注册商标。A 公司提起诉讼,请求依法判令 B 公司立即停止侵犯本案注册商标专用权的行为,停止在其空调器产品上使用“五谷丰登”商标,并依法判令 B 公司赔偿 A 公司经济损失 500 万元人民币及制止侵权行为的支出 5510 元人民币。法院判决支持 A 公司停止侵权和合理支出费用的请求,但未支持其损害赔偿请求。①

【分析】权利人未实际使用商标导致被告不承担损害赔偿责任

本案中,在 B 公司实施被诉侵权行为之前,A 公司的涉案注册商标因为没有实际使用,从而没有起到区分商品来源的功能;虽然 B 公司侵害了 A 公司的注册商标专用权,但并没有给 A 公司造成实际经济损失,B 公司无从借用 A 公司就涉案注册商标尚未建立起来的商誉推销自己的产品并因此而获得利益。而且,A 公司没有提供证据证明 B 公司使用被诉侵权标识的行为给 A 公司的注册商标造成了不良影响,从而损害该商标可能承载的商誉。因此,A 公司侵权损害赔偿请求权不能成立,其请求以 B 公司因侵权所获得的利益作为计算损失的依据,不应得到支持。但是,A 公司为制止 B 公司的侵权行为所支付的合理开支,可以请求 B 公司予以赔偿。

① 参见广东省高级人民法院民事判决书,(2015)粤高法民三终字第 145 号。

二十七、市场执法部门可以对商标侵权采取行政处罚措施吗？

【阐释】市场监督管理部门可以依商标权人请求查处，也可以主动查处商标侵权行为

在对商标侵权行为的遏制方面，行政执法方式具有典型的中国特色。一般来说，商标权人应当自行承担维权的成本，包括私人谈判和解和向司法机关提起民事诉讼的成本，但我国还同时为权利人提供了向行政机关举报维权的救济模式。我国《商标法》第60条规定，权利人在面对商标侵权行为时可以选择法院诉讼，也可以请求行政管理部门处理。相比于诉讼的民事救济途径，行政救济途径具有程序简便、处理纠纷实效性较强，且不需要权利人承担费用的特点；对于自我保护意识较弱或维权能力有限的中小型企业来说，选择行政救济途径可以有效减少其维权成本。《商标法》第61条规定，行政管理部门也有权依法查处侵权行为，并对涉嫌犯罪的移送司法机关处理。行政管理部门如果认定侵权行为成立，可以责令立即停止侵权行为，没收、销毁侵权商品和主要用于制造侵权商品、伪造注册商标标识的工具，并可以依据违法经营额等进行罚款。

【示例】市场监督管理局依投诉查处使用回收再利用啤酒瓶侵犯“青岛啤酒”注册商标的行为

2020年3月，青岛啤酒股份有限公司向山东省威海市市场监督管理局投诉，反映威海某公司（被投诉人）侵犯“青岛啤酒”“TSINGTAO”注册商标专用权。青岛啤酒股份有限公司生产的啤酒酒瓶瓶颈处均有“青岛啤酒”“TSINGTAO”浮雕文字。被投诉人按照行业惯例长期使用回收的旧酒瓶作为自己生产的啤酒的容器，其中600毫升旧酒瓶中包括瓶颈烙有“青岛啤酒”“TSINGTAO”浮雕文字的青岛啤酒酒瓶，被投诉人在使用过程中贴上自己的商

标及包装进行销售，但没有对瓶颈上“青岛啤酒”“TSINGTAO”浮雕文字进行有效遮挡。山东省威海市市场监督管理局认定：被投诉人在从事啤酒生产销售过程中，使用回收的带有“青岛啤酒”“TSINGTAO”浮雕文字的啤酒瓶作为啤酒产品容器，在将青岛啤酒酒瓶原有的纸质标签清洗后，贴上自己的商标及包装销售，却没有对酒瓶瓶颈处的“青岛啤酒”“TSINGTAO”浮雕文字进行有效遮挡，易使相关公众对产品的来源产生误认，或者误认为当事人与青岛啤酒股份有限公司之间存在特定联系，侵害“青岛啤酒”“TSINGTAO”注册商标专用权，构成《商标法》第57条第7项规定的给他人注册商标专用权造成其他损害的行为。办案机关依法责令被投诉人立即停止侵权行为并作出罚款3万元的行政处罚。①

【分析】回收带有他人注册商标的容器进行再利用的也会构成商标侵权

市场监督管理部门认定回收旧啤酒瓶再利用，灌装与商标权利人相同或类似的商品并重新投入市场销售，但未对啤酒瓶上他人注册商标的浮雕文字进行有效遮挡，容易导致混淆的，属于给他人的注册商标专用权造成其他损害的商标侵权行为。

① 参见国家知识产权局发布的第二批知识产权行政执法指导案例第7号。

二十八、发现进出口货物涉嫌商标侵权应该怎么办?

【阐释】进出口货物涉嫌商标侵权的可以向海关请求扣押侵权商品

商标专用权的海关保护是指海关对与进出口货物有关并受我国法律、行政法规保护的商标专用权实施的保护。国家禁止侵犯商标专用权的货物进出口。《知识产权海关保护条例》规定,商标专用权人可以采取以下措施:(1)依照本条例的规定,将其注册商标权向海关总署申请备案;(2)发现侵权嫌疑货物即将进出口的,可以向货物进出境地海关提出扣留侵权嫌疑货物的申请;(3)海关发现进出口货物有侵犯备案注册商标权嫌疑的,应当立即书面通知商标权人,商标权人自通知送达之日起3个工作日内提出申请,并提供担保的,海关应当扣留侵权嫌疑货物。

对于被扣留的侵权嫌疑货物,经海关调查后如果认定侵犯注册商标权,由海关予以没收。被没收的侵犯注册商标权的货物可以用于社会公益事业的,海关应当转交给有关公益机构用于社会公益事业;权利人有收购意愿的,海关可以有偿转让给权利人。被没收的侵犯注册商标权的货物无法用于社会公益事业且权利人无收购意愿的,海关可以在消除侵权特征后依法拍卖,但对假冒商标货物,除特殊情况外,不能仅清除货物上的商标标识即允许其进入商业渠道;侵权特征无法消除的,海关应当予以销毁。对于个人携带或者邮寄进出境的物品,超出自用、合理数量,并侵犯商标专用权的,也按照侵权货物处理。

【示例】海关依法扣押涉嫌侵权货物的行为并无不当

2011年12月16日,A公司向上海海关申报出口至爱沙尼亚一批可调节床架配件(滑轮组件)等货物;经海关查验,A公司出口货物滚轮上装有不可拆卸的标有“NSK”商标的轴承,存在侵犯日本B株式会社在海关总署备案的

"NSK"商标专用权的嫌疑,因此通知了 B 株式会社。2011 年 12 月 20 日,B 株式会社确认 A 公司出口的该批货物为侵权产品,向上海海关提出采取知识产权保护措施将该批货物扣留的申请。2012 年 1 月 13 日,上海海关向 A 公司送达了沪关知字〔2011〕第 235 号扣留(封存)决定书。A 公司认为海关扣留的货物未侵犯日本 B 株式会社"NSK"商标专用权,请求法院判决撤销上海海关的决定书,判令上海海关赔偿 A 公司经济损失 134,176 元。法院认定上海海关决定扣留涉嫌侵犯 B 株式会社"NSK"商标专用权的商品的具体行政行为并无不当,依法应予维持。①

【分析】海关扣留侵权嫌疑货物的行政行为具有合法性

根据《知识产权海关保护条例》及其实施办法的相关规定,海关扣留侵权嫌疑货物,应根据足以证明侵权事实明显存在的证据,这也是判定海关行政行为合法性的依据。本案中,根据上海海关提交的证据和 A 公司的陈述,可以证明原告出口的货物滚轮上未经许可使用了第三人享有商标专用权并经海关备案的第 99790 号"NSK"商标标识。根据前述法律规定,相关证据足以证明侵权事实明显存在。因此,上海海关认定滑轮组件(滚轮)涉嫌侵犯第三人"NSK"商标专用权并无不当。至于 A 公司诉称的类似商品问题,由于海关扣留侵权嫌疑货物是一种行政强制措施,是对相关货物实施暂时性控制,具有即时强制的特征,并非对货物是否侵权做确定性的认定。根据《知识产权海关保护条例》的规定,海关发现进出口货物有侵犯备案知识产权嫌疑并通知知识产权权利人后,权利人请求海关扣留侵权嫌疑货物的,海关应当自扣留之日起 30 个工作日内对被扣留的侵权嫌疑货物是否侵犯知识产权进行调查、认定。因此,关于是否构成类似商品乃至是否构成商标侵权的问题应在这一程序中作进一步的调查、认定。据此,本案中 A 公司的相关诉讼理由不能成立。

---

① 参见上海市第二中级人民法院行政判决书,(2012)沪二中行初字第 49 号。

二十九、从事假冒注册商标行为的人要承担刑事责任吗？

【阐释】情节严重的假冒注册商标行为会受到刑法的制裁

我国《商标法》第 67 条规定，未经商标注册人许可，在同一种商品上使用与其注册商标相同的商标，构成犯罪的，除赔偿被侵权人的损失外，依法追究刑事责任。伪造、擅自制造他人注册商标标识或者销售伪造、擅自制造的注册商标标识，构成犯罪的，除赔偿被侵权人的损失外，依法追究刑事责任。销售明知是假冒注册商标的商品，构成犯罪的，除赔偿被侵权人的损失外，依法追究刑事责任。此外，从商标领域的刑事制裁规定来看，我国《刑法》中有关商标的犯罪一共有三个罪名，分别是《刑法》第 213 条的“假冒注册商标罪”、《刑法》第 214 条的“销售假冒注册商标的商品罪”，以及《刑法》第 215 条的“非法制造、销售非法制造的注册商标标识罪”。

值得注意的是，《商标法》第 67 条仅针对制售假冒注册商标商品和伪造假冒商标标识的行为实施刑事制裁。从事仿冒商标行为的主体并不承担刑事责任。

【示例】未经注册商标权人许可假冒商标情节严重的构成犯罪

被告人杨某在其租住的房屋内，未经注册商标所有人授权许可，在其购买的中性兼容硒鼓上加贴 HP 商标标识，将无品牌碳粉包装并分别加贴 Canon、KONICAMINOLTA 商标标识，冒充正品硒鼓、碳粉，通过网络销售并谋取利益。荥阳市公安局在杨某租住房屋内起获并扣押 HP 品牌硒鼓、Canon 品牌碳粉、KONICAMINOLTA 品牌碳粉、相应品牌型号的易撕毁防伪标签、外包装盒、硒鼓配件，以及气筒、胶枪、封口机、勺子、聚口等制假工具，经鉴定，上述硒鼓、碳粉均为假冒注册商标的产品。经审计，扣押的未销售的假冒硒鼓、碳粉货值金额共计 65,986 元,杨某已经销售的假冒硒鼓、碳粉金额共计 44,080 元,违法所得共计 22,000 元。该案经检察机关提起公诉后,法院判决杨某构成假冒注册商标罪。①

【分析】假冒注册商标的刑事责任包括有期徒刑、拘役、罚金、没收违法所得等

假冒商标情节严重的,应依法承担刑事责任。法院认为,被告人杨某未经注册商标所有权人许可,在同一种商品上使用与“Canon”“HP”“KONICAMINOLTA”等注册商标相同的商标,情节严重,其行为已构成假冒注册商标罪。公诉机关指控被告人杨某犯假冒注册商标罪的意见成立,予以支持。经查,赃物价值的认定时间,应以犯罪时间作为基准日;赃物价值的认定,应以犯罪时评估的价值为准,故鉴定公司的报告所载明的时间、数额并无不当。据此,杨某生产、销售假冒注册商标商品的销售数额达 44,080 元,未销售数额达 65,986 元,依法应当处 3 年以下有期徒刑或者拘役,并处或者单处罚金。在量刑时,考虑到杨某到案后能如实交代其犯罪事实、当庭认罪态度好,但在监视居住期间潜逃,结合涉案犯罪数额、社会危害程度等情节,决定判处杨某有期徒刑 1 年 8 个月,并处罚金 60,000 元;扣押在案的假冒注册商标商品及制假工具,由公安机关依法收缴并销毁或没收上缴国库;被告人杨某的违法所得 22,000 元,依法予以追缴。

---

① 参见河南省郑州市中级人民法院刑事判决书,(2021)豫 01 刑初 11 号。

三十、在国外注册的商标可以在我国获得保护吗？

【阐释】国外注册的商标可以通过马德里体系在我国获得保护

与专利权等其他应用于产业的知识产权一样，商标权的保护一般遵循地域性原则。如果没有在某一地域进行注册或有实际的商业使用，就难以获得在该地域范围内的商标权保护。某一主体如果想在另一个国家或地区获得注册商标权，一般可以选择两种主要途径：一种是直接到希望获得保护的那个国家或地区申请注册商标，如果该国也是《巴黎公约》缔约国，申请人可以主张优先权，并获得国民待遇；另一种是根据《商标国际注册马德里协定》《商标国际注册马德里协定有关议定书》等马德里国际注册体系的规定办理商标国际注册。其中，以中国为原属国的商标国际注册申请可以方便中国的个人或企业到国外去注册商标；而以外国为原属国的商标国际注册申请也可以指定中国进行延伸保护，商标在世界知识产权组织国际局注册后按申请中的指定来通知中国商标局进行审查和确认。

【示例】“迪奥”香水瓶立体商标在中国可以作为三维立体商标获得延伸保护

涉案商标申请人为A公司。申请“迪奥”香水瓶立体商标（见图7）的原属国为法国，核准注册时间为2014年4月16日，国际注册日期为2014年8月8日，指定使用商品为香水、浓香水等。申请商标经国际注册后，根据《商标国际注册马德里协定》《商标国际注册马德里协定有关议定书》的相关规定，A公司通过世界知识产权组织国际局，向澳大利亚、丹麦、芬兰、英国、中国等提出延伸保护申请。2015年7月13日，我国商标局向世界知识产权组织国际局发出申请商标的驳回通知书，以申请商标缺乏显著性为由，驳回该商标在中国的延伸

图7 原告申请之立体商标

保护申请，商评委维持了该决定。A公司提起行政诉讼后，北京知识产权法院及北京市高级人民法院均未支持其诉讼主张，主要理由是A公司并未在世界知识产权组织国际局国际注册簿登记之日起3个月内向商标局声明申请商标为三维标志并提交至少包含三面视图的商标图样，商标局将申请商标作为普通图形商标进行审查并认定缺乏显著性予以驳回并无不当。最高人民法院再审判决认为，申请商标国际注册信息中明确记载其指定的商标类型为“三维立体商标”；在无相反证据的情况下，这一记载应当是商标局审查、决定申请商标指定中国的延伸保护申请能否获得支持的事实依据，商标局应当据此重新作出决定。①

【分析】利用马德里商标国际注册体系可以简化国际注册手续，便利当事人开展国际商业活动

法院认为，《商标国际注册马德里协定》《商标国际注册马德里协定有关议定书》制定的主要目的是通过建立国际合作机制，确立和完善商标国际注册程序，减少和简化注册手续，便利申请人以最低成本在所需国家获得商标保护。结合本案事实，申请商标作为指定中国的马德里商标国际注册申请，有关申请材料应当以世界知识产权组织国际局向商标局转送的内容为准。根据现有证据可以合理推定，A公司已经在商标国际注册程序中对申请商标为三维立体商标这一事实作出声明，说明了申请商标的具体使用方式并提供了申请商标的一面视图。在申请材料仅欠缺部分视图等形式要件的情况下，商标行政机关应当秉承积极履行国际公约义务的精神，给予申请人合理的补正机会。本案中，商标局未如实记载A公司在国际注册程序中的声明，且未给予合理补正机会，在当事人未主动请求且欠缺事实依据的情况下，将申请商标类型从三维商标变更为普通商标并作出了不利于A公司的审查结论，对此法院应予纠正。

① 参见最高人民法院行政判决书，(2018)最高法行再26号。

第三篇
专利权和商业秘密的保护

一、什么样的发明创造受专利权保护?

【阐释】发明和实用新型技术方案以及外观设计可获得专利权保护

我国《专利法》第 2 条规定:“本法所称的发明创造是指发明、实用新型和外观设计。发明,是指对产品、方法或者其改进所提出的新的技术方案。实用新型,是指对产品的形状、构造或者其结合所提出的适于实用的新的技术方案。外观设计,是指对产品的整体或者局部的形状、图案或者其结合以及色彩与形状、图案的结合所作出的富有美感并适于工业应用的新设计。”可见,专利权保护发明、实用新型和外观设计。

关于何为技术方案,根据国家知识产权局发布的《专利审查指南(2019)》的规定,“技术方案是对要解决的技术问题所采取的利用了自然规律的技术手段的集合。技术手段通常是由技术特征来体现的。未采用技术手段解决技术问题,以获得符合自然规律的技术效果的方案,不属于专利法第二条第二款规定的客体”。在实践中,法院主要通过三要素来判断一项创新成果是否属于技术方案,即是否解决了技术问题,是否采用了技术手段,以及是否获得了技术效果。概括而言,“技术方案”指的是面向特定的技术问题,发明人利用自然规律设计了一定的技术手段,解决了相应问题并达到了一定的技术效果。具体而言,一项发明创造必须是为了解决一个具体的技术问题,如为了提升生产效率、降低摩擦、降低能量损耗等。如果其本身解决的并不是一项技术问题,例如,通过商业销售策略实现盈利,通过心理学规律提升消费者的幸福感等,则不是技术方案。技术方案使用的手段要符合自然规律,没有利用自然规律或者违背自然规律的设计不构成技术方案,例如,违背热力学第二定律的永动机,以及与自然规律无关的银行结算办法、体育竞赛规则等。此外,没有结合技术手段来解决具体的技术问题也不构成技术方案,例如,爱因斯坦的相对论是一项伟大的科学发现,但其本身并不能成为一项技术方案。技术手段主要通过技术特征来体现,其往往是一些技术方法,例如,一个螺栓、一块镜片、一段电缆、一种加热工艺等,相关技术手段通过自然规律发挥作用,可以解决一定的技术问题并实现一定的技术效果。

当然,并非构成技术方案或者设计即受到专利权保护,该技术方案或者设计还必须符合一定创新性条件才能获得专利授权和法律保护。授予专利权的发明和实用新型,应当具备新颖性、创造性和实用性;授予专利权的外观设计应具有新颖性,即不同于现有设计且无人在先提出申请,并且与现有设计或者现有设计特征的组合相比,具有明显区别。

【示例】城市道路规划设计不属于技术方案而不受实用新型保护

刘某向国家知识产权局申请"一种全畅通附带街口空地附带寄车区的路口及快道"的实用新型专利,其主要应用于城市建设道路工程领域,将道路实行分层隔离,共分四层,机动车使用两层,自行车使用一层,市民使用一层,通过人车隔离实现道路畅通。国家知识产权局驳回了该申请,刘某不服,向法院提起诉讼。法院审理认为,实用新型的客体应当是对产品的形状、构造或者其结合所提出的适于实用的新的技术方案,应当及于产品的范畴,驳回刘某诉讼请求。①

【分析】未利用自然规律的活动规则不属于技术方案

本案中,刘某的申请主要体现了一种人为规划的交通布局设计,尽管该设计结合了交通设施、设备,具有一定的构造,但其所称的技术效果,并非对交通设施、设备及其构造的改进,而是对交通规则与交通布局设计的改变,本质上与"为了交通安全、畅通,车辆均靠右行驶"这样的交通规则设计并无实质性差别,因此并不属于专利法所保护的、可以申请实用新型专利的技术方案。

① 参见最高人民法院行政裁定书,(2017)最高法行申 5980 号。

二、什么样的发明创造不受专利法保护？

【阐释】损害公共利益的发明创造不受专利法保护

建立专利制度的目的是对符合规定条件的发明创造给予专利保护，赋予权利人独占实施该发明创造的权利，以促进科学技术的发展和创新，适应社会主义现代化建设的需要。从建立专利法律制度的目的出发，授予专利权必须具有一定高度的“门槛”，对于那些不符合专利法的立法目的或者不具备专利法规定的授权条件的发明创造，将之排除在专利保护的范围之外，不能使其取得专利权，也是理所应当的。这些不受专利法保护的对象规定在了《专利法》第 5 条和第 25 条。

《专利法》第 5 条规定：“对违反法律、社会公德或者妨害公共利益的发明创造，不授予专利权。对违反法律、行政法规的规定获取或者利用遗传资源，并依赖该遗传资源完成的发明创造，不授予专利权。”《专利法》第 25 条规定：“对下列各项，不授予专利权：(一)科学发现；(二)智力活动的规则和方法；(三)疾病的诊断和治疗方法；(四)动物和植物品种；(五)原子核变换方法以及用原子核变换方法获得的物质；(六)对平面印刷品的图案、色彩或者二者的结合作出的主要起标识作用的设计。对前款第(四)项所列产品的生产方法，可以依照本法规定授予专利权。”

总体而言，专利法不保护的对象主要分为三种类型：第一，本身不属于发明创造的范畴，如科学发现、智力活动的规则和方法；第二，虽然属于发明创造的范畴，但出于政策考量而不宜以专利的方式保护，如疾病的诊断和治疗方法、动植物品种、原子核变换方法以及用原子核变换方法获得的物质等；第三，违反法律、社会公德或者妨害公共利益的情形。

【示例】可能严重损伤人体的防暴注射器不能授予专利权

A 向国家知识产权局提出一项专利申请，请求保护一种防暴注射器，由说明书对发明内容的记载可知,该注射器使用过程中会向实施对象即人体刺入注射器的针头并注射由纯净水、柠檬酸钾、氢氧化钠和白酒组成的腐蚀性药剂(剧痛药水),从而使实施对象在被击中后的两分钟内剧痛难忍,酷似火烧,因疼痛不得不中止犯罪行为。国家知识产权局以属于《专利法》第5条第1款规定的不能授予专利权的情形为由,驳回了该申请,该驳回决定经过复审,法院行政诉讼一审、二审及再审后予以维持。①

【分析】违背公序良俗的发明创造不受专利法保护

《专利法》第5条第1款规定,对违反法律、社会公德或者妨害公共利益的发明创造,不授予专利权。《专利审查指南(2019)》第二部分第一章3.1.3对专利审查中如何确定妨害公共利益作了具体的规定,即妨害公共利益是指发明创造的实施或使用会给公众或社会造成危害,或者会使国家和社会的正常秩序受到影响。例如,一种使盗窃者双目失明的防盗装置及方法,不能被授予专利权。本案中,A在申请时的权利要求中记载的配方成分包括氢氧化钠,其在实施时必然会产生严重损伤人体的后果,此类发明创造有悖公共利益和公共安全,属于《专利法》第5条规定的情形,不应授予专利权。

此外,《专利审查指南(2019)》还规定,如果发明创造因滥用而可能造成妨害公共利益的,或者发明创造在产生积极效果的同时存在某种缺点的,则不能以"妨害公共利益"为理由拒绝授予专利权。因此,对于可能给公众造成危害的申请是否能够授予专利权,关键要看危害是由于申请的技术方案本身造成的,还是由于技术方案被滥用造成的,或者是产生积极效果的同时存在的缺陷。对于本案而言,技术方案本身即产生了危害人体健康的后果,且可能造成的损害远大于产生的积极效果,不应授予专利权。

① 参见最高人民法院行政裁定书,(2018)最高法行申647号。

三、如何认定发明创造的新颖性?

【阐释】在申请专利以前不为公众所知悉且无人在先申请的技术方案或设计具有新颖性

被授予专利权的发明创造应当具有新颖性是专利制度的应有之义。一项技术方案或者设计被授予一定期限内的独占权,是由于专利权人做出了前所未有的发明创造,要求专利应当具有新颖性,可以避免将已经为公众所知的技术纳入专利保护范围。

首先,一项专利申请具有新颖性,是指该发明、实用新型或外观设计不属于现有技术(或现有设计)。现有技术是指专利申请日以前在国内外为公众所知的公开技术。专利法上的公开,是指为不特定多数人所知悉,只要技术方案处于不特定多数人可能知悉的状态即构成公开,不论事实上是否为多数人知晓。现有技术的公开方式,包括出版物公开、使用公开以及以其他方式公开。判定是否属于现有技术的时间界限,以专利申请日(享有优先权的,则指优先权日)为准,只要专利申请日之前技术尚未公开(非现有技术),则具备新颖性,这也是世界上最为通行的做法。在公开的地域范围上,我国专利法要求绝对的新颖性,即专利申请的技术方案未曾在世界任何地方公开,才具有新颖性。其次,一项专利申请具有新颖性,还要求该发明、实用新型或外观设计不存在抵触申请,即没有任何单位或者个人就同样的发明、实用新型或外观设计在申请日以前向国务院专利行政部门提出过申请,并记载在申请日以后公布的专利申请文件或者公告的专利文件中。之所以要求满足这一条件,是由于一项发明创造只能授予一项专利权,如果他人在申请日以前已经以相同的发明创造向国务院专利行政部门提出过申请,并且记载在申请日之后公布的专利申请文件中,即具有一定的优先性,在出现抵触申请时,为避免对同样的发明创造重复授予专利权,后一申请被认为不具备新颖性。

【示例】技术方案失窃及时申请专利的不丧失新颖性

A 公司研发团队于 2021 年 1 月 1 日完成了一项关于颈椎按摩仪器的发明创造,将相关资料储存于公司电脑中。B 公司为 A 公司的竞争对手,其通过贿赂 A 公司研发团队助理,盗取了 A 公司该发明创造的相关资料,并根据该资料生产了相关产品后于 2021 年 3 月 1 日投入市场。其后,A 公司于 2021 年 6 月 1 日就该项发明创造提交发明专利申请。专利审查员在对该发明专利申请进行实质审查时,发现了 B 公司已在市场公开售卖的颈椎按摩仪产品。经查,A 公司符合在 6 个月内申请专利的规定,其技术方案未丧失新颖性。

【分析】不丧失新颖性的例外情形

我国《专利法》第 24 条规定:“申请专利的发明创造在申请日以前六个月内,有下列情形之一的,不丧失新颖性:(一)在国家出现紧急状态或者非常情况时,为公共利益目的首次公开的;(二)在中国政府主办或者承认的国际展览会上首次展出的;(三)在规定的学术会议或者技术会议上首次发表的;(四)他人未经申请人同意而泄露其内容的。”本条规定的目的是鼓励正常的学术交流,减轻恶意泄露技术给利害关系人造成的损害。

上述案例中,A 公司研发团队完成的发明创造属于职务发明,申请专利的权利应当属于 A 公司,B 公司通过商业间谍活动从 A 公司获得了发明创造的相关资料,通过制造生产相关产品的方式于 2021 年 3 月 1 日进行了公开(使用公开),此时,该项发明创造已成为现有技术。但由于上述情形属于《专利法》第 24 条规定的不丧失新颖性的例外——“他人未经申请人同意而泄露其内容”的情形,因此只要 A 公司在 2021 年 3 月 1 日起 6 个月内提交该专利申请,并在规定的期限内提交享有不丧失新颖性宽限期的证明材料,即可以证明 B 公司通过商业间谍盗取资料的证据,则 B 公司的使用公开行为不破坏该专利申请的新颖性。

四、如何认定发明创造的创造性？

【阐释】发明创造相对于现有技术具有实质性特点和显著进步即具备创造性

一项技术方案能够取得专利权除需具备新颖性外，还要求具有创造性，即其相对于现有技术具有实质性特点和显著进步。如果一项发明虽然满足新颖性要求，但申请专利的内容与现有技术之间的差异甚为微小，以至于该项发明在完成时对于本专业普通技术人员而言是显而易见或者容易获得的，则认为其对于该技术的发明缺乏足够的贡献，不能取得专利权。我国《专利法》第22条第3款对创造性的含义作出了明确规定：对于发明专利，创造性是指与现有技术相比，该发明具有突出的实质性特点和显著的进步；实用新型的创造性标准略低于发明专利，要求与现有技术相比，该实用新型具有实质性特点和进步。

创造性和新颖性都是相对现有技术而言的，并且对现有技术的认定标准是一致的。但创造性与新颖性的区别在于：新颖性只表明一项技术是前所未有的，不论该技术进步与否，而创造性则强调一项技术的进步程度与技术难度。创造性需要从本领域普通技术人员的角度进行判断，基于行业一般技术水平，专利法推定本领域普通技术人员知晓申请日之前该技术领域所有的普通技术知识，能够获知该领域中所有的现有技术，并且具有应用常规实验手段的能力，但不具有像发明人一样的创造能力。如果相关技术方案对本领域普通技术人员而言是显而易见的，则认为不具有创造性，反之则具有创造性。对于创造性的判断，最常用的方法为“三步法”，即：(1)确定最接近的现有技术；(2)确定发明与现有技术的区别和发明实际解决的技术问题；(3)判断发明相对于现有技术的区别对本领域普通技术人员是否显而易见。

此外，在判断专利申请是否具有创造性时，还可考虑一些辅助判断因素。例如，第一，发明解决了人们一直渴望解决但始终未能成功解决的技术难题。第二，发明克服了技术偏见，即在某段时间内、某个技术领域中，技术人员对某个技术问题普遍存在的错误认识，它引导技术人员忽略其他方面的可能性，阻碍人们对该技术领域的研究和开发。如果发明克服了这种技术偏见,采用了人们由于技术偏见而舍弃的技术手段解决了技术问题,则这种发明应当认为具备创造性。第三,发明取得了预料不到的技术效果。如果发明相对于现有技术所产生的技术效果在质或量上发生了明显变化,超出了本领域技术人员的合理预期,可以认定发明具有预料不到的技术效果。第四,发明在商业上获得成功。一般情况下,只有利用“三步法”难以判断技术方案的创造性或者得出无创造性的评价时,才将商业上的成功作为判断创造性的辅助因素。

【示例】仅有产品销量不足以证明存在商业成功及发明具备创造性

A向国家知识产权局申请了“一种利用了××技术的超声检测仪”的实用新型专利,后被提起无效宣告。在无效宣告程序中,国家知识产权局专利复审委认为其不符合创造性而宣告该专利无效。其后A不服无效决定提起行政诉讼,庭审过程中其提交证据希望证明其专利产品获得了商业成功,因此具备创造性。其中,证据1是多所医院的医生提供的证言,其中记载了这些医院采用该超声检测技术产生的效果;证据2是多个省市的人口与计划生育委员会分别就该专利相关产品与权利人签订的政府采购合同。法院认为,上述证据中载明相关省市人口与计划生育委员会采购了150台该专利产品,从产品的销售量来看,尚不足以证明该专利产品达到了商业上成功的标准,对原告请求不予支持。①

【分析】源于专利技术创新而获得商业上成功的产品才能作为创造性的辅助判断因素

商业成功只是判断创造性的辅助因素,对于商业上的成功是否确实导致技术方案达到被授予专利权的程度,应当持相对严格的标准。商业上的成功体现的是一项发明或者实用新型被社会认可的程度。当申请人或专利权人主张其发明或者实用新型获得了商业上的成功时,应当审查以下因素:首先,发明或者实用新型的技术方案是否真正取得了商业上的成功;其次,该商业上的成功是否源于发明或者实用新型的技术方案相比现有技术做出改进的技术特征,而非该技术特征以外的其他因素所导致的。

---

① 参见最高人民法院行政判决书,(2012)行提字第8号。

从理论上讲,商业上的成功与否应当由该发明或者实用新型所代表的技术或产品相比其他类似的技术或产品在同行业所占的市场份额或者具有的优势来决定,单纯销售产品并不能代表已经取得了商业上的成功。本案中,A 的产品销量仅 150 台,难言在商业上很成功。而且一项发明或者实用新型获得商业上的成功,是否基于专利的创造性应当是判断的重点;导致商业上成功的,必须是发明或者实用新型的技术方案相比现有技术做出显著改进的技术特征,而非该技术特征之外的其他因素。因此,在判断时必须对商业成功的原因进行详细分析,从而排除技术特征之外的其他因素对该产品取得商业成功的影响。

五、如何认定发明创造的实用性？

【阐释】发明创造能够制造或者使用并产生积极效果则具备实用性

实用性是指申请专利的发明或者实用新型必须能够在产业中制造或者使用，并且能够产生积极效果，而不能是抽象的、纯理论的技术方案。需要注意的是，实用性并非要求该技术方案在申请时已经实际进行制造或者使用，只要具有在产业中被制造或使用的可能性即可。

具体而言，申请专利的发明或者实用新型具有实用性包括三个层面的含义：(1)技术方案的可实施性。发明或者实用新型不能是抽象的理论或违反自然规律的设计，必须是完整的、可行的技术方案，任何所属技术领域的普通技术人员在阅读了专利说明书之后即可实施。(2)实施的可再现性。所属技术领域的技术人员，根据公开的技术内容，应该能够重复实施专利申请中为解决技术问题所采用的技术方案。这种重复实施不得依赖任何随机的因素，并且实施结果应该是相同的。(3)实施效果的有益性。技术方案的实施应该能够产生积极效果。如果发明或者实用新型专利申请在提出申请之日，其产生的经济、技术和社会效果是所属技术领域的技术人员可以预料到的，则这些效果应当是积极的和有益的。

需要注意的是，对发明专利申请是否具有实用性的审查，是审查该发明专利申请的权利要求部分所记载的技术方案是否具有实用性；相关背景技术或引证文件的技术方案是否具有实用性，一般不属于对发明专利申请是否具有实用性的审查范围。

【示例】不可实施的技术方案不具有实用性

在一起发明专利申请驳回复审行政纠纷案中，涉案专利申请涉及一种沙漠干旱地区的增雨技术方法，申请人认为，地面能否降雨的主要条件是海洋与地面、地面与地面是否具有良好的南北方向的导电条件，因此涉案申请使用的增雨手段是“用洒盐水和埋金属导线的方法提高地面导电条件”。法院经审理后认为，影响降水的因素包括纬度、大气环流、海陆分布、地形条件、洋流、下垫面、气旋、锋面、人类活动等。降水是各种因素综合作用的结果。申请人虽主张地面导电因素属于降水的重要影响因素，但并未提交任何本领域公开的技术文献用以证明其所主张的影响降水的因素已经得到公认，也没有提交任何证据证明降雨量的大小确实受到上述因素的影响，现有证据不足以证明地面导电性与降水量之间存在直接关系。对于本领域的技术人员而言，该理论本身仅为一种假设，可能的技术效果无法预料，更无证据显示本案申请可以运用于实际并产生积极效果，因此缺乏实用性。①

【分析】违背自然规律的技术方案不可实施，不具有实用性

在专利授权确权实践中，不具备实用性的主要情形包括：第一，无再现性，如疾病的诊断与治疗方法。第二，违背自然规律，因为发明专利申请具备实用性的基本前提是该发明应当建立在现有且公认的自然规律之上。明显违背自然规律的发明当然不具备实用性，如永动机和本案即属此情形。第三，利用独一无二的自然条件的产品，如与特定自然环境有关的水坝设计。第四，人体或者动物体的非治疗目的的外科手术方法，如美容手术。第五，测量人体或者动物体在极限情况下的生理参数的方法。例如，通过逐渐降低人或动物的体温，测量人或动物对寒冷耐受程度的测量方法。不同的人或动物个体可以耐受的极限条件是不同的，需要有经验的测试人员根据被测对象的情况来确定其可以耐受的极限条件，因此这类方法无法在产业上使用，不具备实用性。第六，无积极效果。明显无益、脱离社会需要的发明或者实用新型专利申请的技术方案不具备实用性。在本案中，地面导电性并非影响降水的条件，故而无法通过实施专利申请中的技术方案达到增雨的效果，故缺乏实用性。

① 参见最高人民法院行政裁定书，(2017)最高法行申 5081 号。

六、什么人可对发明创造申请专利权？

【阐释】一般情况下发明人可对发明创造申请专利权

根据《专利法》第 6 条第 2 款的规定，一般情况下，申请专利的权利属于发明人，发明人指的是在发明过程中对发明的创新特点做出创造性贡献的人，自然地，该专利申请被批准授权后，发明人或者设计人为专利权人。在完成发明创造过程中，只负责组织工作的人、为物质技术条件的利用提供方便的人或者从事其他辅助工作的人，不是发明人或者设计人。

在上述一般规则之外，还存在以下三种情况需要特殊考虑。

第一，职务发明。《专利法》第 6 条第 1 款规定："执行本单位的任务或者主要是利用本单位的物质技术条件所完成的发明创造为职务发明创造。职务发明创造申请专利的权利属于该单位，申请被批准后，该单位为专利权人。""执行本单位的任务所完成的职务发明创造"，是指在本职工作中作出的发明创造或者履行本单位交付的本职工作之外的任务所作出的发明创造，以及退休、调离原单位后或者劳动、人事关系终止后 1 年内作出的，与其在原单位承担的本职工作或者原单位分配的任务有关的发明创造。"主要利用本单位的物质技术条件完成的发明创造"，是指职工在完成技术成果的研究开发过程中，全部或者大部分利用了单位的资金、设备、器材或者原材料，或者该技术成果的实质性内容是在该单位尚未公开的技术成果、阶段性技术成果或者关键技术的基础上完成的。

第二，委托发明。根据《专利法》第 8 条的规定，一个单位或者个人接受其他单位或者个人委托所完成的发明创造，除另有协议的以外，申请专利的权利属于完成的单位或者个人；申请被批准后，申请的单位或者个人为专利权人。

第三，合作发明。共同合作完成发明的发明人，为专利申请权或专利权的共有人。《专利法》第 14 条规定，专利申请权或者专利权的共有人对权利的行使有约定的，从其约定。没有约定的，共有人可以单独实施或者以普通许可方式许可他人实施该专利；许可他人实施该专利的，收取的使用费应当在共有人之间分配。除此之外,行使共有的专利申请权或者专利权应当取得全体共有人的同意。

【示例】多方参与发明的专利申请权归属

A 公司委托 B 研究所进行一项技术开发。在研发过程中,由于工作需要,A 公司派员工 C 参加了研发工作,C 和 B 研究所都对研发成果的实质性特点做出了创造性贡献。A 公司、B 研究所未就研发成果的权属进行约定,其后就谁具有申请专利的权利产生了争议。

【分析】名为委托实为合作的发明专利申请权共有

在上述案例中,A 公司和 B 研究所存在委托开发的法律关系。根据《专利法》第 8 条的规定,两个以上单位或者个人合作完成的发明创造、一个单位或者个人接受其他单位或者个人委托所完成的发明创造,除另有协议的以外,申请专利的权利属于完成或者共同完成的单位或者个人;申请被批准后,申请的单位或者个人为专利权人。A 公司与 B 研究所未就研发成果的权属进行约定,因此就该成果申请专利的权利应当属于完成或者共同完成研发的单位或个人。C 受 A 公司委派参与研发,属于履行本职工作的行为,其对研发成果的实质性特点做出了创造性贡献,完成的发明创造属于职务发明创造,因此该案件中 A 公司与 B 研究所属于共同完成发明创造,申请专利的权利为 A 公司和 B 研究所共有。C 属于职务发明的发明人,根据《专利法》第 15 条和第 16 条的规定,其享有署名权,即有权在专利文件中写明自己是发明人或者设计人,以及获得奖励报酬的权利,即被授予专利权的单位应当对职务发明创造的发明人或者设计人给予奖励,发明创造专利实施后,根据其推广应用的范围和取得的经济效益,对发明人或者设计人给予合理的报酬。

七、申请专利应当提交什么申请文件？

【阐释】申请专利应当提交请求书、说明书及其摘要和权利要求书等文件

对发明创造，申请人可以通过纸质形式或者电子形式向国务院专利行政部门即国家知识产权局提交专利申请并办理相关手续，国家知识产权局也主要通过申请人提交的申请文件对专利申请进行审查。因此专利申请文件的撰写和提交尤为重要，这不仅关系申请人能否获得授权，而且关系其能否获得有效、合法、稳定的权利保护范围。

申请发明或者实用新型专利的，应当提交以下申请文件：一是请求书，应当写明发明或者实用新型的名称，发明人的姓名，申请人姓名或者名称、地址，以及其他事项。请求书是制式的表格，可在国家知识产权局官网上进行下载。二是说明书，说明书应当对发明或者实用新型做出清楚、完整的说明，以所属技术领域的技术人员能够实现为准。应当包括发明名称、技术领域、背景技术、发明内容、附图说明和具体实施方式等部分。三是说明书附图，发明专利申请说明书根据需要可以有附图，实用新型专利申请说明书应当有表示要求保护的产品的形状、构造或者其结合的附图。四是说明书摘要，应当写明发明或者实用新型专利申请所公开内容的概要，即写明发明或者实用新型的名称和所属技术领域，并清楚地反映所要解决的技术问题、解决该问题的技术方案的要点以及主要用途。有附图的专利申请，还应当提供一幅最能说明该发明或者实用新型技术特征的附图。五是权利要求书，记载发明或者实用新型的技术特征，权利要求书的目的是清楚明确地划定专利权的范围。

申请外观设计的，应当提交以下申请文件：一是请求书，请求书的内容要求与发明、实用新型专利申请的要求相同。二是图片或者照片，申请人提交的有关图片或者照片应当清楚地显示要求专利保护的产品的外观设计。三是简要说明，应当写明外观设计产品的名称、用途，外观设计的设计要点，并指定一幅最能表明设计要点的图片或者照片。省略视图或者请求保护色彩的，应当在简要说明中写明。需要注意的是，简要说明不得使用商业性宣传用语，也不能用

来说明产品的性能。

【示例】申请人提交的说明书应当对发明创造作出清楚完整的说明

申请人A提交实用新型专利申请，请求保护一种设有挂套在肩膀上的缓冲带的拐杖，用户在使用该拐杖时，能够有效减小拐杖对腋下的压力，让使用者更为舒适。此外，说明书记载该发明创造还设置有一个报警装置，在紧急情况下用户可以通过该报警装置发出求救信号。其后，在审查过程中，审查员指出，该申请未公开报警装置的具体结构、工作原理以及与拐杖的连接方式等，所属技术领域的技术人员不清楚如何实现报警功能。最终，该申请因不符合《专利法》第26条第3款关于"充分公开"的规定被驳回。

【分析】说明书公开是否充分以所属领域一般技术人员能够实现为准

专利制度的基本理念之一为"公开换保护"，申请人向社会公开其具备新颖性、创造性和实用性的发明创造，换取国家授予其一定时间内的专利独占权。因此，《专利法》第26条第3款规定，对于要求保护的发明或实用新型，说明书应当予以清楚、完整的说明，以使本领域技术人员按照说明书公开的内容，能够实现该技术方案，实现相应的技术效果。根据该规定，判断公开是否充分，应当包含三个要件：第一，应从所属领域技术人员角度判断；第二，对于技术方案做出清楚、完整的说明；第三，达到所属领域技术人员能够实现的程度。因此，专利申请人应当注意，避免因为保密、使用术语不规范、说明书撰写不清晰完整等原因造成说明书公开不充分，导致未能获得专利权或者专利权被宣告无效。本案中，A提交的说明书无法使本领域技术人员实现其技术方案，属于不符合《专利法》第26条第3款规定、不满足充分公开要求的情形。

八、在专利审查过程中申请人能否撤回、修改申请？

【阐释】申请人在专利审查过程中可以撤回或修改专利申请，但应受到必要限制

在专利申请过程中，申请人可以在被授予专利权之前随时撤回其专利申请。申请人撤回专利申请的，应当向国家知识产权局专利局提出声明，写明发明创造的名称、申请号和申请日。同时存在例外情况，如果撤回专利申请的声明是在国务院专利行政部门做好公布专利申请文件的印刷准备工作后提出的，申请文件仍会被公布，撤回专利申请的声明会在以后出版的专利公报上予以公告。因此，如果申请人由于生产经营相关计划发生改变，例如，将研发成果通过专利保护改为通过商业秘密保护，应当尽快提出撤回专利申请的请求，避免由于国务院专利行政部门已经做好公布专利申请文件的印刷准备，导致其申请文件被公开，失去作为商业秘密被保护的机会。

此外，申请人也可以对申请文件进行修改，但不得超出原说明书和权利要求书记载的范围。专利文件的修改可能发生在以下三个不同的阶段。

第一，专利申请审查期间。首先，申请人可以主动要求修改申请文件，但为了避免作为审查基础的文本不断发生变化而影响正常审查程序，对请求时机进行了一定的限制。发明专利申请人在提出实质审查请求时以及在收到国家知识产权局专利局发出的发明专利申请进入实质审查阶段的通知书之日起 3 个月内，可以对发明专利申请主动提出修改。实用新型或者外观设计专利申请人自申请日起 2 个月内，可以对实用新型或者外观设计专利申请主动提出修改。其次，申请人在收到国家知识产权局专利局发出的审查意见通知书后对专利申请文件进行修改时，应当针对通知书指出的缺陷进行修改，这种修改称为“被动修改”。

第二，专利申请复审期间。请求人在提出复审请求或者在对专利复审委员

会的复审通知书进行答复时,可以修改专利申请文件,但是修改应当仅限于消除驳回决定或者复审通知书指出的缺陷。

第三,专利权无效宣告案件的审理期间。在无效宣告请求的审查过程中,发明或者实用新型专利的专利权人可以修改其权利要求书,但是不得扩大原专利的保护范围。发明或者实用新型专利的专利权人不得修改专利说明书和附图,外观设计专利的专利权人不得修改图片、照片和简要说明。

在允许申请人对专利申请文件进行修改的同时,我国《专利法》第 33 条也对专利申请文件的修改进行了限制,即发明和实用新型专利申请文件的修改不得超出原说明书和权利要求书记载的范围。这一限制的理由在于:一是将修改限制在原说明书和权利要求书记载的范围之内,促使申请人在申请阶段充分公开其发明,保证授权程序顺利开展。二是防止申请人将申请时未完成的发明内容随后补入专利申请文件,从而就该部分发明内容不正当地取得先申请的利益,保证先申请原则的实现。三是保障社会公众对专利信息的信赖,避免给信赖原申请文件并以此开展行动的社会公众造成不必要的损害。

【示例】超范围修改构成导致专利权无效的情形

在一项涉及某机械机构的专利权无效宣告案件中,原专利文件的说明书在描述机械结构时,多次用到"圆的螺栓孔"、"圆形螺栓孔"或"螺栓孔";根据记录,在专利申请审查期间,专利权人曾在权利要求书中将上述表述修改为"圆形孔"。对于该修改行为,负责无效审查的原专利复审委员会认为修改超范围,违反了《专利法》第 33 条,据此宣告该专利无效。①

【分析】专利申请人修改申请文件超范围的认定

本案中,"圆形孔"是"圆的螺栓孔""圆形螺栓孔"的上位概念,而且和"螺栓孔"的含义也有所不同。在机械领域中,所属领域的技术人员可以理解,圆形孔可以是包括圆形螺栓孔、圆形销孔、圆形通孔、圆形盲孔、圆形阶梯孔等在内的多种圆形的加工孔。因此,申请人将"圆的螺栓孔"、"圆形螺栓孔"或"螺栓孔"概括修改为权利要求书中的"圆形孔",包含了并未记载在原说明书和原权利要求书中的内容。这种修改使所属技术领域的技术人员看到的信息与原申

① 参见最高人民法院行政判决书,(2013)行提字第 21 号。

请文件记载的信息不同，而且又不能从原申请文件记载的信息中直接地、毫无疑义地确定，因此，该概括性或扩张性修改被认定为超范围。

修改超范围的一般情形，除本案中体现的“上位概括”以外，还包括：(1)删除式修改，即从原申请文件记载的权利要求或者技术方案中删除一部分技术特征。(2)技术特征的改变，即将技术方案中的一个技术特征修改为另一个技术特征，使所属领域技术人员看到的信息与原始信息不同。(3)封闭式权利要求修改为开放式权利要求，如申请的技术方案只有三项技术特征，申请人后续更改为技术方案包括但不限于该三项技术特征。这些情况可能会导致修改超范围，但也需要根据具体情况个案判断。

九、对已授权专利如何提起无效宣告程序？

【阐释】对不符合法定条件的已授权专利可向国家知识产权局申请无效宣告

专利权本质上是国家为了鼓励创新,赋予发明人对其具有创新性的技术方案在一定期限内排除他人使用的权利,该排他性权利的授予关系着他人对相关领域技术方案的使用自由。在专利审查实践中,由于现有技术文献往往难以穷尽检索,受各种因素局限,国家知识产权局很难保证专利授权准确无误,不可避免地存在将不符合条件的技术方案错误授予专利权的情形。当已授权专利并不符合《专利法》规定的授权条件时,对其授予专利权保护无疑会限制社会公众利用公有领域信息的自由,将损害公共利益。因此,《专利法》设置了专利无效宣告制度,该法第45条规定:"自国务院专利行政部门公告授予专利权之日起,任何单位或者个人认为该专利权的授予不符合本法有关规定的,可以请求国务院专利行政部门宣告该专利权无效。"该规定旨在充分利用社会公众的力量,对不符合专利授权条件的发明创造的专利权提出挑战和质疑,发现和纠正专利行政部门对不符合专利授权条件的发明创造授予专利权的错误决定,提高专利授权的质量,维护社会公众的利益。

《专利法》第46条规定,国务院专利行政部门对宣告专利权无效的请求应当及时审查和作出决定,并通知请求人和专利权人。国务院专利行政部门指的是国家知识产权局,国家知识产权局专利局内部设置复审和无效审理部,专门负责审查专利权无效宣告请求。在对专利权无效宣告请求进行审查时,国家知识产权局主要根据申请人提出的无效请求理由进行审查,包括审查其是否符合《专利法》所规定的专利授权实质要件和形式要件。具体而言,首先要对专利的权利要求的保护范围进行解释,准确理解要求保护的技术方案,在此基础上,审查其是否属于专利应当保护的客体,是否具有实用性;其次要进一步确定申请文件说明书公开是否充分、权利要求是否清楚、是否得到说明书支持、是否缺少必要技术特征、是否修改超范围等形式要件;最后要根据对比文件认定现有技术或抵触申请所公开的内容,进一步审查专利的新颖性和创造性,确定是否存在无效事由从而作出无效决定。

当事人不服国家知识产权局决定的,可以自收到通知之日起 3 个月内向北京知识产权法院提起行政诉讼;对无效宣告请求程序的对方当事人,法院一般通知其作为第三人参加诉讼。对国家知识产权局作出的无效决定,法院在进行审查后如果认为该决定正确,将予以维持;如果认为相关决定违法,则可以撤销全部或部分决定,酌情要求国家知识产权局重新作出决定。宣告专利权无效决定生效后,将由国家知识产权局正式进行登记和公告。

【示例】无利害关系的人可以对授权专利提起无效宣告

A 公司起诉 B 公司侵犯其专利权,B 公司以该专利不具有创造性为由向国家知识产权局申请宣告 A 公司专利无效,国家知识产权局审理后认为该专利有效,驳回了 B 公司的申请。此后,与本案无关的第三人 C 委托代理机构(以下简称 C 机构),再次向国家知识产权局申请专利无效宣告。A 公司主张 C 机构与本案并不存在利害关系,且该诉讼并非 C 机构真实的意思表示,系 B 公司制造的虚假申请,请求国家知识产权局驳回该申请。国家知识产权局审理认为,C 机构向国家知识产权局递交了真实的委托手续,应当认为该意思表示真实,A 公司所提交的证据不能证明本案系虚假申请,任何单位和个人可对授权专利申请无效宣告,故受理了该申请并经审理后宣告该专利无效。

【分析】任何单位和个人均可对授权专利申请无效宣告

专利无效宣告制度的目的是纠正错误授权,其实质上审查的是限制社会公众生产经营自由的专利权的授予是否符合法律规定的要件。只要专利权的授予存在不当,就是对公众行为的不合理限制。因此,根据《专利法》第 45 条的规定,任何单位或者个人认为该专利权的授予不符合本法有关规定的,可以请求国务院专利行政部门宣告该专利权无效。本案中,尽管没有证据表明 C 机构与 A 公司有利害关系,但 C 机构是出于其真实的意思表示,并不需要证明自己与涉案专利存在直接具体的利害关系;依据《专利法》的有关规定,国家知识产权局应当受理 C 机构提出的该无效宣告申请并进行审查。

十、专利被宣告无效后产生什么法律效果？

【阐释】专利权被宣告无效后视为自始不存在

对不符合法定条件而被授权的专利，任何单位和个人都可以提起无效宣告，国家知识产权局经过审理后，将依法作出宣告专利权无效的决定。该决定生效后，根据《专利法》第 47 条第 1 款的规定，“宣告无效的专利权视为自始即不存在”。也即，作为一般原则，专利权被宣告无效后该专利将视为自始不存在，任何社会公众都有权自由实施该专利权要求保护的技术方案。如某人此前已经使用该专利技术大规模制造销售相关产品，原权利人发现后也不得再向其主张任何权利；对法院作出的侵权判决，如果尚未执行或正在执行，应当停止执行；对于签订的专利许可、转让合同，如果尚未履行或正在履行，应当立即停止执行，受让人、被许可人可以要求停止支付相关费用。

此外，对于已经执行的侵权判决以及已经履行的专利许可、转让合同，如果按照该一般原则，专利权被宣告无效后将自始不存在，所有以该专利权有效为前提的司法判决和交易行为都失去了基础，相对人可以申请法院对侵权案件进行再审，要求原权利人返还已经执行或支付的相关费用。然而，专利权的特殊性在于，专利授权过程中行政机关对于现有技术的检索往往难以穷尽，任何专利权人都没有绝对把握保证其获得的专利权能够一直被认定为有效权利。专利无效宣告请求可以在专利授权后的任何时间提出，有可能在专利侵权纠纷判决执行完毕或者专利许可转让交易完成很长一段时间后专利才被宣告无效。如果按照一般原则，专利被宣告无效后，所有当事人都可以申请再审，并要求原权利人返还损害赔偿金或者许可转让费用，将会影响社会经济秩序的稳定，导致专利权人长期处于一种忐忑不安的境地，并增加社会纠纷。因此，专利法在个案公平与社会整体秩序安定之间做出了一定平衡，《专利法》第 47 条第 2 款规定，“宣告专利权无效的决定，对在宣告专利权无效前人民法院作出并已执行的专利侵权的判决、调解书,已经履行或者强制执行的专利侵权纠纷处理决定,以及已经履行的专利实施许可合同和专利权转让合同,不具有追溯力”。即专利无效宣告决定对于已经执行的专利侵权判决书、调解书、行政裁决书以及已经履行的专利实施许可或转让合同并不发生效力,当事人不得以此请求再审或者要求返还费用,从而维持已经形成的稳定的社会秩序。当然,这种溯及力例外也并非绝对的,为了避免当事人滥用该规定以及保障个案公平正义,《专利法》第47条第2款、第3款还作出了一定限制,即“因专利权人的恶意给他人造成的损失,应当给予赔偿”“不返还专利侵权赔偿金、专利使用费、专利权转让费,明显违反公平原则的,应当全部或者部分返还”。如专利权人在专利授权时明知该专利无效,仍然恶意向他人主张权利要求赔偿,即使法院作出判决并执行完毕,相对人也可以向法院申请再审并要求其返还相关费用。

【示例】无效决定原则上对已执行判决不具有溯及力

专利权人A公司就某一外观设计在同一日向国家知识产权局提出了两项外观设计专利申请X1和X2,先后获得了专利授权,后X1因未缴纳年费而终止。B公司生产了与之外观设计相同的产品,A公司起诉B公司侵犯了其X2的专利权,法院判决B公司构成侵权。其间,B公司向国家知识产权局请求宣告该专利无效,后国家知识产权局根据《专利法》第9条以重复授权为由宣告该外观设计无效。但在无效决定作出之前,法院侵权判决已经执行完毕,B公司以此为由向法院申请再审,要求A公司返还已向其支付的相关费用。A公司根据《专利法》第47条的规定,主张专利宣告无效决定对已经执行的侵权判决不具有溯及力。法院支持了B公司的主张,裁定对该案进行再审。①

【分析】专利权人恶意行使权利给他人造成损失的应当予以赔偿

在一般情形下,专利宣告无效决定对已经执行的侵权判决不具有溯及力;但在本案中,涉案专利存在重复授权的情形,依法应当被宣告无效。根据案情,专利权人A公司明知专利存在应当被宣告无效的情形,仍然向法院起诉B公司侵权,并在法院侵权判决作出后申请执行,具有滥用专利制度给他人造成损

① 参见最高人民法院民事判决书,(2017)最高法民再95号;最高人民法院民事判决书,(2017)最高法民再98号。

害的明显恶意。依据《专利法》第47条第2款的规定，即“因专利权人的恶意给他人造成的损失，应当给予赔偿”，在当事人存在明显恶意的情况下，无效决定对已经执行的判决具有溯及力，专利权视为自始不存在，人民法院应当对本案进行再审，并判决A公司向B公司返还其支付的一切费用。

十一、被授予专利权后专利权人将获得哪些权利？

【阐释】专利权人有禁止他人制造、许诺销售、销售、进口专利产品和使用专利方法的权利

《专利法》第 11 条规定："发明和实用新型专利权被授予后，除本法另有规定的以外，任何单位或者个人未经专利权人许可，都不得实施其专利，即不得为生产经营目的制造、使用、许诺销售、销售、进口其专利产品，或者使用其专利方法以及使用、许诺销售、销售、进口依照该专利方法直接获得的产品。外观设计专利权被授予后，任何单位或者个人未经专利权人许可，都不得实施其专利，即不得为生产经营目的制造、许诺销售、销售、进口其外观设计专利产品。"据此，专利权人有排除他人以生产经营为目的制造、许诺销售、销售、进口专利产品的权利；对方法专利，专利权人有排除他人使用专利方法以及使用、许诺销售、销售、进口依照该专利方法直接获得的产品的权利。值得一提的是，《专利法》第 11 条规定的几种行为应当理解为对专利权范围的穷尽性规定，他人实施除此之外的其他任何行为，将不构成对专利权的侵犯。

具体而言，制造是指制作出或者形成具有权利要求所记载全部技术特征的产品，只要是生产出相同的产品即构成制造，无论其数量多少，也无论采取何种方法，以及其是否在市场上销售。使用专利产品，指的是使专利产品的技术功能得到了应用，其要求使用的产品是与专利产品相同或类似的产品，并且按专利产品的使用目的进行使用。许诺销售，是指他人作出销售侵犯专利权产品的意思表示的行为，其可以是直接表示销售意愿，如寄送价目表、发布拍卖公告、发布招标公告，也可以是间接表示销售意愿，如展览、公开演示等。该行为发生在实际销售行为之前，目的是实际销售专利产品，要求他人应当作出销售该产品的意思表示，并且其产品也应当处于能够销售的状态。销售，指的是将专利产品的所有权从一方（卖方）转移给另一方（买方），而买方支付相应价款的行

为。进口,指的是将专利产品从专利权效力范围之外转入专利权效力范围之内的行为。因为专利权具有地域性,即专利权人仅在本法域内对其专利技术方案具有排他性权利,他人除了制造并销售专利产品侵犯专利权外,还有可能将国外制造的专利产品进口到国内并销售进而侵犯专利权。如果专利权人不享有对进口行为的排他性权利,就无法将专利产品拒于国门之外,一旦从国外进口的专利产品进入国内流通并分销至世界各地,专利权人即很难再就后续侵权行为一一追究。通过限制专利产品的进口,可以最大限度地保护专利权人的排他性利益。

除了产品专利,发明人还可以就某一方法申请发明专利。在对方法专利保护中,专利权人不仅可以排除他人使用该方法,还可以排除他人使用、许诺销售、销售和进口依照该专利方法直接获得的产品。但方法专利对产品的保护,仅限于依照该专利方法获得的产品。具体而言,方法专利包括两种类型,一种是操作方法专利,一般体现为一套操作规程,实施之后并不能直接获得相关产品,故对其保护只包括使用该方法的行为;另一种则是制造方法,该方法实施后可以改变物品的物理或者化学性质,从而获得新产品,专利权人除了可排除他人使用该专利方法外,还可以排除他人销售、许诺销售、进口依照该方法直接获得的产品。

【示例】专利权仅排除“为生产经营目的”的行为

A 向国家知识产权局申请了“一种壮牛饲料添加剂及其制备方法”的发明专利并获得授权。此后,A 与某市农业局 B 和农业研究所 C 共同就相关技术开展了临床试验。试验结束后,A 发现 B 和 C 未经允许,在其技术推广项目中使用了该专利,B、C 共同生产的饲料添加剂在本市农场进行了大规模使用和推广。因此,A 向法院起诉 B、C 侵犯其专利权。B、C 抗辩称,其分别属于政府机关和事业单位,不具备生产经营资质,其并未从技术推广中获利,并非“为生产经营目的”,不构成专利侵权。法院经审理后认为,B、C 的行为构成对 A 专利权的侵犯,应当承担侵权责任。①

① 参见最高人民法院民事判决书,(2020)最高法民知终 831 号。

【分析】对“为生产经营目的”的理解

《专利法》第 11 条规定,实施专利权的侵权行为须“为生产经营目的”,该规定系出于合理平衡专利权人和社会公共利益的目的。在专利侵权判定时,对“为生产经营目的”的理解,应着眼于具体的被诉侵权行为,综合考虑该行为是否属于参与市场活动、是否影响专利权人市场利益等因素进行判断。既不能将“为生产经营目的”简单等同于实际获利,也不能仅仅根据实施主体的性质认定其是否具有生产经营目的。即使政府机关、事业单位等主体具有公共服务、公益事业等属性,其自身不以生产经营为目的,但实施了市场活动、损害了专利权人市场利益的,仍可认定具备“为生产经营目的”之要件。

在本案中,B、C 虽然分别为政府机关和事业单位,但其在推广项目中对于该专利的大规模使用,使其技术推广对象直接获利,其制造、使用涉案专利产品和方法的行为不可避免地会侵占涉案专利的可能市场,损害专利权人的市场利益,因此应当认定构成侵权。

十二、权利人如何进行专利转让和许可？

【阐释】原则上权利人可签订书面合同自由转让和许可其专利

专利权作为一项民事权利，当事人之间可以自由进行许可和转让，其不仅包括已授权的专利权，还包括未授权的专利申请权。

1. 专利申请权和专利权的转让

《专利法》第10条第1款规定："专利申请权和专利权可以转让。"所谓专利申请权，是指公民、法人或者其他组织依据法律规定或者合同约定享有的就发明创造向国家知识产权局提出专利申请的权利。专利申请权的转让，指的是就某一技术方案或者设计申请专利资格的转让，其既可发生在专利申请人提出专利申请以前，也可发生在专利申请人提出专利申请后、授予专利权以前。专利权的转让则指的是已经获得授权的专利的转让。由于专利申请权和专利权都属于财产权，权利人可以在法律规定的范围内，按其意思自由处分。但是，发明人或设计人具有在专利文件上署名的法定权利，《专利法》第16条第1款规定，"发明人或者设计人有权在专利文件中写明自己是发明人或者设计人"，故在转让专利申请权或专利权时，发明人或设计人所享有的署名权并不同时转让。

专利权和专利申请权的转让一般应遵循以下程序：(1)签订转让合同。专利权和专利申请权转让合同，是指转让方将其专利权或申请专利的权利转让给受让方，而受让方支付约定的价款的合同。主要内容包括：合同名称、发明创造名称、发明创造种类、发明人或者设计人、技术情报和资料清单、专利申请被驳回的责任、价款及其支付方式、违约金和损失赔偿额的计算方法、争议的解决办法等。(2)双方当事人到专利局办理登记手续，并由专利局公告，自合同登记之日起专利权或专利申请权发生转移。需要注意的是，若专利申请人为两人或者两人以上，专利申请权的转让必须经全体权利人同意；中国单位或者个人向外国人转让专利申请权或者专利权的，应当由地方贸易主管部门会同地方知识产权管理部门审查批准。

2. 专利权许可

除直接对外转让,权利人还可对外进行专利权许可,即专利权人将其拥有的专利技术许可他人在一定期限、一定地区、以一定方式实施,从而收取专利使用费。《专利法》第 12 条规定:“任何单位或者个人实施他人专利的,应当与专利权人订立实施许可合同,向专利权人支付专利使用费。被许可人无权允许合同规定以外的任何单位或者个人实施该专利。”专利权许可通过当事人双方签订实施许可合同的形式进行,实施许可合同应当采用书面形式,主要包括许可专利内容、许可方式、许可权利范围、许可产品、许可费及支付方式、技术资料的交付、保密事项、违约及索赔等内容,许可合同生效后专利权许可即发生效力,为对抗第三人,专利权许可双方可向国家知识产权局申请许可合同备案。

从类型上划分,专利权许可可分为独占实施许可、排他实施许可和普通实施许可。独占实施许可,是指让与人在约定许可实施专利的范围内,将该专利仅许可一个受让人实施,让与人依约定不得实施该专利;排他实施许可,是指让与人在约定许可实施专利的范围内,将该专利仅许可一个受让人实施,但让与人依约定可以自行实施该专利;普通实施许可,是指让与人在约定许可实施专利的范围内许可他人实施该专利,并且可以自行实施该专利。双方当事人对专利实施许可方式没有约定或者约定不明确的,应当认定为普通许可。

由于专利权是一项私权,专利许可的内容原则上由双方当事人自由约定,但应以不损害公共利益为限度,因此也存在一定的限制。《专利法》第 20 条规定:“申请专利和行使专利权应当遵循诚实信用原则。不得滥用专利权损害公共利益或者他人合法权益。滥用专利权,排除或者限制竞争,构成垄断行为的,依照《中华人民共和国反垄断法》处理。”《民法典》第 850 条规定:“非法垄断技术或者侵害他人技术成果的技术合同无效。”其包括限制他人进行新的研究开发,限制他人从其他来源获得类似技术,限制他人以合理方式实施专利技术,附加不合理的实施条件,禁止他人对专利的有效性提出异议等情形。专利权被许可之后,专利权人仍拥有专利的所有权,被许可人仅有实施该专利的权利。但针对侵害专利权的行为,由于独占许可和排他许可的被许可人存在一定利害关系,独占许可的被许可人可以单独向法院起诉;排他许可的被许可人可以和权利人共同起诉,也可以在权利人不起诉的情况下自行起诉;普通许可的被许可人不能单独起诉,除非经过权利人的明确授权。

【示例】非法垄断技术的专利许可合同无效

A公司拥有大量4G通信标准必要专利，相关专利技术是移动通信设备生产商实现4G移动通信功能必须实施的技术，同时，A公司还是手机基带芯片生产商，供应全球60%的手机基带芯片。B公司是一家智能手机制造商，为在其制造的手机中实现4G通信功能，向A公司寻求标准必要专利许可。A公司提出的许可条件为，B公司在支付许可费的同时，必须购买A公司的基带芯片并不得向其他厂商购买，且须将B公司拥有的标准必要专利免费许可给A公司，并不得就A公司的专利效力提出任何异议。双方达成许可合同后，B公司认为该许可条件有失公平，向法院提起诉讼要求判决该合同无效。法院认定，A公司相关行为构成垄断，宣告该合同无效，B公司向A公司支付专利许可的合理费用，A公司应当向B公司返还收取的不合理费用并进行赔偿。①

【分析】专利许可合同的内容不得损害公共利益

原则上，专利许可合同的内容由双方当事人自由约定，但以不损害公共利益为限度，非法垄断技术或者侵害他人技术成果的技术合同无效。本案中，A公司所拥有的通信标准必要专利是相关企业进入市场所必需的专利，其也因此在相关市场具有市场支配地位，其利用该市场支配地位在许可过程中附加不合理条件、禁止他人对专利的有效性提出异议，构成了法律所规定的非法垄断技术的情形，因此，该许可合同无效，A公司应向B公司返还不当得利并进行赔偿。

---

① 参见国家发展和改革委员会行政处罚决定书，发改办价监处罚〔2015〕1号。

十三、如何判定他人侵犯专利权？

【阐释】他人未经许可实施专利技术方案的构成专利侵权

专利权是权利人对其专利所保护的技术方案排除他人利用的权利，他人未经许可实施其专利技术方案，将构成专利侵权。根据《专利法》第11条的规定，认定构成专利侵权应当符合两方面构成要件：(1)主观上，被控侵权人以生产经营为目的；(2)客观上，被控侵权人未经他人许可，实施了他人专利。所谓实施专利，一方面要求他人实施了《专利法》第11条规定的制造、使用、许诺销售、销售、进口等行为；另一方面则要通过侵权比对，确定他人被诉的技术方案落入专利权的保护范围。

在专利侵权诉讼中，侵权比对往往是最为核心和最具有争议性的问题。对此，首先，需要确定专利权的保护范围。专利权的保护范围由专利权利要求界定，其以专利权利要求的文字内容为准，专利说明书和附图可以用于解释专利权利要求的内容，国家知识产权局的专利审查档案也可以作为解释专利权利要求的依据。通过以上内容仍然不能确定专利权利要求含义的，可以结合工具书、教科书等公共文献以及本领域普通技术人员的通常理解进行解释。在解释清楚专利权利要求的基础上，可以将专利技术方案划分成若干个相对独立的执行技术功能、效果的最小单元，即技术特征，如装置的某一个部件以及部件之间的连接关系，方法中某一个步骤或步骤之间的关系，技术特征将作为技术比对的基础。其次，需要确定被诉技术方案。通过技术调查官、技术咨询专家参与技术调查和委托鉴定等方式，法院将确定被告被控侵权产品或者方法采用的技术方案。按照前述专利技术方案的划分方式，被诉技术方案也可以被划分为若干个技术特征。最后，将专利技术方案与被诉侵权技术方案进行比对。具体方式是将专利技术方案的全部技术特征与被诉侵权技术方案的全部技术特征进行比对，如果其全部技术特征均相同或等同，则认为落入了专利权的保护范围；如果被诉侵权技术方案缺少专利权利要求记载的一个以上的技术特征，或者有一个以上的技术特征不相同也不等同，人民法院应当认定其没有落入专利权的保护范围,这也被称为“全面覆盖原则”。所谓“相同”,是指专利的技术特征与被诉侵权技术方案的技术特征完全相同的情形;“等同”通俗地讲就是二者虽然并不完全相同,但实质上一致的情形。对于等同,实践中法院通过三个“基本相同”加以判断,最高人民法院《关于审理专利纠纷案件适用法律问题的若干规定》第13条第2款规定:“等同特征,是指与所记载的技术特征以基本相同的手段,实现基本相同的功能,达到基本相同的效果,并且本领域普通技术人员在被诉侵权行为发生时无需经过创造性劳动就能够联想到的特征。”原则上,被诉侵权技术方案的技术特征与专利的技术特征构成等同的,将落入专利权的保护范围,即构成侵权。

但等同判断存在两种例外情形:一是专利申请人、专利权人在专利申请、无效宣告程序中,通过意见陈述、直接修改权利要求或说明书而放弃的技术方案,按“禁止反悔”原则不再纳入权利要求的保护范围,即不构成等同。二是对仅在说明书及附图中描述,而未记载在专利权利要求中的技术方案,按“捐献”原则不再纳入权利要求的保护范围。因为专利权利要求是专利权保护范围的依据,权利人记载于说明书之中,但却并未通过权利要求保护的技术方案,应当推定其已经捐献给了社会而不要求保护,从公示公信的角度其也不应当再纳入专利权的范围。

【示例】减少操作环节、提高效率的技术方案与专利不构成等同

专利权人A申请了“一种布塑热水袋的加工方法”的发明专利,旨在制造一种布塑热水袋,制作方法为:第1步,取内层、保温层以及外层材料;第2步,将内层、保温层、外层依次层叠,成为组合层;第3步,将两层组合层对应重叠,使用高频热合机按照热水袋的形状对两层组合层边缘进行高频热粘合;第4步,对高频热粘合的热水袋进行分只裁剪;第5步,取聚丙烯材料注塑螺纹塞座,再把螺纹塞座作为嵌件放入模具,另外取聚氯乙烯材料在螺纹塞座外二次注塑复合层;第6步,将有复合层的螺纹塞座安入袋口,与内层接触,采用高频热合机对热水袋口部与螺纹塞座复合层进行热粘合;第7步,对热水袋袋体进行修边;第8步,取塑料材料注制螺纹塞盖;第9步,取硅胶材料注制密封垫片;第10步,将密封垫片和螺纹塞盖互相装配后旋入螺纹塞座中;第11步,向热水袋充入压缩空气进行耐压试验;第12步,包装。被控侵权人B也制造了相同的布塑热水袋,其与A一样也采取了上述12步生产环节,但将第10步与第11步的顺序进行了调换。A向法院起诉B侵犯其专利权,但B抗辩称,按照涉案专

利方案,在进行第 11 步充气试压检验前,需要从螺纹塞座中旋下螺纹塞盖后方能进行,检验后还需要将螺纹塞盖再次旋入塞座中,而 B 将第 11 步充气试压检验提前,不必再将螺纹塞盖旋下和旋上,具有减少操作环节、节约时间、提高效率的技术效果。法院支持了 B 的抗辩,最终判定 B 不构成侵权。①

【分析】等同侵权的司法认定规则

本案中,涉案专利技术方案 12 项步骤可以区分为 12 项独立的技术特征,12 项步骤之间的顺序可作为一项独立的技术特征,共 13 项技术特征;被诉侵权技术方案也可以划分为 13 项技术特征,二者对比,虽然 12 个生产环节相同,但顺序上并不相同,故而二者并不构成相同侵权。在顺序上,虽然 B 将第 10 步与第 11 步进行了调换,技术手段上并不存在明显差异,但其却具有减少操作环节、节约时间、提高效率的技术效果,因此应当认定两种技术方案不构成等同,故 B 被诉技术方案未落入涉案专利保护范围而不构成侵权。

① 参见最高人民法院民事判决书,(2013)民提字第 225 号。

十四、面对专利侵权指控被告可以进行哪些抗辩？

【阐释】被诉技术方案属于现有技术或存在不视为侵权的情形是常见抗辩理由

一般情况下，未经允许实施他人专利，将构成专利侵权。为了平衡公共利益，《专利法》也规定了不构成侵犯专利权的情形，被控侵权人可据此提出两大类抗辩事由：一是现有技术抗辩；二是存在不视为侵犯专利权的特殊情形。

1. 现有技术抗辩

专利法仅对具有新颖性、创造性的技术加以保护，一项已经为世人所知的现有技术，也就不应当被作为专利权保护。然而，由于我国专利授权确权制度与侵权制度相互独立，即专利行政机关负责审理专利授权确权案件，司法机关负责审理专利侵权案件，法院在侵权诉讼中无法就专利权效力直接作出判定。当事人如果认为专利技术属于现有技术而应当被宣告无效，必须首先向国家知识产权局提出申请，由国家知识产权局宣告该专利无效。由于宣告专利无效需要一定时间，为了避免他人恶意将公知技术申请专利，阻碍现有技术实施，帮助实施人及时从专利权诉讼中解脱出来，《专利法》专门规定了现有技术抗辩制度，《专利法》第67条规定："在专利侵权纠纷中，被控侵权人有证据证明其实施的技术或者设计属于现有技术或者现有设计的，不构成侵犯专利权。"根据此规定，即使专利权人根据前述侵权构成要件证明被告实施了其专利，被告如果能够证明其实施的技术或者设计属于现有技术或现有设计，将不构成对专利权的侵犯。所谓现有技术，指专利申请日以前在国内外为公众所知的技术，包括通过出版物发表或在国内外公开使用、展出等而为公众所知。需要注意的是，现有技术抗辩与专利无效的对比对象不同，专利无效是将现有技术与专利技术方案进行比对，而现有技术抗辩是将被诉技术特征与现有技术方案进行比对，被告能够证明其被诉技术方案系源于现有技术或与现有技术无实质性差异的，即不构成侵权。

虽然《专利法》仅规定了现有技术抗辩,但类推现有设计抗辩背后的制度原理,司法实践中还支持抵触申请抗辩。因为现有设计抗辩的制度基础在于,专利制度仅应当对具有新颖性、创造性的技术方案加以保护,如果某一技术方案本身不具有新颖性、创造性则不应当被纳入保护范围。被诉侵权人实施在专利申请日之前的公知技术不构成侵权,同时,即使该技术在申请日之前不为公众所知悉,但是他人已经在专利权人之前向国家知识产权局提出申请的,也可以破坏该专利的新颖性,相关技术方案不应当被纳入该专利的保护范围,即抵触申请抗辩。最高人民法院《关于充分发挥知识产权审判职能作用推动社会主义文化大发展大繁荣和促进经济自主协调发展若干问题的意见》第 14 条指出:"被诉侵权人以实施抵触申请中的技术方案或者外观设计主张其不构成专利侵权的,可以参照现有技术或者现有设计抗辩的审查判断标准予以评判。"所谓抵触申请,是指他人就同样的发明或者实用新型在申请日以前向国务院专利行政部门提出过申请,并记载在申请日以后公布的专利申请文件或者公告的专利文件中的情形,如果被诉侵权人证明其被诉技术方案源于抵触申请,也不构成专利侵权。

2. 不视为侵犯专利权的情形

为了平衡专利权人的利益与社会公共利益,《专利法》还规定了几种不视为侵犯专利权的情形,即相关行为虽然满足专利侵权的构成要件,但其具有目的上的正当性而属于"不视为侵犯专利权"的情形。根据《专利法》第 75 条的规定,主要有权利用尽、先用权、临时过境、为科学研究使用、"波拉"例外五种情形。

(1)权利用尽,也称首次销售例外原则。即为了避免专利权人对市场的垄断,对专利产品或者依照专利方法直接获得的产品,专利权人或者经其许可的单位、个人一经售出专利产品即从销售行为中获取了回报,便失去了对相关产品的控制,他人在购买后享有自由处置其购买的产品的权利,进一步使用、许诺销售、销售、进口该产品的,不视为侵犯专利权。

(2)先用权。我国专利制度实行先申请原则,即就同一发明,先向国家知识产权局申请专利的将获得专利授权。但专利权人在申请之前,他人可能已经作出了相关发明并进行了实施活动,如果一概禁止他人的实施行为,不尽合理。因此,《专利法》规定,在专利申请日以前实施人已经制造专利产品、使用专利方法,或者已为其做好必要准备,并在原有范围内继续使用的,应当不认定构成侵权。所谓"必要准备",要求实施人已经完成了实施发明创造的技术图纸、文件，并已经购买、制造了实施发明创造的技术设备、原材料等，在此基础上，实施人可继续实施，但不得超出原有范围。原有范围，包括专利申请日前已有的生产规模以及利用已有的生产设备或者根据已有的生产准备可以达到的生产规模。超出此范围的，将构成专利侵权。

（3）临时过境。由于专利制度具有地域性，同一技术方案可能在不同国家受到不同保护，在国际贸易运输过程中不同国家的保护就可能存在冲突。例如，针对某一螺旋桨技术，A 公司在中国申请了专利，但在美国未申请专利，美国某飞机制造厂制造的飞机使用了该技术，该飞机大多数时间在美国使用，但其临时经过中国领空时根据《专利法》的一般规定将可能构成对 A 公司在中国的专利权的侵犯。为避免此类情形，《专利法》第 75 条第 3 项规定了临时过境制度，临时通过中国领陆、领水、领空的外国运输工具，依照其所属国同中国签订的协议或者共同参加的国际条约，或者依照互惠原则，为运输工具自身需要而在其装置和设备中使用有关专利的，不视为侵犯专利权。本抗辩的意义在于便利国际交通运输。

（4）为科学实验目的使用，也称实验性使用例外。我国《专利法》第 75 条第 4 项规定，专为科学研究和实验而使用有关专利的，不视为侵犯专利权。此抗辩事由的意义在于鼓励科学技术研究。所谓专为科学研究和实验，是指专门针对专利技术方案本身进行的科学研究和实验，其目的是研究、验证、改进他人专利技术，在已有专利技术的基础上产生新的技术成果，实施人不得以此为由大规模生产制造专利产品并对外销售使用。专为科学研究和实验而使用有关专利的行为，包括该研究实验者自行制造、使用、进口有关专利产品或使用专利方法的行为，也包括他人为该研究实验者制造、进口有关专利产品的行为。

（5）“波拉”例外，也称 Bolar 例外。该例外主要适用于医药领域，为了确保药品、医疗设备的安全性、有效性，生产商要对其进行严格的临床试验，并将相关数据提交行政机关审批之后才能上市销售。实验的周期相对漫长，如果等到专利保护期届满以后才允许他人使用相关专利开展试验、申请行政审批，将导致在相关专利保护期届满后很长一段时间内，其他厂商都无法推出与之竞争的药品和医疗设备。其他厂商的仿制药品和医疗设备及早上市能够降低其价格，有利于维护社会公共利益，如果相关药品设备无法及时审批上市，相当于变相地延长了专利权的保护期，不利于维护公众利益。因此，《专利法》第 75 条第 5 项规定，为提供行政审批所需要的信息，制造、使用、进口专利药品或者专利医疗器械的，以及专门为其制造、进口专利药品或者专利医疗器械的，不视为侵犯专利权。该例外限于仿制药品或者医疗器械的研究试验者本人为获取行政审批所需要的信息而制造、使用、进口专利药品或者专利医疗器械的行为，以及他人为研究试验者获取行政审批所需要的信息而制造、进口专利药品或者专利医疗器械的行为，但不包括其他应当被认定为侵害专利权的行为，如许诺销售、销售等行为。

【示例】已购置了相关设备的可在原计划产量范围内继续使用

2016 年 3 月，A 公司就“水处理箱体装置”技术向国家知识产权局申请了发明专利，2017 年 12 月获得专利授权。A 公司发现 B 公司也生产、销售、许诺销售与之专利技术相同的“水处理箱体装置”，自 2016 年 3 月至 2018 年 3 月两年时间内产量约 60 万台，故向法院起诉 B 公司侵犯其专利权。B 公司则提出先用权抗辩，向法院提交了 2015 年 11 月的水箱结构分转图和 2016 年 1 月其向代理商发送的产品样品照片。在 2016 年 3 月之前，B 公司已购置了相关设备，但仅生产了部分样品而未进行量产。另有相关证据表明，B 公司此前水箱产品年产量约 40 万台。法院经审理认为，B 公司水箱产品与 A 公司专利技术方案相同，落入该专利的保护范围，但 B 公司在申请日之前已为制造产品做好了必要准备，并在原有范围内继续使用，不构成专利侵权。①

【分析】先用权抗辩的司法认定标准

对于先用权抗辩，应审查以下条件：先用权人是否在专利申请日前已经制造出相关产品，相关产品与专利技术是否构成相同或等同，先用技术是否系先用权人自行研发或以其他合法手段获得，先用权人是否在原有范围内继续制造。本案中，B 公司提交了图纸、样品等相关证据证明其于专利申请日之前已经自行研发出了与专利技术相同的水箱产品，证明了其在专利申请日之前已经就制造相关产品做好了必要准备，关键在于其是否在原有范围内使用。虽然其并未投入量产，但“原有范围”并非仅指申请日前的实际生产规模，而是应当结合一般市场规律进行判断，包括申请日前已有的生产规模和利用已有的生产设备或生产准备可达到的生产规模。此前，B 公司水箱产品年产量约 40 万台，其研发出“水处理箱体装置”后，可以预期 B 公司可能根据市场需要将此前的生产规模投入到新型号产品的生产中，故其两年 60 万台的产量，仍应当认为在“原有范围”内，从而成立先用权抗辩，不构成侵权。

---

① 参见最高人民法院民事判决书，(2020)最高法知民终 642 号。

十五、专利权人遭遇专利侵权后如何选择法院起诉？

【阐释】专利权人需要分别确定级别管辖和地域管辖以确定管辖法院

发现专利侵权行为，权利人或利害关系人欲向法院提起民事诉讼，首先需要确定管辖法院。《民事诉讼法》第 122 条规定："起诉必须符合下列条件：（一）原告是与本案有直接利害关系的公民、法人和其他组织；（二）有明确的被告；（三）有具体的诉讼请求和事实、理由；（四）属于人民法院受理民事诉讼的范围和受诉人民法院管辖。"关于管辖法院的确定，可以分为两个层面进行讨论：一是级别管辖，即原告应向哪一级别的法院起诉的问题；二是地域管辖，即原告选择向何地法院起诉的问题。

1. 级别管辖

关于专利侵权纠纷一审案件的管辖，最高人民法院《关于第一审知识产权民事、行政案件管辖的若干规定》第 1 条第 1 款规定，"发明专利、实用新型专利……的权属、侵权纠纷以及垄断纠纷第一审民事、行政案件由知识产权法院，省、自治区、直辖市人民政府所在地的中级人民法院和最高人民法院确定的中级人民法院管辖。"第 2 条规定，"外观设计专利的权属、侵权纠纷……第一审民事、行政案件由知识产权法院和中级人民法院管辖；经最高人民法院批准，也可以由基层人民法院管辖……"即由于专利侵权案件尤其是发明专利、实用新型等技术案件具有一定的专业性，原则上专利侵权案件由各省、自治区、直辖市人民政府所在地的中级人民法院管辖。由于各地发展情况不同，最高人民法院可以指定各省、自治区、直辖市人民政府所在地以外的中级人民法院管辖专利案件，如最高人民法院曾指定大连、青岛、温州、佛山、烟台、潍坊、苏州、宁波、景德镇、葫芦岛、泉州、镇江、金华等数十个中级人民法院可以审理专利纠纷一审案件。对发明专利、实用新型专利侵权纠纷，当事人不服一审判决提起上诉的，根据《全国人民代表大会常务委员会关于专利等知识产权案件诉讼程序若干问题的决定》、最高人民法院《关于知识产权法庭若干问题的规定》，由最高人民法院知识产权法庭统一审理。对于外观设计案件，其相对于发明专利、实用新型侵权纠纷案件专业性和复杂程度较弱，因此，其原则上由知识产权法院和中级人民法院管辖，经最高人民法院批准，也可以由基层人民法院管辖。当事人不服一审判决提起上诉的，按照正常上诉程序由上一级人民法院审理。

2. 地域管辖

关于地域管辖，即当事人向何地法院起诉的问题，根据《民事诉讼法》第29条规定的一般原则“因侵权行为提起的诉讼，由侵权行为地或者被告住所地人民法院管辖”确定。“被告住所地”，是指公民的户籍所在地和法人或者其他组织的主要办事机构所在地；主要办事机构所在地不能确定的，注册地或者登记地为住所地。“侵权行为地”又包括侵权行为实施地和侵权结果地。最高人民法院《关于审理专利纠纷案件适用法律问题的若干规定》第2条第2款规定：“侵权行为地包括：被诉侵犯发明、实用新型专利权的产品的制造、使用、许诺销售、销售、进口等行为的实施地；专利方法使用行为的实施地，依照该专利方法直接获得的产品的使用、许诺销售、销售、进口等行为的实施地；外观设计专利产品的制造、许诺销售、销售、进口等行为的实施地；假冒他人专利的行为实施地。上述侵权行为的侵权结果发生地。”据此，在确定专利侵权案件的地域管辖时，当事人可以选择专利产品的制造、使用、许诺销售、销售、进口以及专利方法使用行为的发生地或者结果地。

【示例】网络销售中侵权产品管辖法院的确定

A公司是空调“压缩机”专利的专利权人，后发现B公司生产的空调使用了其专利技术方案，并在某电子商务平台销售。A公司遂在该电子商务平台上购买了B公司的产品，以其网购的收货地为销售行为地，向其所在地中级人民法院起诉B公司侵犯其专利权，要求B公司停止制造、销售、许诺销售侵犯其专利权的空调产品。B公司向法院提起管辖权异议，主张A公司的收货地并非侵权行为实施地或结果发生地，要求将本案移送有管辖权的法院管辖。法院审理后支持了B公司的主张。①

① 参见最高人民法院民事裁定书，(2021)最高法知民辖终222号。

【分析】网络环境下侵权行为地的判断

通常而言,侵权行为实施地或结果发生地都可以作为确定地域管辖的依据;原告起诉销售行为构成侵权的,销售地人民法院具有管辖权。一般情况下,销售行为的实施地通常也是结果发生地,但在网络环境下具有一定的特殊性,购买者通常可以随意选择收货地,如果以此来确定管辖权,就可能导致当事人随意制造管辖连接点选择管辖法院。被诉侵权的销售行为地的认定,既要有利于管辖的确定性,避免当事人随意制造管辖,又要便利权利人维权。基于此,在网络环境下,销售行为地原则上可认定为网络销售商主要经营地,被诉侵权产品储藏地、发货地或者查封扣押地等,但购买方可以随意选择的网络购物收货地通常不宜作为网络销售行为地。

十六、专利权人可对侵权行为主张哪些救济措施？

【阐释】专利权人针对专利侵权行为可主张临时性救济措施和终局性救济措施

专利权是一项民事权利，针对侵害专利权的行为，权利人可以向法院主张民事救济，请求避免损害结果的扩大并恢复到之前损害未发生时的状态。根据施加救济措施的不同阶段，救济措施可以分为临时性救济措施和终局性救济措施。

1. 临时性救济措施

针对专利侵权行为，权利人可以向法院提起诉讼，但从当事人起诉到判决最终作出存在较长的时间，为了避免在生效判决作出之前因当事人行为或突发状况导致判决难以执行或者对当事人造成不可弥补的损害，当事人可以申请法院在诉讼之前或者诉讼过程中针对侵权人采取一定的临时措施，以保障当事人的实体和程序权利免受不可弥补的损害。民事诉讼中的临时措施主要分为三类：财产保全、证据保全和行为保全。财产保全指的是原告可以向法院申请查封、冻结被控侵权人的财产，以避免被告转移财产导致未来生效判决不能执行或难以执行；证据保全指的是在证据可能灭失或以后难以取得的情况下，当事人可以申请法院调取、查封、扣押相关证据；行为保全则指的是在他人正在实施或将要实施侵权行为时，不及时制止将会使权利人遭受不可弥补的损害的，权利人可以申请法院责令其为或不为一定行为。其中，行为保全是诉讼程序中保护专利权最有效的方式，故在实践中权利人经常申请行为保全进行救济。对此，我国《民事诉讼法》第 103 条第 1 款规定了行为保全的一般制度："人民法院对于可能因当事人一方的行为或者其他原因，使判决难以执行或者造成当事人其他损害的案件，根据对方当事人的申请，可以裁定对其财产进行保全、责令其作出一定行为或者禁止其作出一定行为；当事人没有提出申请的，人民法院在必要时也可以裁定采取保全措施。”《专利法》第 72 条规定：“专利权人或者利害关系人有证据证明他人正在实施或者即将实施侵犯专利权、妨碍其实现权利的行为，如不及时制止将会使其合法权益受到难以弥补的损害的，可以在起诉前依法向人民法院申请采取财产保全、责令作出一定行为或者禁止作出一定行为的措施。”根据以上规定，当事人申请行为保全应当符合以下条件：(1)有证据证明行为人正在实施或者即将实施侵犯申请人权利、妨碍权利实现的行为；(2)因情况紧急，如不立即采取措施将会使得申请人的专利权或有关权益受到难以弥补的损害。

根据最高人民法院《关于审查知识产权纠纷行为保全案件适用法律若干问题的规定》第 6 条的规定，“情况紧急”包括诉争的知识产权即将被非法处分、申请人的知识产权在展销会等时效性较强的场合正在或者即将受到侵害等情形。申请诉前行为保全，应当向被申请人住所地或对案件有管辖权的法院提出。针对权利人提出的行为保全申请，根据该司法解释第 7 条的规定，法院应当综合考量以下因素决定是否准许：(1)申请人的请求是否具有事实基础和法律依据，包括请求保护的知识产权效力是否稳定；(2)不采取行为保全措施是否会使申请人的合法权益受到难以弥补的损害或者造成案件裁决难以执行等损害；(3)不采取行为保全措施对申请人造成的损害是否超过采取行为保全措施对被申请人造成的损害；(4)采取行为保全措施是否损害社会公共利益；(5)其他应当考量的因素。

2. 终局性救济措施

关于民事责任的承担方式，我国《民法典》第 179 条规定了停止侵害，排除妨碍，消除危险，返还财产，恢复原状，修理、重作、更换，继续履行，赔偿损失，支付违约金，消除影响、恢复名誉，赔礼道歉共 11 种民事责任承担方式。其中，继续履行、支付违约金等主要适用于违约责任，返还财产、恢复原状是侵害有体物的侵权行为的责任承担方式，赔礼道歉和消除影响、恢复名誉是侵害人格权的责任承担方式，一般都不适用于专利侵权领域。根据《专利法》第 11 条的规定，专利权人以外的任何人都负有不实施其专利的义务。违反者应承担停止侵害和损害赔偿两种责任。

(1)停止侵害

专利权本质上是一种排除他人实施其专利技术方案的权利，停止侵害是承担专利侵权责任的基本方式。他人实施相关行为构成对自己的专利权侵害的，权利人可向法院请求侵权人停止侵害其专利权的行为；在认定侵权成立的情况下，法院一般都会责令侵权人立即停止侵害，包括停止正在进行或即将进行的侵权行为,销毁专门用于侵权的模具设备、库存产品等。作为例外,如果停止侵权将损害国家利益、社会公共利益,法院也可以不判决停止侵害,而通过判决侵权人支付合理费用的方式弥补权利人损失。最高人民法院《关于审理侵犯专利权纠纷案件应用法律若干问题的解释(二)》第26条规定:“被告构成对专利权的侵犯,权利人请求判令其停止侵权行为的,人民法院应予支持,但基于国家利益、公共利益的考量,人民法院可以不判令被告停止被诉行为,而判令其支付相应的合理费用。”

(2)损害赔偿

针对专利侵权行为,损害赔偿的目的在于弥补权利人损失,恢复到侵权行为未发生时的状态。由于专利权具有无体性,其损害难以像有体物那样直观体现,专利侵权行为导致的损害是对权利人就其专利技术排他性使用状态的破坏,体现为挤占专利权人市场份额和导致其利润减少,相对难以计算。因此,《专利法》第71条规定了四种损害赔偿的计算方式:①按照权利人因被侵权所受到的实际损失或者侵权人因侵权所获得的利益确定。②权利人的损失或者侵权人获得的利益难以确定的,如果存在可参照的专利许可使用费,参照该专利许可使用费的倍数合理确定。③如果权利人的损失、侵权获得的利益和专利许可使用费均难以确定的,则采取法定赔偿方式,即由法院根据专利权的类型、侵权行为的性质和情节等因素,酌情确定给予3万元以上500万元以下的法定赔偿。④权利人可能因取证、聘请律师等支付了必要的维权费用,其还可以向侵权人主张为制止侵权行为所支付的合理开支。

除了填平性损害赔偿,为了威慑故意侵权行为,《专利法》第71条还专门规定了惩罚性赔偿制度:“对故意侵犯专利权,情节严重的,可以在按照上述方法确定数额的一倍以上五倍以下确定赔偿数额。”根据最高人民法院《关于审理侵害知识产权民事案件适用惩罚性赔偿的解释》的规定,“故意”指的是侵权人明知他人专利权存在仍然作为的情形,对“情节严重”的认定,人民法院应当综合考虑侵权手段、次数,侵权行为的持续时间、地域范围、规模、后果,侵权人在诉讼中的行为等因素。满足前述要件的,人民法院可以根据权利人实际损失、侵权人获利或者许可使用费的合理倍数确定损害赔偿数额的计算基数,判定被告承担1倍以上5倍以下的损害赔偿。如果采取法定赔偿方式,由于被告的主观恶意、情节已经在确定法定赔偿时进行了考量,则不适用惩罚性赔偿。

【示例】故意侵权造成权利人濒临破产的应予以惩罚性赔偿

A公司是一种“一体式自拍装置”的实用新型专利的专利权人，其实施该专利技术方案生产了某款折叠式自拍杆，售价为100元，上市后第一年度销售30万件。一年后，B公司制造了同样的自拍杆在市场上进行销售，售价为50元，导致A公司产品销量大减，A公司发现后向法院提起诉讼，法院判决B公司产品构成侵权，要求B公司停止侵权、赔偿损失。判决作出后，B公司在A公司生产的自拍杆的基础上稍做改进制造了新款自拍杆，继续以50元的价格在市场上销售，利润率为20%，A公司发现后向法院提起诉讼，同时申请行为保全要求B公司停止其制造、销售行为，并要求B公司依据侵权获利承担5倍惩罚性赔偿。截至A公司发现时，B公司的新款自拍杆已销售70万件，A公司产品年销量已减至不足5万件并濒临破产。法院受理该案后，支持了A公司的行为保全申请，要求B公司立即停止制造、销售其新款自拍杆，经审理，法院认定B公司的新产品构成等同侵权，B公司侵权获利为700万元，判定B公司向A公司支付5倍惩罚性赔偿3500万元。

【分析】专利侵权惩罚性赔偿的适用条件

在本案中，B公司的行为构成了对A公司专利权的侵犯，其侵权获利为700万元（销量70万件×单价50元×20%利润率）。A公司对B公司主张惩罚性赔偿，要求B公司满足故意侵犯专利权且情节严重的条件。在本案之前，A公司已经就B公司的侵权行为向法院提起诉讼，法院也判决了B公司构成侵权，但B公司仍然继续实施侵权行为，主观恶意明显，属故意侵权；同时，B公司以明显低价销售专利产品与专利权人进行竞争，销售规模较大，对专利权人的经营产生巨大影响，导致其濒临破产，属情节严重。因此，法院可以以侵权所得为基数判令B公司向A公司支付最高5倍的惩罚性赔偿。

十七、什么是受法律保护的商业秘密？

【阐释】商业秘密是具有秘密性、价值性和保密性的商业信息

我国《反不正当竞争法》第 9 条第 4 款规定："本法所称的商业秘密，是指不为公众所知悉、具有商业价值并经权利人采取相应保密措施的技术信息、经营信息等商业信息。"根据此规定，首先，商业秘密保护的客体为商业信息，其中既包括技术信息也包括经营信息；其次，并非所有信息都是商业秘密，构成商业秘密需要满足不为公众所知悉（秘密性）、具有商业价值（价值性）以及权利人采取相应保密措施（保密性）三个要件。

1. 商业秘密保护的对象是信息

商业秘密保护的对象是未公开的有价值信息。在商业秘密制度发展过程中，最早仅保护技术信息，此后又进一步扩展到经营信息。实践中，技术信息的内容十分广泛，所有与技术有关的结构、原料、组分、配方、材料、样品、样式、植物新品种繁殖材料、工艺、方法或其步骤、算法、数据、计算机程序及其有关文档等信息都属于技术信息；与经营活动有关的创意、管理、销售、财务、计划、样本、招投标材料、客户资料、数据等信息，则可以认定为经营信息。

2. 秘密性

虽然商业秘密的保护对象为信息，但一般处于公有领域的信息难以作为私人财产进行保护，秘密性即"不为公众所知悉"，是商业秘密区别于其他信息的最本质特征，也是构成商业秘密的最核心要件。最高人民法院《关于审理侵犯商业秘密民事案件适用法律若干问题的规定》第 3 条规定："权利人请求保护的信息在被诉侵权行为发生时不为所属领域的相关人员普遍知悉和容易获得的，人民法院应当认定为反不正当竞争法第九条第四款所称的不为公众所知悉。"据此，秘密性应当从三个方面认定：第一，判断主体为所属领域相关人员，即"公众"并不要求是全体社会公众，只要所属领域相关人员"普遍知悉和容易获得"即构成为公众所知悉。第二，判断标准为非"普遍知悉和容易获得"，非"普遍知悉"要求并非所有该领域相关人员普遍了解、掌握，非"容易获得"意味着该

领域相关人员获得该信息要有一定难度，例如，相关人员不需要创造性劳动，仅仅是经过一定的联想即能获得的信息，就是容易获得的信息。但该标准也并非要求绝对的秘密，可以允许在一定范围内让有必要知道商业秘密的人员知悉，只要在相关技术或者经营领域内不为相关人员普遍知悉即可。第三，判断时间点为侵权行为发生时，即使某一信息之前不为公众所知悉，假如在侵权行为发生时已经为公众所知悉，也不再受到法律保护。

3. 价值性

商业秘密保护的应有之义在于，相关信息必须具有商业上的价值，才有法律上保护的必要性。价值性，是指商业秘密具有现实的或者潜在的商业价值，而能为权利人带来经济利益或者竞争优势。商业秘密的价值通常在实际应用中体现出来，故价值性可以从实用性和价值性两方面进行理解：首先，实用性要求该信息客观有用，可以应用到生产经营活动中；其次，信息具有价值性，因此给权利人以机会，即相对于不知晓或者未使用该信息的经营者，权利人能获得竞争优势或经济上的利益。但这种价值性应当作广义上的理解，只要能为权利人带来竞争优势即具有价值性，其既包括现实价值也包括潜在价值，既包括积极信息也包括消极信息。例如，权利人在研发过程中试验失败的消极信息，如果被竞争对手获得，其就可以少走弯路、减少损失，而权利人保有该信息就可以维持竞争优势，因而该信息具有价值性；对于正处于研究、试制、开发等过程中的信息，本身凝聚了经营者付出的投资和劳动，未来有可能产生实用价值而为经营者带来竞争优势，也具有价值性。

4. 保密性

如果相关信息仅仅具有秘密性和价值性，并不足以受到法律保护，对他人产生不得获取、使用、披露该信息的义务。商业秘密持有人必须采取有效的保密措施去维持其商业秘密的秘密性和价值性，明确其商业秘密保护的主观意愿和商业秘密存在的客观范围，才会产生法律上保护的可行性。保密性要求权利人采取相应保密措施防止秘密泄露。最高人民法院《关于审理侵犯商业秘密民事案件适用法律若干问题的规定》第 5 条规定："权利人为防止商业秘密泄露，在被诉侵权行为发生以前所采取的合理保密措施，人民法院应当认定为反不正当竞争法第九条第四款所称的相应保密措施。人民法院应当根据商业秘密及其载体的性质、商业秘密的商业价值、保密措施的可识别程度、保密措施与商业秘密的对应程度以及权利人的保密意愿等因素，认定权利人是否采取了相应保密措施。"根据该规定，在认定权利人是否采取了保密措施时，应当从以下因素进行考虑：(1)保密措施应当是侵权行为发生以前采取的措施；(2)保密措施应当由权利人采取，通过保密措施相对人可以明确地识别出权利人的保密意图和商业秘密的客观范围；(3)保密措施应当具有有效性，保密性并不要求权利人的保密措施绝对无懈可击，但要求在正常情况下足以防止商业秘密泄露。

【示例】外卖配送公司配送员的简单信息不属于商业秘密

A公司是一家外卖配送公司，有外卖配送人员50余人。B公司经营外卖配送网络平台“蜂鸟配送”，A公司与B公司签订合作协议，约定A公司在B公司“蜂鸟配送”平台注册账号，并通过该账号进行员工管理、订单管理以及订单配送等操作。结束合作后，该平台上原先绑定在A公司账号下的配送员信息(包括配送员姓名、配送员手机号码)被删除，其中大部分配送员信息被陆续绑定在C公司在该配送平台的账号下。A公司主张，其配送员信息为商业秘密，B、C两家公司以不正当手段获取、披露、使用其商业秘密，遂向法院起诉请求赔偿。法院经审查认为，相关配送员信息不构成商业秘密，驳回了A公司的诉讼请求。①

【分析】“不为公众所知悉”的认定

判断一项信息是否构成商业秘密，要看该信息是否满足秘密性、价值性、保密性要件。本案中，虽然配送员信息属于外卖配送公司经营信息的范围，其实质上是A公司的员工名单，仅包括员工的基本信息；而且，该信息是在企业人力资源管理中自然形成的，并非外卖配送公司通过创造性劳动所获得或有意识积累的，且员工基本信息数量较少、比较容易获得，A公司在合作结束后的删除行为并不属于采取了合理的保密措施，故该信息不属于“不为公众所知悉”的经营信息。因此，法院驳回了A公司的诉讼请求。

---

① 参见福建省高级人民法院民事判决书，(2019)闽民终516号。

十八、谁是商业秘密的权利人？

【阐释】合法取得并控制商业秘密的人为商业秘密权利人

商业秘密维权的前提性问题是，谁有权提起商业秘密诉讼？《反不正当竞争法》第 9 条仅规定，商业秘密归属于其“权利人”，但并未对权利人作出具体界定。对此，原国家工商行政管理局《关于禁止侵犯商业秘密行为的若干规定》第 2 条第 6 款规定：“本规定所称权利人，是指依法对商业秘密享有所有权或者使用权的公民、法人或者其他组织。”《刑法》在规定“侵犯商业秘密罪”时，在第 219 条第 3 款规定：“本条所称权利人，是指商业秘密的所有人和经商业秘密所有人许可的商业秘密使用人。”参照此规定，《反不正当竞争法》上商业秘密的权利人不仅包括其所有人，也包括其合法使用人。所有人，指的是技术秘密和经营秘密的开发者，或者受让人、继承人、权利义务的承受人等；使用人，一般指的是经过所有人许可，具有合法使用权限的使用人。

在权利主体认定方面，商业秘密与专利权、著作权等知识产权有所不同，知识产权系权利人对其作品或技术方案的排除他人使用的权利，权利人仅包括其所有人而不包括其许可使用人；商业秘密并非权利主体对相关信息的排他性权利，而是在相关主体对秘密信息采取保密措施的基础上，禁止他人不当侵害的权利。因此，任何商业秘密的合法控制者都可以排除他人对商业秘密信息的不正当获取，相关立法也将商业秘密权利人界定为其所有者和合法使用者。由此出发，商业秘密的权利人也不应当限于其所有者和合法使用者，还应当包括任何合法获取并控制商业秘密的人。实践中有的法院也持此见解，如吉林省高级人民法院知识产权审判庭认为：商业秘密的权利主体非常广泛，可以包括法人、自然人、个体工商户、个人合伙等，通过合法手段获取商业秘密并合法控制它的人都可以是商业秘密的主体。[①] 在司法实践中，法院对认定商业秘密“权利人”

---

① 参见吉林省高级人民法院知识产权审判庭：《关于商业秘密司法保护问题的几点意见》，载孔祥俊主编：《商业秘密司法保护实务》，中国法制出版社 2012 年版，第 334 页。

的举证责任要求相对较低，一般只要原告能够提供载有商业秘密的载体，提供署名的技术图纸、原始绘图记录、与客户签订的合同，即认为完成了举证义务而可认定为商业秘密的权利人。

【示例】因履行合同获得汽车租赁用户数据不构成侵权

A公司系一家汽车租赁公司，B公司系一家汽车租赁网络平台，双方签订合作协议，约定A公司使用B公司平台开展汽车租赁业务，用户可在B公司平台注册账号、租赁汽车、归还汽车、结账付费等，相关数据在B公司后台服务器留存，A公司可随时调取使用。双方合作结束后，A公司欲利用其留存的用户数据，通知其用户将数据由B公司平台迁移到C公司平台。B公司认为，相关数据构成其商业秘密，A公司通知用户迁移，系不正当获取、使用、披露其商业秘密而构成侵权。A公司则抗辩称，相关用户数据归其所有，不构成侵权。法院经审理，认定涉案用户数据不为公众所知悉、具有商业价值，A公司采取了相应保密措施，构成商业秘密，但A公司使用商业秘密系出于合同约定，是履行合同的需要，不构成不正当获取、使用和公开商业秘密的行为。[①]

【分析】合作生成经营信息的情况下商业秘密权利人的判定

本案中，相关信息系A公司和B公司合作生成，如果按照一般知识产权的归属规则，A公司和B公司共同付出投资和劳动生成了涉案信息，则应由A公司和B公司共有，双方均有使用的权利。商业秘密的不同之处在于，其并非对信息权利归属的分配，而是对他人私力侵害行为的禁止，故任何合法取得并控制商业秘密的人都是其权利人。本案中，A公司合法取得该用户数据信息，并采取了保密措施，即为商业秘密的权利人；相对于B公司，A公司并未采取不正当手段获取相关数据，而是依据合同约定正当获取相关数据并加以利用，故其行为不构成对B公司商业秘密的侵害。

---

① 参见北京知识产权法院民事判决书，(2020)京73民终1598号。

十九、何种行为构成商业秘密侵权行为？

【阐释】以不正当手段获取、披露和使用商业秘密的行为构成侵权

针对具有秘密性、价值性、保密性的商业秘密，我国《反不正当竞争法》第9条规定："经营者不得实施下列侵犯商业秘密的行为：(一)以盗窃、贿赂、欺诈、胁迫、电子侵入或者其他不正当手段获取权利人的商业秘密；(二)披露、使用或者允许他人使用以前项手段获取的权利人的商业秘密；(三)违反保密义务或者违反权利人有关保守商业秘密的要求，披露、使用或者允许他人使用其所掌握的商业秘密；(四)教唆、引诱、帮助他人违反保密义务或者违反权利人有关保守商业秘密的要求，获取、披露、使用或者允许他人使用权利人的商业秘密。经营者以外的其他自然人、法人和非法人组织实施前款所列违法行为的，视为侵犯商业秘密。第三人明知或者应知商业秘密权利人的员工、前员工或者其他单位、个人实施本条第一款所列违法行为，仍获取、披露、使用或者允许他人使用该商业秘密的，视为侵犯商业秘密……"根据该规定，侵害商业秘密的行为可归纳为四类：第一，以不正当手段获取商业秘密；第二，披露、使用或允许他人使用以不正当手段获取的商业秘密；第三，不正当披露、使用、允许他人使用合法获悉的商业秘密；第四，第三人恶意获取、使用、披露商业秘密。现就该四类侵犯商业秘密的行为阐释如下。

1. 以不正当手段获取商业秘密

《反不正当竞争法》以列举的方式对以不正当手段获取商业秘密的行为作出了规定，包括盗窃、贿赂、欺诈、胁迫、电子侵入或者其他不正当手段。实践中，盗窃一般指的是行为人以不易被权利人发觉的方法，秘密地获取权利人的商业秘密据为己有。行为人对商业秘密的盗窃，既可以是将载有商业秘密的文件等据为己有，也可以是复制后还原原件、保留复制件，还可以是将商业秘密的内容记忆下来。贿赂则是行为人以一定利益好处，如丰厚的物质报酬、优厚的工作条件、良好的生活环境等，引诱知悉商业秘密的人向其透露商业秘密。欺诈则是行为人通过不真实、不充分的陈述，使商业秘密权利人或者知悉商业秘

密的人形成错误认识，而向其提供商业秘密。胁迫指的是行为人对商业秘密权利人或者知悉商业秘密的人采取威胁恫吓的方式获取商业秘密的行为。现实中，行为人可能通过危害他人生命、健康、名誉、财产等手段形成对权利人或相关主体的精神强制，迫使其透露商业秘密。电子侵入一般指行为人不具有对存储权利人商业秘密的电子载体的访问权限，未经授权或超越其访问权限或授权范围，通过“黑客”“病毒植入”“爬虫”“端口监听”等电子信息技术手段，非法获取权利人商业秘密的行为。由于难以穷尽列举所有不正当手段，因此法律上还规定了“其他手段”，最高人民法院《关于审理侵犯商业秘密民事案件适用法律若干问题的规定》第8条规定：“被诉侵权人以违反法律规定或者公认的商业道德的方式获取权利人的商业秘密的，人民法院应当认定属于反不正当竞争法第九条第一款所称的以其他不正当手段获取权利人的商业秘密。”具体来说，对法律列举以外的情形，法院可以综合考量商业惯例、商业道德、行业竞争秩序等因素作出综合判断。

2. 披露、使用或允许他人使用以不正当手段获取的商业秘密

侵权人在以不正当手段获取商业秘密后，一般会伴随进一步的利用行为，从而对权利人的利益造成实际损害，主要包括披露、使用和允许他人使用的行为。披露是指侵权人向其自身以及权利人之外的第三方提供商业秘密的任何行为，如将商业秘密公之于众。使用是指将自己非法获取的商业秘密用于生产或者经营，既包括在生产经营活动中直接使用商业秘密，或者对商业秘密进行修改、改进后使用，也包括根据商业秘密调整、优化、改进有关生产经营活动。允许他人使用是指将商业秘密披露给他人，由他人将商业秘密用于生产经营活动的情形。

3. 不正当披露、使用、允许他人使用合法获悉的商业秘密

此种行为主要针对的是侵权人经权利人授权或者通过合法途径获取商业秘密，但超出授权范围披露、使用、允许他人使用的情形。例如，掌握一定商业秘密的员工离开雇主后向雇主的竞争者提供该商业秘密的情形，目前，商业秘密保护司法实践中大多数是此类案件。此类侵权行为认定需满足两个要件：第一，行为人是以正当或者合法手段获取权利人的商业秘密；第二，行为人对权利人负有保密义务，其违反保密义务而对外披露、使用或者允许他人使用其掌握的商业秘密。关于披露、使用、允许他人使用的认定与前述第2项的内容不存在实质性差异，判断关键在于是否存在保密义务以及行为人是否违反了保密义务。保密义务分为两类：一是基于法律规定而产生的保密义务。国家机关工作人员以及某些公共服务的提供者在履行职能时获悉商业秘密的，应当承担保密

义务，如《法律援助法》第 21 条规定："法律援助机构、法律援助人员对提供法律援助过程中知悉的国家秘密、商业秘密和个人隐私应当予以保密。"二是基于合同而产生的保密义务。首先，当事人之间可能就保密义务作出明确约定，如雇主与劳动者在劳动合同中明确保密条款；其次，即使当事人之间未作明确约定，依据诚实信用原则，在缔约过程中、合同履行过程中、合同终止之后，当事人知道或者应当知道其获取的信息属于权利人的商业秘密的，对其交易相对人的商业秘密负有保密义务，违反该保密义务披露、使用、允许他人使用商业秘密的，将构成侵权。

4. 第三人恶意获取、使用、披露商业秘密

第三人恶意侵犯商业秘密是指明知他人以不正当手段获取、披露、使用商业秘密或者违反保密义务使用、披露商业秘密，仍然通过他人获取、使用、披露商业秘密。这类侵权需要从以下三个方面认定：第一，他人以不正当手段获取、披露、使用商业秘密，或者权利人员工、前员工等违反保密义务使用、披露商业秘密。第二，第三人基于他人违法行为而获取商业秘密，并进一步使用、披露商业秘密。第三，在主观要件上，第三人的主观状态限于"明知或应知"。"明知"要求第三人主观上明确知道违法侵害商业秘密的行为存在，仍然获取、使用和披露商业秘密；"应知"是指第三人在主观状态上虽然不知道该情况，但从客观状态来看，尽到合理注意义务的人都应当知道该情况，其行为存在过失。

【示例】高薪聘请离职人员获取他人经营信息的构成侵权

A 公司是一家化学试剂生产公司，B 是 A 公司招聘的员工，在职期间双方约定了商业秘密保护义务，B 到岗后负责与 42 家客户接洽，掌握每笔业务的销售日期、送货单号、物资名称及规格、销售数量、销售单价、销售金额和客户名称、联系方式等业务明细。后 B 从 A 公司离职，生产化学试剂的 C 公司与 A 公司存在一定业务往来，知晓 B 系 A 公司的优秀销售员，掌握着大批优质客户资源，遂高薪聘请 B 担任其销售员。此后，C 公司与其中 41 家企业发生了业务交易，成交价格低于 A 公司提供给这些客户的产品价格。A 公司向法院起诉 B 和 C 公司共同侵犯其商业秘密。法院审理后支持了 A 公司的诉讼请求，判定 B 和 C 公司承担侵权责任。[①]

---

① 参见上海市杨浦区人民法院民事判决书，(2019)沪 0110 民初 1662 号。

【分析】第三人恶意获取、使用商业秘密的认定

法院在判定商业秘密侵权时,一般遵循以下思路:第一,在原告明确其商业秘密内容的前提下,审查认定该内容是否构成商业秘密,原告是否有权就该内容主张权利;第二,审查认定侵权是否成立,包括被告获取、使用、披露的信息与原告商业秘密是否相同或实质相同,以及其行为是否有不正当性;第三,在被告侵权成立的情况下,认定被告应当承担的民事责任。在本案中,原告主张商业秘密为 42 家客户的信息,包括客户名称、联系方式以及每笔业务的产品名称、数量、金额、单价等信息,相关信息“不为公众所知悉”,并且能为原告带来经济利益,具有商业价值,其通过签订保密协议的方式采取了保密措施,故应当属于商业秘密。被告 B 曾经接触过 A 公司的客户名单,B 跳槽到 C 公司工作后,C 公司与其中 41 家企业发生了业务交易,应当推定其使用了与 A 公司商业秘密相同的信息,B 违反保密义务向他人披露、允许他人使用商业秘密,C 公司明知或应知 B 违反保密义务,仍然使用该商业秘密,故二者行为均构成对 A 公司商业秘密的侵害,应当承担侵权责任。

二十、面对商业秘密侵权指控被控侵权人可以如何抗辩？

【阐释】被控侵权人可以主张独立研发或反向工程抗辩

对他人商业秘密，任何人都不得以不正当手段获取、使用和披露，但什么是不正当手段，现有立法并未作出穷尽列举，需要结合商业道德或者诚实信用的商业习惯加以判断，这也导致了侵害商业秘密行为判断的模糊性和不确定性。为了促进信息自由利用和流通共享，最高人民法院《关于审理侵犯商业秘密民事案件适用法律若干问题的规定》第 14 条第 1 款规定："通过自行开发研制或者反向工程获得被诉侵权信息的，人民法院应当认定不属于反不正当竞争法第九条规定的侵犯商业秘密行为。"此规定即通常所谓的独立研发和反向工程抗辩。具体来说，针对权利人侵害商业秘密的主张，被控侵权人可以进行独立研发或反向工程抗辩，主张其行为属于正当获取、使用和披露，不构成侵权。

其一，独立研发。商业秘密保护的是权利人合法控制下的信息，如果经营者获取的信息并非通过权利人获得，而是通过自己的独立研发获得了相同的信息，并进一步加以披露和使用，则认为不构成对于商业秘密的侵犯。在司法实践中，独立研发是被控侵权人经常援引的抗辩事由，但被控侵权人应当对此负有较高的证明责任，如其要证明是依据哪些已知技术进行哪些研制、配比，以及具体研制的时间、地点、仪器等，从而证明其技术或者信息的合法来源。一般而言，独立研发并不要求其信息产生于原告商业秘密生成之前，即使是权利人在使用商业秘密很长一段时间后，他人基于自身努力而研制出了实质相同的信息，也不构成侵权。但是，如果被告在接触或者有条件接触权利人商业秘密的情形下，一般应当举证证明其自行研制的信息形成于原告的商业秘密产生之前，否则难以充分证明相关技术或信息由其独立研发。

其二，反向工程。反向工程是指通过技术手段对从公开渠道取得的产品进行拆卸、测绘、分析等而获得该产品的有关技术信息。如前所述，商业秘密保护的是权利人合法控制下的信息，如果被控侵权人并非突破原告控制的保密措施，而是通过拆解公开渠道取得的产品等方式获得的信息，则不认为是不正当获取行为。反向工程可以从以下方面认定：(1)反向工程的对象应当是公开渠道可以获得的产品。(2)在手段上，相关司法解释虽然仅仅列举了拆卸、测绘、分析等技术手段，但是法律难以实现对所有手段的列举，一般认为，反向工程不受技术手段的限制。在其从公开渠道获取相关产品的情况下，其可以采取任何技术手段，无论其是否破坏其功能、是否根据通常方式利用。(3)反向工程仅限于他人以合法手段获取商业秘密的抗辩，如果被诉侵权人以不正当手段获取权利人的商业秘密后，又以反向工程为由主张未侵犯商业秘密的，则不能被认定为正当获取。在此基础上获取的商业秘密信息，他人可以自由披露和使用，而并不构成侵权。

【示例】独立研发不构成商业秘密侵权

2017 年 1 月，A 公司研发出了一种金属钠电解槽装置，并采取保密措施将其作为商业秘密加以保护。2016 年 11 月，B 公司就同样的金属钠电解槽装置向 C 公司发出邀标书，就生产 130 台金属钠电解槽装置进行招标，邀标书中附有详细的设备制造图纸。后 B 公司与 C 公司签订协议，由 C 公司制造 130 台金属钠电解槽装置，并为 B 公司安装钠生产线。A 公司发现后，认为 B、C 二公司制造、使用的金属钠电解槽装置与其商业秘密相同，遂向法院起诉 B、C 二公司侵犯其商业秘密。法院审理认为，A 公司的金属钠电解槽装置具有秘密性、价值性、保密性，构成商业秘密，但 B 公司的金属钠电解槽装置系独立研发获得，B、C 二公司的行为不构成商业秘密侵权。①

【分析】使用独立研发的信息进行生产制造不构成商业秘密侵权

在本案中，A 公司 2017 年才研发制造出涉案商业秘密，但 B 公司在 2016 年 11 月就已经开始邀标定作相关装置，标书所附的详细设备制造图纸可以证明 B 公司已经就该金属钠电解槽装置完成了独立研发，并不存在以不正当手

---

① 参见内蒙古某实业公司诉内蒙古某化工公司、宁夏某工贸公司、三门峡某高新公司、青海某重型公司侵害商业秘密纠纷案，该案系青海省高级人民法院 2020 年 4 月 24 日发布的 10 起知识产权审判典型案例之一。

段获取 A 公司商业秘密的行为;因而,此后 B 公司使用、披露该技术信息并与 C 公司合作制造的行为也不构成侵权。C 公司基于与 B 公司的合作协议进行生产制造,对此并无较多的审查注意义务,也无法依据 B 公司提供的图纸审查判断出相关信息是否属于 A 公司的商业秘密,其承揽相关装置的制造并无过错,不构成对 A 公司商业秘密的侵害。